JN094991

無条件の愛情
自主性を育む家庭教育

アルフィー・コーン

友野　清文
飯牟禮光里

丸善プラネット

UNCONDITIONAL PARENTING
Moving from Rewards and Punishments to Love and Reason
By Alfie Kohn

Japanese translation published by Maruzen Planet Co., Ltd., © 2020 by arrangement with Alfie Kohn c/o The Ross Yoon Agency LLC. through The English Agency (Japan) Ltd.

PRINTED IN JAPAN

凡　例

1．本書の底本は、Alfie Kohn　*Unconditional Parenting: Moving from Rewards and Punishments to Love and Reason*（Atria Books　2005 年）である。

2．底本の強調のイタリック体の部分は太字とした。

3．訳者の補足や追加説明は、本文中の〔　　〕内もしくは訳注（＊）で示した。

訳者まえがき

　学校教育では 2020 年度から新しい学習指導要領による教育課程が実施される。小学校では、教科としての「外国語」や「プログラミング教育」が導入されるが、そのような教育内容の変化以上に課題とされていることがある。それは「学びに向かう力」や「人間性」といった要素である。

　これは、PISA 調査を実施している経済協力開発機構（OECD：Organisation for Economic Co-operation and Development）が 20 年ほど前から提唱する能力論を一つの背景としている。つまり、知識や技能という「認知的スキル」と並んで（あるいはそれ以上に）、「非認知的スキル」あるいは「社会情動的スキル」が、人生の成功にとって重要であるとするものである。具体的には「忍耐力・自己抑制・目標への情熱」（目標達成に関わる力）、「社交性・敬意・思いやり」（他者との協力に関わる力）、「自尊心・楽観性・自信」（感情のコントロールに関わる力）であるとされる。

　新学習指導要領では、各教科や領域の目標に、これらに関わる内容が含まれているが、当然のことながら、このような資質は学校教育だけで身につくものであるとは考えられない。むしろ、学校教育以前の家庭教育や幼児教育でこそ、これらの資質が養われると考えるのが自然である。

　そのため近年の家庭教育についての本には「非認知能力を育てる」「自己肯定感を高める」「世界標準／世界基準の子育て」というものが目立つようになっている。この背景には、新学習指導要領へ対応というよりも、受験の低年齢化と入試問題の変化があると考えられるが、いずれにしても、従来のような、知識の量を中心とした学力観の転換を、家庭教育でも意識せざるをえなくなっているのである。

　このようなことは今に始まったことではない。どの時代でも求められる資質能力は変化するものであり、その変化への対応が家庭に求められてきた。ただ現在見られるのは、知的能力以上に、意欲・主体性・人間関係能力などが強調されることである。知識や技能であれば、塾に通ったりドリル練習をしたりすることなどでそれなりの習得が可能であるが、意欲や主体性などを

同様な形で身につけることはほぼ不可能であろう。これらは「教えられる」ものではない。むしろ親が環境を整え、様々な「仕掛け」を工夫して日常生活の中で習慣づけたり、見本を見せたりすることが不可欠である。その意味では、今まで以上に家庭教育に期待（そして負荷）のかかるものになることは目に見えている。

　しかし親が子どもに「必要な資質」を身につけさせようとすれば、子どもを「望ましい姿に創り上げるべき素材」であるかのように見なすことになるのではないか。主体的な存在にするために、客体として操作するという逆説的なことにもなりかねない。

　このような状況の中で、あくまでも子どもを主体として尊重することを強調する本書は、日本の家庭教育のあり方を考える上で価値を持つ。本書は、家庭教育論の多くが「親の言うことを子どもに聞かせるにはどうすればよいか」という問いに対する答えとなっていることを批判し、親の意思や意図ではなく、子どもの欲求・必要を出発点として、親が何をすべきかを問うべきであると主張する。

　そして子どもが最も必要としているのが親の無条件の愛情と受容であるとするのである。このような主張自体は目新しいものではないかもしれない。カウンセリングでは「無条件の受容」が中心的テーマであり、それが「カウンセリング・マインド」という形で、学校や家庭教育の場面に導入されている。しかしそれは往々にして「原則」や「心構え」のレベルに留まることが多い。あるいは逆に「語りかけや問いかけの具体的内容や方法」といったハウツーであることもある。

　それに対してアルフィー・コーンは、賞罰や動機づけなどについての自らの研究を踏まえ、親の基本的な姿勢についての原則と具体的な方策について、体系的に述べると同時に、親自身の育てられ方や子育ての方法を振り返るよう読者に促す。同時に2人の子どもの親としての経験にも触れ、あくまでも親の視線で語りかけているのである。

　本書の現状分析と提言が、読者自身の問題として捉えられ、自らの意識と

行動を振り返る契機となることを確信している。

　なお本書は家庭教育論であり、主に親のあり方を論じたものであるが、その内容は学校や職場でも当てはまることが多い。親の立場だけではなく、教師や上司のあり方を考えるためにも有益なものになるはずである。

友野清文・飯牟禮光里

世界のすべての法則よりも、
小さな1人の人間の方が
どれほど貴重であろうか

——ジャン・ピアジェ

原著まえがき

　私は子どもを持つ前から、親であることはやりがいがあると同時に、困難なものだろうことは知っていた。しかし**本当には**分かっていなかったのだ。どれほど疲れ果てるものか、どれほどどうしていいか分からないのか、万策が尽きてしまうたびに、さらなる手がかりをどうやって見つければよいのか、分かってはいなかった。

　近所の人が児童保護サービスに通報しかねないほど、子どもが大きな声で泣き叫ぶとき、その理由が夕食のパスタの形を間違えていたためであることも理解できなかった。

　母親が自然分娩のために練習している深呼吸の方法が本当に役立つのは、子どもが生まれてからかなり後になってからだとは知らなかった。

　そして他の人の子どもも、自分の子どもと同じような問題と格闘し、だいたい同じように行動することが分かってどれほどホッとするかを予想できなかっただろう（それ以上に解放された気持ちにすらなるのは、他の親も我が子を好きだと思えなかったり、子育てなどする価値があるのかと思ったり、その他諸々の口には出せないような考えを抱いたりすると分かることである）。

　要するに子どもを育てることは意気地なしにはできないのだ。私の妻が言うには、子育ては混乱と予測不可能性に対処する能力が試されるもので、前もって学ぶこともできず、その結果もいつも満足できるものにはならない。〔難しいものの代名詞と言われる〕「ロケット科学」や「脳外科」など忘れるのがいい。何かが本当はそれほど難しくはないと強調したいときに言うべきは「ああ、それは子育てほど…」である。

　このような難しさによって起こることの1つは、親が子どもの抵抗を抑えて、子どもに言う通りのことをさせることに力を注ぎたくなることである。気をつけていなければ、これが親の一番の目的になってしまう。そうなると、子どもの従順さを重んじ、短期的な服従に最も価値を置く人々と同じようになってしまう。

　数年前、講演旅行の間に、飛行機が着陸してゲートに向かって移動していた。ピン！という停止のシグナルが鳴って、立ち上がって手荷物を取り出すことができるようになったとたん、同じ列に座っていた乗客の1人が、前の列の座席に身を乗り出して、そこにいた幼い男の子の親を褒めた。その乗客は「飛行機の中でとても良い子だった！」と叫んだのである。

　ここでしばらくこの文のキーワードを考えてみよう。**良い**という言葉は、しばしば道徳的な意味を帯びている形容詞である。**倫理的な**（ethical）や**名誉ある**（honorable）や**思いやりのある**（compassionate）と同義になることがある。しかし子どもに関する限り、この単語は単に、**おとなしい**、あるいはおそらく**私にとってうっとうしいものではない**ことを意味するにすぎない。機内でのこの言葉を耳にして、私は自分自身のピン！の瞬間を得た。私は、これこそ現代社会の多くの人々が子どもに最も強く要求するものだと気づいた。つまり思いやりがあったり、創造的であったり、好奇心が強かったりすることではなく、お行儀が良いことである。要するに幼児から青年期に至るまで、「良い」子どもとは、私たち大人にとってあまりやっかいなものではない子どもなのである。

　過去数世代にわたって、やっかいでない子どもを育てようとする戦略は変わってきたかもしれない。かつては子どもが日常的に過酷な体罰を受けていた場面は、今ではタイムアウトを課せられたり、もしかしたら子どもが大人に従ったときに報酬を与えられたりすることに変わっているかもしれない。しかし新しい手段になったからといって、目的も新しくなったわけではない。その目的は、より現代的な手法によって達成されるとしても、子どもの統制であることには変わりない。これは親が子どものことをどうでもよいと思っているからではない。それよりも、親が日常の家族生活での無数の圧力に押しつぶされている状況と関係している。家族生活では、子どもを起こしたり寝かしつけたり、風呂に入れたり、車に乗せたり降ろしたりといったことに追われ、一歩下がって自分たちがしていることを客観視することが難しい。

　ひたすら子どもに、親の言う通りにさせようとすることの問題の1つは、

子どもたちに期待している他の、そしてより遠大な目標と相容れないかもしれないことである。今日の午後、自分の息子についての一番の心配はスーパーで騒がないで、朝食のシリアルのように見せかけた、大きくて色とりどりのキャンディーの箱を買うつもりがない事実を息子が受け入れることかもしれない。しかしこの問題についてもう少し深く考えてみよう。親を対象としたワークショップで、私は冒頭に次のように尋ねる。

「あなたのお子さんの**長期的な**目標は何でしょうか？　子どもたちにどのようになってほしいか、大きくなったときにどのような人になってほしいかを表現するときに思いつく１つの単語やフレーズは何でしょうか？」

読者であればこの問いにどう答えるか、少し時間を取って考えてほしい。私が親たちに、子どもに対して持っている最も大切な長期的目標を挙げるよう頼むと、全国どこでも大変よく似た答えを聞くのである。聴衆の１人が作ったリストが典型的である。親たちは子どもが幸福であり、バランスが取れ、独立し、満たされ、生産的で、自主的で、責任感を持ち、自らの役割を遂行し、思いやりがあり、考え深く、人を愛し、探究心を持ち、そして自信を持っていることを願う。

ここで挙げられた一連の形容詞について興味深いことは──そして、そもそもこの質問について考える過程で有益なことは──、親が実際にしていることが、親が本当に望んでいることと一致しているのかを自問するきっかけになることである。自分の日常の行いが、子どもたちを親が望むような人間に育てるのに役だっているのだろうか。スーパーで子どもに何気なく言った言葉が、子どもを幸福で、バランスが取れ、独立し、満たされるようになることに少しでも役立つであろうか。あるいは、（ひょっとして）このような状況で行いがちな対応の仕方が子どもがそのようになる可能性を**低く**していることもあり得るのだろうか。もしそうであれば、それに代わって何をしていればいいのだろう。

子どもが今から何年も先にどのようになるかを想像するのが難しすぎるようであれば、今自分にとって本当に大事なものは何かを考えるとよい。誕生日パーティーや子どもの学校の講堂にいると想像してみよう。隣の辺りに親

たちがいて、あなたがそこにいることに気づいていない。あなたはその親た
ちが、自分の子どものことを話しているのを耳にする。彼らが話すと思われ
ることの中で、あなたが最も嬉しいと思う言葉は何だろうか。[1] もう一度少
し時間を取って、あなたが特に喜んで聞きたいと思う1つの単語か文を考え
てみて欲しい。私の考えでは —— そして私の願いでもあるが ——、それは
「おや、あの子は言われたことを何でもしていて、一言も不平を言っていな
い」といった言葉ではないだろう。つまり、決定的に重要な問題は、このよ
うな子どもを育てることが最大の関心事で**ある**かのように親が振る舞っては
いないかである。

　25年近く前、エリザベス・ケーガンという社会心理学者は、当時の数多
くの育児書を分析し、それらの大多数が「親の優位性をそのまま受け入れ」、
「子どもの欲求や感情、発達を正当に考慮していない」と結論づけた。そし
て、支配的な考えは、親の要求は「疑いの余地なく正当なもの」であって、
議論できる唯一の問いは、子どもに言われた通りのことをさせるには、まさ
にどのようにしたらよいかだけである。[2]
　残念なことに、それから現在まで状況はあまり変わっていない。アメリカ
では毎年100冊以上の育児書が出版され、[3] 同時に育児雑誌に無数の記事が
掲載される。そのほとんどは、子どもに親の期待に添うようにさせる方法、
行儀良くさせる方法、子どもをペットであるかのようにしつける方法につい
ての助言で溢れている。またこのような助言は、子どもに立ち向かい、親の
力を行使することが必要であるとの激励の言葉を含んでいて、場合によって
はそのようにすることへの懸念をはっきりと打ち消している。この傾向は最
近刊行された本のタイトルにまで映し出されている。*Don't Be Afraid to
Discipline* [*1]、*Parents in Charge* [*2]、*Parent in Control* [*3]、*Taking in*

＊1　Ruth Peters 1997年
＊2　Dana Chidekel 2003年
＊3　Gregory Bodenhamer 1995年

Charge* 4、*Back in Control** 5、*Disciplining Your Preschooler and Feeling Good About it** 6、*'Cause I'm the Mommy, That's Why** 7、*Laying Down the Law** 8、*Guilt-Free Parenting** 9、*The Answer Is No** 10 などなどである。

　これらの本の中には、古めかしい価値観や方法を擁護する主張をしているものもある（「お父さんが帰ってきたらこっぴどく怒ってもらうからね」）一方で、新手の手法を奨励するものもある（「良くできたね。おまるにおしっこができたよ。ご褒美のステッカーをあげよう」）。しかしいずれの場合も、子どもに求めているものが理に適っているか、あるいは子どもの最善の利益となるのかについて確信できるものではない。

　また読者も気づいているだろうが、これらの本の多くが提示する助言は、実際にはたいして役には立たない。中には、それらの助言がいかに有効かを示すための喜劇的とも言える非現実的な親子の対話が続くものもあるが。4)しかし、効果がないと分かっている技法について読むのはイライラする一方で、これらの本が「**効果的であるとはどういうことなのか**」を問おうとしないのは、一層危険である。親の目的をきちんと点検しないと、ただ言われた通りにしかしない子どもを育てようとする習慣に陥ってしまう。それは、子どもが必要とするものにではなく、親にとって非常に好都合なものに焦点を当てるだけであることを意味する。

　育児書については別の問題もある。それらのほとんどは、著者がたまたま考えついたことだけに基づいた助言と、著者の見解を支えるための念入りに選ばれたエピソードを示していることである。問題とされている考え方について、学問研究が何を明らかにしているかについての言及はほとんどない。

＊4　Jo Anne Nordling 1999 年

＊5　Gregory Bodenhamer 1984 年

＊6　Mitch Golant, Susan K. Golant 1997 年

＊7　Donna Black 1997 年

＊8　Ruth Peters 2002 年

＊9　Robert G. Bruce, Debora Bruce, Ellen W. Oldacre 1997 年

＊10　Cynthia Whitham, Barry Wetmore 1995 年

地元の本屋の育児書のコーナーに立ち寄って、一冊毎に目を通しても、子育ての様々な捉え方についての非常に多くの科学的研究があることに気づきさえしないことがある。

　読者の中には、あることが事実であると「研究が明らかにしている」という主張に懐疑的な人がいるであろうが、それは十分に理由のあることである。一つには、この言葉を乱発する人は、どの研究のことを述べているのかを明言しないことが多く、ましてやその研究がどのように行われたのか、そこでの発見がどのくらい意味を持つのかについては何も言わないということがある。そしてここでもまた例の厄介な問いをしなければならない。子どもに x をすることが、y をするよりもより効果的であると証明したとある研究者が主張した場合、即座に尋ねたくなるのは「**効果的**というのは正確には何を意味するのか」である。x の結果子どもが心理的な面でより幸福になるであろうと言っているのか。それとも自らの行動が他人に及ぼす影響について、より配慮するようになるのか。あるいは x は一層の盲目的な服従をもたらすだけなのであろうか。

　親と同様に専門家の中にも、この最後の問いにしか関心を示さないように見える人がいる。そのような人は、成功する子育て戦略とは、何であれ子どもに指示に従わせるようにするものであると規定する。言い換えれば、子どもがどのように**振る舞う**かだけに焦点が当てられており、与えられた要求に従うことを子どもがどう感じるのか、あるいはさらに言えば、子どもにそれをさせることに成功する大人をどのように見なすようになるのかは無関心である。これは親の子どもへの介入の価値を測定するには、疑わしい方法である。証拠を持って言えることは、「効果を持つ」ように見えるしつけの技法であっても、より意味を持つ規準で判断するときには、ほとんど成功しないと分かることである。ある行動への子どもの関わり方はしばしば浅く、そのためその行動は長続きしない。[5]

　しかし話はそれだけではない。問題は、親の戦術の評価を、子どもに従わせることができるかどうかの観点から評価することで、多くのことを見失っていることだけではない。従うこと自体が常に望ましいとは限らないという

問題もある。行儀が良すぎるといったこともあるのだ。例えばある研究は、ワシントン D.C. の幼児を 5 歳になるまで追跡したが、「度重なる服従は時として不適応と結びつくことがある」ことを見出した。反対に「親の権威に対する一定水準での抵抗」は「望ましい兆候」であり得るのである。別の 2 人の心理学者は *Journal of Abnormal Child Psychology* の論文で、彼らが「強迫的服従」と呼ぶ気がかりな現象を描いている。それは、子どもが親に不安を感じることで、言われたことであれば何でも、即座にそして考えることなく行うようになる現象である。多くの療法士も、大人を喜ばせ、大人に従うことを過度に必要とする状態の情動面での重大な結果について述べている。彼らが指摘するように、驚くほど行儀の良い子どもは、親から望まれたことを行い、そして親がなって欲しいと思う人間になるが、それはしばしば自分自身の感覚を失うことと引き替えである。[6)]

　しつけることが子どもたちに**自己**規律を持たせるのに、いつも役に立つわけではないと言えるかもしれない。しかし自己規律を持たせるという目的でさえも、必ずしも期待されているほど望ましいものではない。子どもに親の願望や価値観を内面化させて、親がそばにいないときでさえも、子どもが親の期待通りにするのは、必ずしもより良いことではない。内面化 —— あるいは自己規律 —— を促そうとするのは、子どもの行動を遠隔操作によって導こうとする試みに相当するかもしれない。これはまさに、より強い形の服従にすぎない。つまり、自分が正しいと考えるという理由で何かを行う子どもと、強制されている感覚からそれを行う子どもとの間には、大きな違いがあるのだ。子どもたちに親の価値観を内面化させるのは、子ども自身の価値観を育てることと同じではない。[7)] そして子どもたちを自分で考えられる人間にする目的とは正反対である。

　私が確信しているのは、親のほとんどは子どもが友だちと一緒のとき、自分自身で考え、自分の意見を示し、道徳的な勇気を持って欲しいと心から考えていることである。子どもがいじめっ子に立ち向かい、周囲からの圧力を跳ね返す —— とりわけ性や麻薬に関係する場合には —— ことを望んでいる。しかし子どもたちが「他人の考えの犠牲者」にならないことが親にとって大

切ならば、子どもたちに「大人の見方を含めてすべての見方について自ら考える」[8] よう教えなければならない。あるいは逆に言えば、家庭内で従うことを重視するならば、家の外でも他人に言われた通りに行動する子どもを作り出してしまうことになるだろう。教育家のバーバラ・コロローソは、十代の子のいる親が不平を言うのを聞くことが多いと述べている。「息子は昔は本当に良い子でした。言うことを聞き、行儀が良く、服装もきちんとしていました。それが今では……」これに対してコロローソは次のように答える。

　　　幼いときから、息子さんはあなたが着なさいと言ったものを着て、あなたが
　　しなさいと言った通りに行動し、あなたが話しなさいと言った通りに話してき
　　たのです。いつも誰かが命じることを聞いてきたわけです。彼が変わったので
　　はありません。彼は今でも他人の言うことを聞いています。ただ問題は、その
　　他人があなたではなく、友だちだということです。[9]

　子どもにとっての長期的な目標について思案すればするほど、状況はより込み入ってくる。どのような目標でも、それを単独で考えれば問題を含むものとなることが分かる。非常に重要であって、それを達成するためには他のことすべてを犠牲にしても構わないと言えるような目標はほとんどないのである（例えば幸福というテーマについては本書 p.270 原註 1）を参照）。おそらく相対立する目標の間のバランスを取るように子どもを促すことが賢明なのであろう。つまり大人になったときに、自立してはいるが**同時に**他人への思いやりを持ち、自信を持ってはいるが**同時に**自らの限界をわきまえているようにすることである。同様に、自分たちにとって最も大切なのは、子どもが目標を立て、それを達成することを助けることだと主張する親がいる。これが親にとって意味のあるものであるならば、子どもが自ら選び、親である自分たちとは異なる価値観を抱く可能性を受け入れる必要がある。

　長期的な目標について考えると、様々な方向に向かっていくであろう。しかし私が強調したいのは、それらの目標をどのように考えようとも、それを深く考えるべきであることである。目標は親のあり方についての試金石であ

るべきで、それは、子どもを服従させるためにどんなことでもしたいと思う絶え間ない誘惑によって、日常生活の流砂に陥ってしまうことを防ぐためである。2人の子を持つ親として、親の仕事からくる不満や困難は十分に分かっている。自分の最良の戦略が失敗に終わったり、忍耐の限度を感じたり、子どもが私の言う通りにして欲しいと思ったりすることも多い。レストランで子どもがキーキー声を上げているとき、大局的な見方をすることは難しい。それに関して言えば、慌ただしい日中、あるいは親としてふさわしくない衝動に駆られるとき、**親**はどのような人間でいたいのかを思い出すことが難しいことがある。確かにそれは難しい。しかしそれでもそうする価値はあるのだ。

　より意味のある目標 —— 自分自身が善き人間であろうとすること、あるいは自分の子どもを善き人間に育てようとすること —— を「理想主義」として否定し、自分たちのしていることを合理化する人もいる。しかし「理想主義」はまさに理想を持つことを意味している。理想なしでは人は大した価値を持たないのであって、必ずしも「非現実的」であることを意味しない。実際に、目先の服従よりも長期的目標に焦点をあてること、親が要求するものよりも子どもが必要としているものを考えること、そして単に外面の振る舞いだけではなく子ども全体を見ることには、道徳的な理由とともに実践上の理由もあるのである。

　本書では、子どもに**対して**一方的に行う通常の戦略を捨て、子どもと**ともに**行う方向に移ることが意味を持つ理由について述べていく。子どもも大人も、多くの人は「一方的に行う」戦術に慣らされているのは確かである。しかし、例えば人を言う通りにさせるために罰や報酬を与えることに反対する主張に出会ったとき、「でも、それが世の中というものでしょう」と応じるのは十分でない。決定的に重要な問題は、子どもがどのような大人になって欲しいと願うかであり、その中には、現状をそのまま受け入れるような大人になってほしいのか、それとも物事を良くしようとする大人になってほしいのかということも含まれる。

　これは、文字通り破壊的なことである。子育てについての一般的な助言を

破壊し、子どもを親の指示にそのまま従わせようとする近視眼的なやり方に疑問を提示する。読者の中には、自分たちがしてきたことの大部分について、そして自分たちが幼いときに受けてきたことまでについて、疑問を持つことになる人もいるだろう。

　本書のテーマは、単に子どものしつけだけではなく、より広く、親が子どもとともにどう行動するか、親が子どもについてどのように考え、感じるかでもある。本書の目的は、読者を育児についての自身の最善の直感に立ち返らせ、子どもが寝間着を着た後、宿題を終えた後、兄弟喧嘩が静まった後で、本当に大切なことは何かを確認する一助となることである。本書は読者に、親子関係についての基本的な想定を考え直すことを求めるのである。

　そして最も重要なのは、本書が、子どもたちを行儀良くさせるために、あるいは成功に導くために、使いたいと思ってしまうような方法に代わる実質的な対案を示していることである。本書で示す対案が、子どもが善い人に成長するのを十分に助けられるものであると、私は信じている。**善い**というのは、つまり、言葉の最も深い意味において善いということである。

【原註】

1) この思考実験は、Deborah Meier から借用した。

2) Cagan, pp.45-46

3) この数値は Simpson, p.11 による。同時に、1990 年代半ばには 1500 種類以上の子育て本が刊行されていた。

4) 子どもに対するそれなりの尊敬を払う方法を取る、ややまともな本でさえも、からかいの対象となることを望んでいるかのようである。例えばある本は、「反省的な聞き取り」をして、子どもが自分の言葉を聞き入れられていると分かるようにすることを勧めるが、それがあたかも直ちに効果を生み出す魔法の技法のように述べられている。

　　子ども：それは不公平だよ！　お母さんはいつも僕にそんなふうにする！お母さんなんて嫌いだ（泣き出す）。

　　　　親：そう、お母さんが言ったことは公平だと思っていないようね。それで怒っているのね。

　　子ども：そうだよ！（息を一度大きく吸う）でも…まあ…それでどうにかやっていけると思う。（沈黙）ああ、僕のことを分かってくれてありがとう。ずっと気分が良くなったよ！

5) 例えば、Chapman and Zahn-Waxler, p.90 で検討されている研究を参照。

6) ワシントン D.C. の研究：Kuczynski and Kochanska.（本文の引用は各々 pp.404 and 398 ── から）。「脅迫的服従」：Crittenden and DiLalla。療法士：例えば Juul を参照。親子の愛着パターンを研究する心理学者たちは、健康な幼児は「母親が言ったことに何でも自動的に従う」子どもではないと指摘する。むしろ、遊ぶのを止めておもちゃを片付けなさいと言われたときに、最初は少し従おうとしないが、だんだんと母親と協力するようになる子どもが健康なのである（Matas et al., p.554）。

7) Edward Deci and Richard Ryan の統制についての研究の pp.57-58 を参照。私はこの問題を、*Punished by Rewards*（Kohn 1999a pp.250-52）の中で、異なる型の内面化についての、Deci と Ryan による非常に有益な分析を引用して論じた。最も建設的でないものは「取り込み」であって、人が規則や価値を丸

ごと飲み込み、そしてそれに基づいて行動しなければならないと、内面から
の圧力を感じるのである。本書を通じて分析するような型のしつけが促すの
が、まさにこのような形の内面化である。

8）DeVries and Zan, p.253

9）Coloroso, p.77

目　　次

第**1**章

条件つきの子育て

CHAPTER I　条件つきの子育て

　私を時々励ましてくれたのは、親としてこれまでにして
きた（そしてこれからもし続けるであろう）過ちはあって
も、子どもたちを本当に愛しさえすれば、うまく育ってい
くだろうという考えであった。何と言っても愛はどんな傷
でも癒やすのである。愛さえあればよい*1。愛とは、今朝、台所でかんしゃ
くを起こしてしまったことに決して後悔しないことである*2。

　この安心を与えてくれる発想の源にあるのは、親の愛情と呼ばれる単一の
ものが存在しており、それは子どもに様々な量で与えることができる（もち
ろん、多ければ多いほど良い）とする考えである。しかしこの見方が実は致
命的なほど単純化されたものであるとしたらどうであろうか。本当は子ども
を愛する方法には様々なものがあって、それらのすべてが同じように望まし
いものではないとしたら。精神分析家のアリス・ミラー（1923 ～ 2010 年）
はかつて、子どもを「情熱的にではあるが、子どもが求めるような方法では
なく」愛することがあると述べた。これが正しいならば、意味を持つ問いと
は、私たちが子どもを愛するかどうかだけではなく、あるいはどのくらい多
く愛するかどうかでさえもない。**どのように**子どもを愛するかという問いも
重要なのである。

　ひとたびこのことが理解されたならば、直ちに、様々な形の親の愛情を列
挙し、その中でどれが良いかについての提案を行うことができるだろう。本
書はそのような区別の 1 つ、すなわち、**子どもが行うことで**愛することと、
子どもそれ自身を愛することとの区別を検討する。前者のような愛情は条件
つきであり、そこでは子どもは、親が適切であると見なすように振る舞うこ
とによって、あるいは親の基準に適うような成果を上げることによって、愛

---

*1　ビートルズの楽曲のタイトルから
*2　映画『ある愛の詩』で有名な言葉から

情を獲得しなければならない。後者の愛情は**無条件**である。つまり子どもがどのように行動するか、成功するかどうか、行儀良くするかどうか等々に関わらない愛情である。

　私は、価値判断という側面と現実的な予測の側面の双方を踏まえて、無条件の子育てという考えを支持したい。価値判断は、非常に単純に言えば、子どもは親の愛情を勝ち取らなければならない立場に置かれるべきではないということである。私の友人のデボラの言葉では、親は「大した理由なしに」子どもを愛するべきなのである。さらに言えば、重要なのは単に親が子どもを無条件に愛することだけではなく、そのように愛されていると**子ども自身が感じる**ことである。

　他方で現実的な予測は、事実として、子どもを無条件に愛することが肯定的な結果をもたらすだろうということである。道徳的に言ってそうするのが正しいだけではなく、賢い方法でもある。子どもはあるがままに、その存在自体を愛される必要がある。そのようにされれば、子どもは、たとえ失敗をしたり十分なことができなかったりしても、自らを基本的に善い人間として受容することができる。そしてこの基本的欲求が満たされれば、子どもはより自由に他人を受け入れる（そして助ける）ようになる。つまり無条件の愛情は子どもがきちんと成長するために必要なものなのである。

　にもかかわらず私たち親は、子どもの承認に条件をつける方向に引かれることがしばしばある。そうなってしまうのは、私たちがそう考えるよう育てられたためだけではなく、私たち自身がそのように育てられたためでもある。条件をつけるように条件づけられていると言えるかもしれない。この感覚の根元はアメリカ人の意識の土壌に深く染み込んでいる。実際に、**無条件の受容**は、1つの理想としてさえめったに見られないように思われる。**無条件**という単語の使われ方についてインターネットで検索すると、多くの場合、宗教やペットについての議論が出てくる。明らかに多くの人にとって、何も条件がつかない、人間同士の愛を想像することは困難なのである。

　子どもにとってこれらの条件の中には、**良い振る舞いや優れた成績**が含まれる。本章と以下の3つの章で振る舞いに関する問題を考えていくが、特に

多くの広く行われている形のしつけによって、子どもが親の要求通りに行動するときにだけ受け入れられると感じている事態を検討する。次いで第5章では、子どもが親の愛情は、例えば学校やスポーツで自分たちが成し遂げたこと次第であると結論づけるようになる状況を考える。本書の後半では、このような方法のしつけを克服し、子どもたちが必要としている種類の愛情に少しでも近いものを与えることが、いかにして可能かについての具体的提案を行う。しかし先ず、条件つきの子育ての考えについてより広く検討しよう。すなわちその背後にはどのような想定があるのか（そして無条件の愛情と区別しているのか）、また実際に子どもにどのような影響を与えているのかである。

子育ての2つの道　根底にある想定

　私の娘のアビゲイルは、4歳になって数か月後につらい時期を経験したのであるが、それはあるライバルの登場と関係していたのかもしれない。娘は親の求めにより強く抵抗し、汚い言葉を発し、叫び、足を踏みならすことが多くなった。日常的な行為がたちまち神経戦にエスカレートしていった。ある夜娘は、夕食が終わったらすぐにお風呂に入ると約束をしたのだが、実際にはそうしなかった。そこで約束のことを思い出させたところ、娘は大声でわめき、その声は赤ん坊の弟を起こすのに十分であった。もっと静かにするように言うと、再び叫んだ。

　ここで考えてほしい。騒ぎが一段落した後、妻と私はいつもの夜のきまり通り、娘を抱きかかえてベッドに連れて行き、本を読んでやるべきであろうか。条件つきの子育ての方法では、「ノー」となる。もし私たちがいつものような心地の好いことを娘にすれば、子どもの許しがたい振る舞いに賞を与えることになる。そのためそのような行いはお預けにして、優しくしかしきっぱりと、「当然の結果」が与えられていると伝えるべきなのである。

　このような流れで対応することは、私たちのほとんどに馴染みがあって安心するものと感じられ、多くの育児書の助言と一致する。それ以上に、私自

身も認めなければならないが、アビゲイルの反抗に心からうんざりしていたので、もし頭ごなしに命じれば、自分の中でもある程度の満足感を得られるものとなったであろう。そして親としての私が断固とした態度を取って、そのような振る舞いは許されないことを知らせているという意識を娘に与えただろう。私は再び娘を支配しているのだ。

しかしながら、無条件の愛情の立場からみれば、これは抑えなければならない誘惑であり、私はいつものように娘に寄り添って本を読むべきなのである。しかしだからと言って起きたことを単に無視すべきであることにはならない。無条件の子育ては、子どもにしたいことを何でもさせることを意味する聞き心地の良い言葉ではない。(ひとたび嵐が収まったら)諭して、ともに振り返ることが非常に重要であり、それがまさに私たちが本を読んだ後にしたことであった。私たちが伝えたいと思っているどのような教訓でも、私たちの娘への愛情が、自分の振る舞い方によって減るものではないことを娘が悟っていれば、よりよく学べるであろう。

親がこれらのことについて意識的に考えてきたかどうかは別として、この2つの子育てのスタイルの各々は、心理学、子ども、さらには人間の本性についての、異なる信念体系に基礎を置いている。先ず、条件つきの子育ては、行動主義として知られる学派と密接に関係している。行動主義は一般的には故 B.F. スキナー(1904 〜 1990 年)の名と結びつけられる。その最大の特徴は、名称が示すように、研究の関心をもっぱら[外部に現れる]行動に限定することである。この見解によれば、人に関することで問題となるのは、目に見ることができ測定できるものだけである、欲望や不安は見ることができないため、人々が**行う**ことだけに注目するのがよいということになる。

さらにこの見解では、すべての行動は、それが「強化」されるかどうかのみによって、始まったり止まったり、増加したり減少したりする。行動主義者は、私たちが行うすべてのことが、それが何らかの種類の報酬を得られるかどうかという観点から説明することができると想定する。そしてその報酬は、意図的に与えられるか、あるいは自然に発生するかのいずれかである。もし子どもが親に対して愛情を示したり、友達にデザートをあげたりすると

したら、それはもっぱらそのようなことが、過去に受け入れられ、心地好さという報酬が得られたためである。

　簡単に言えば、外的な力 ── 自分がしたことで過去に報酬として与えられた（あるいは罰せられた）こと ── が、私たちの振る舞い方を決定し、そして私たちの振る舞い方の総体が、私たちの人格なのである。スキナーの本を読んだことのない人でも、彼の想定を受け入れているように思われる。親や教師が絶えず子どもの「行動」について語るとき、表面的な事柄しか重要でないかのように考えているのである。子どもがどのような人間であり、何を考えたり感じたり求めていたりするかは問題ではない。そして動機や価値観も考えなくてよい。大切なことは子どもの行動を変えることだけである。言うまでもなく、これはしつけの諸技法を活用するようにという促しであり、その唯一の目的は、子どもをある特定の形で行動させること ── あるいは行動するのを止めさせること ── である。

　日常的場面での行動主義のより具体的な例としては以下のようなものがある。読者はおそらく、子どもが何か人を傷つけることやずるいことをした後に謝るよう強制する親に出会ったことがあるだろう（「ごめんなさいと言えないのか？」）。さて、ここでは何が起きているのだろうか。親は、子どもにこの言葉を言わせることで、すべての証拠がそうではないと示しているにもかかわらず、魔法のように、子どもの中に申し訳ないという気持ちを生み出すことができると考えているのだろうか。もしくは、もっと悪いことには、子どもが本当に申し訳ないと思っているかどうかには関心がないのだろうか。というのはここでは、本心からそう思っているかどうかは関係がなく、適切な言葉を発する行為だけが重要だからである。謝罪を強制することはほとんどの場合、子どもに心にもないことを言わせる、つまりウソをつく訓練をすることになる。

　しかしこれは、考え直すべき1つのまれな子育ての方法であるというだけではない。スキナー的な思考 ── 行動だけに関心を集める ── が、私たちの子どもへの理解を狭いものにして、子どもに対応する方法をゆがめてしまうことに関わる、多くの実例の1つでもある。同じようなことを、幼い子ども

を寝かしつけたり、おまるを使い始めたりするよう訓練をするプログラムの中にも見出すことができる。このようなプログラムの考え方からすれば、子どもが暗闇の中ですすり泣くのは**どうしてなのか**は、問題ではない。恐怖心、退屈さ、孤独感、空腹、あるいは別の何かのためであろう〔が、どれであってもかまわない〕。同様に幼児が、親から促されても、トイレでおしっこをしたがらない理由が何かも問題にはならない。子どもに自分の部屋で寝るよう「訓練する」段階的な方式を提供する専門家、あるいは、子どもがトイレでおしっこをしたことに対して、金のステッカー、チョコレート、褒め言葉を与えるよう促す専門家が関心を持つのは、ある行動を引き起こす考え、気持ち、あるいは意図ではなく、行動それ自体だけについてである（私は、調べるために本来は必要とされるような集計を実際にはしていないが、とりあえず次のような大雑把な目安を提示したい。すなわち「子育ての本の価値は、**行動**という単語の出現回数と負の相関関係を持つ」である）。

　ここでアビゲイルに戻ろう。条件つきの子育ての立場が想定するのは、本を読んでやることなどで娘への変わらない愛情を表現することは、またかんしゃくを起こすように促すだけだということである。そして娘は、赤ん坊の目を覚ましたり、風呂に入ろうとしなかったりしても許されることを学ぶであろうというわけである。なぜなら、娘は私たちの愛情を、自分がしてきたことのすべてに対しての正の強化として解釈するだろうからである。

　無条件の子育てはこの同じ状況を──そして実に人間というものを──全く異なる形で解釈する。第一に、アビゲイルがしたことの理由が「外部」よりも「内部」に求められるかもしれないと考えるようにさせる。娘の行為は、自分が以前にしたことへの肯定的反応のような外的な力を観察することによって、機械的に説明できるとは限らない。おそらく自分でも名状しがたい恐怖にかられているのかもしれず、あるいはどのように表現したらよいのか分からない欲求不満を抱えていたのかもしれない。

　無条件の子育ては、行動が感情や思考、欲求や意図の外的な表現にすぎないと見なす。要するに、**大切なのは単に行動それ自体ではなく、その行動をする子どもなのである**。子どもは訓練を受けるペットでもなく、入力された

ことに予想通りに反応するようプログラムされているコンピュータでもない。このように行動し、あのようには行動しないことの理由は様々であり、それらの理由の中には判然と説明するのが難しいものもある。しかしだからと言って、親はこのような理由を単に無視して、結果（つまり行動）だけに目を向けることはできない。実際には、理由の1つ1つがどのようなものかによって、それに対処するためにはまったく異なった一連の行為が求められるのである。例えば、私たち親が赤ん坊の弟に注意を払いすぎたために、アビゲイルが嫉妬を感じていて本当に反抗的な態度を取っているのであれば、私たちは、アビゲイルが不安を表すやり方を抑えようとするだけではなく、そのような状況自体を見直さなければならない。

　特定の行動の背後にある特定の理由を理解し、対処する努力と並んで、必ずしなければならないことが1つある。それは、何が起ころうとも、親が自分のことを愛していることを、子どもに悟らせるようにしなければならないことである。実際に今夜私たちとベッドで一緒に寝そべって、私たちの行動から、自分への親の愛情は揺るぎないことを感じられるようにすることが、**殊に**重要である。そのことで子どもはつらい体験を耐え抜くことができるのだ。

　いずれにしても、罰に相当するものを強制するのは、建設的なものではないであろう。そうすれば再び子どもを泣かせることになる。そしてそれが一時的に子どもを鎮めるのに成功したとしても、――あるいは、私たちが自分から離れてしまうことを恐れて、翌日には自分の感じていることを表に出させないようにするとしても――罰を与えることの影響は、全体として肯定的なものとはならないであろう。その理由は、第一に、このような対応は子どもの頭の中で起きていることに対処しないからであり、第二に、子どもに教訓を与えようとすることが、子どもにとっては愛情の撤回のように見えるからである。一般的に言って、これは子どもをより不幸に感じさせ、孤独で支えられていないと感じるようにする。具体的に見れば、親が望むように行動したときだけ愛される――そして愛されるに値する存在となる――ことを教えるであろう。すぐ後で見るように、これまでの研究結果は、このことが状

況を一層悪化させることを強く示している。

　私はこれらの問題を長年にわたって考えてきて、条件つきの子育てがすべて行動主義によって説明されるものではないと思うようになった。何か別の要素が作用しているのだ。再び次のような場面を想像してみよう。子どもが叫んでいて、明らかに取り乱している。子どもが静まると、父親は、ベッドに横になり、子どもの手枕をして、『がまくんとかえるくん』のお話を読んでやる。これに対して、条件つきの子育てに賛成する人は「ダメ、ダメ、ダメ。それでは子どもの悪い行いを強化することになる。言うことを聞かなくても大丈夫だと教えていることになるのだ」と叫ぶ。

　この解釈は、子どもがある状況で何を学ぶのか、あるいは**どのように**学ぶのかについての一定の想定を反映しているだけではない。それは同時に、子どもについての――そしてひいては人間の本性についての――非常に悲観的な見解を映し出しているのだ。この見解では、子どもは少しでも機会が与えられれば、大人につけ込もうとすると考える。親が少しでも譲歩すれば、際限のない要求をしてくる。様々に解釈できる状況から可能な限り最悪の教訓を引き出す（「とにかく私は愛されているのだ」ではなく「やーい、やっかいなことを起こしても大丈夫だ！」）。条件がつけられていない受容は、利己的で、多くの要求を行い、貪欲に、そして他人への配慮をしないように振る舞うことが許されたと解釈される。だとすれば、条件つきの子育ては、少なくとも部分的には、大変冷笑的な見解に基づいていると言える。それは子どもをありのまま受け入れることは、子どもが悪い存在であることを許すことである、なぜならまさにそれが子どものあり方なのだから、とする見解である。[1]

　対照的に、無条件の子育ての方法は、アビゲイルが狙っているのは、親である私をみじめにすることではないことに気づくことから始まる。また娘が悪意を抱いているのでもないと見なす。娘は自分ができる唯一の方法で、何か状況がおかしいと言っているだけなのである。それはたった今起きたことかもしれないし、しばらく前から存在していた目に見えないものが、今に

なって現れてきたのかもしれない。この立場は子どもを信頼するものであり、以下のような想定を否定するものである。その想定とは、子どもは親の愛情から間違った教訓を引き出したり、うまく切り抜けられるときには常に悪く**振る舞いたがったりするとする**ものだというものである。

このような見方は空想的でも非現実的でもなく、子ども（そして大人）が時にはひどいことをする事実を否定するものでもない。もちろん子どもは導かれ、助けられなければならない。しかし子どもは調教したり、服従させたりしなければならない小さな怪物ではない。共感的にも攻撃的にもなり、他者思いにも利己的にもなり、協力的にも競争的にもなり得るのである。その多くの部分は子どもがどのように育てられるかにかかっており、その中には、無条件で愛されていると感じるかどうかも含まれる。そして子どもが癇癪（かんしゃく）を起こしたり、お風呂に入ろうと言いながらそうしようとしなかったりするときは、子どもの年齢という観点から理解できることが多い。つまり、子どもが自分の不安がどこから来るのか理解できず、自分の感情をもっと適切に表出することができず、約束を覚えて守ることができないことである。そうであるから、いくつかの重要な点で、条件つきの子育てと無条件の子育てとのどちらを選ぶかは、人間の本性についての根本的に異なる2つの見解のどちらを選ぶかと関わってくる。

しかしここで明らかにしておくべき、もう一組の想定がある。私たちの社会では、良いものは、無償で与えられず、勝ち取られなければならないと教えられている。実際多くの人は、この原則が侵害される可能性に対して怒りを感じるのである。例えば多くの人が、福祉政策とそれを頼る人に抱く敵意を考えるとよい。あるいは職場での成果給がむやみに多く導入されることも同様である。さらに、子どもにとって（休憩時間のように）楽しいことはすべてご褒美であって、教師の期待に応えたことに対して支払われる一種の対価であると考える教師の数を考えるとよい。

究極的に条件つきの子育ては、家族の成員の間を含め、ほとんどすべての人間のやり取り（interaction）を、一種の経済的取引（transaction）と見る傾向を示している。市場の法則――需要と供給、やられたことへの報復――

が普遍的で絶対的な原則という地位を持っていると見なされ、あたかも、子どもに対して行うことを含めて生活のすべては、車を購入したり部屋を借りたりすることと同じようなことであるとされる。

　ある子育て論の著者 —— 行動主義の立場に立つのは偶然ではないが —— は以下のように述べている。「子どもをドライブに連れて行きたいと思う、あるいは抱きしめてキスしたいと思うなら、何よりも子どもがそれにふさわしいことを確かめなければならない。」[2] この見方を、一人の極端な意見の持ち主のものとして否定する前に、著名な心理学者であるダイアナ・バウムリント（1927 ～ 2018 年、本書 pp.130-31 を参照）も無条件の子育てに反対する同様の議論をしていることを考えてみよう。彼女は「相互性の原則、受け取った価値に対しては対価を払う原則は、私たちすべてにあてはまる人生の法則である」[3] と宣言する。

　この問題を正面から扱ってはいない著者や臨床家の多くも、実際には何らかの形の経済的モデルに拠っているように思われる。文章の行間を読むと、彼らの助言の基礎となっているのは、子どもが大人の望むように行動しないときは、子どもの好きなものは取り上げられるべきだという信念である。結局のところ、人は何であっても無償で手に入れるべきではないのだ。幸福や愛情であってさえも。

　あれもこれもが「〔資格のある人だけが得られる〕特権であって、〔すべての人に与えられるべき〕権利ではない」と、強調され、挑発的に言われるのをどのくらい多く聞いたことがあるだろうか。時々、このような立場を取る人に共通して見られる人格特性がどのようなものであるのかについて調査する研究を行うことを空想している。子どもに与えられるものすべて（ご褒美としてのアイスクリームから自分の行いに対する注目まで）は、子どもの振る舞い次第でなければならず、単に無償で与えられてはならないと主張する人を想像してみよう。そのような人を思い浮かべることができるだろうか。どのような表情をした人であろうか。このような人はどのくらい幸福なのだろうか。子どもといることを心から楽しんでいるのか。この人と友だちになりたいと思うだろうか。

　同時に、「特権であって、権利ではない」と聞く度に、このように言う人は何を権利であると見な**そうと**しているのかと考えてしまう。人間が当然受け取る資格のあるのは何もないというのか。私たちが経済的法則から除外したいと思うような、人との関わり方は存在しないのか。確かに、大人は仕事をすることで報酬が得られると期待する。それは食べ物などを得るために対価を払うことを当然と思うのと同じである。しかし問題は、同様の「相互性の規則」が、友人や家族と関わる際にも当てはまるのかどうか、あるいはどのような状況で当てはまるかである。社会心理学者は、交換的関係とでも呼べるようなものでつながる相手がいることに気づいている。つまり、あなたが私に何かをしてくれるとき（私に何かをくれるとき）だけ、私はあなたに何かをするというものである。しかしこれが私たちの持つ人間関係すべてに当てはまるわけではなく、そうであるとも思いたくないと社会心理学者はつけ加える。人間関係の一部は、相互性以上に相手への思いやりに基づくのである。実際ある研究によれば、配偶者との関係を交換の視点で見て、自分が与えるのと同じくらいのことを得ることに心を砕く人は、あまり満足できない結婚生活を送る傾向にある。[4]

　子どもが成長すると、彼らが経済的な主体、消費者や労働者としての立場を得る機会が数多くあり、そこでは自己利益が優先し、各々の交換の条件が厳密に計算される。しかし無条件の子育てが主張するのは、家族はそのような取引から待避する港であり、避難所であるべきだということである。とりわけ、親からの愛情はどのような意味においても、対価を払って得られるべきものではない。それは純粋に完全な贈り物であり、すべての子どもが得る権利を持っているものである。

　もしこのことに同意し、無条件の子育てを支える他の想定——子どもの［外面の］行為だけではなく子ども全体を見なければならない、子どもがしてしまうことを最も悪く解釈するべきではない、などなど——もやはり正しいと思えるのであれば、これらの想定とは反対のものに基づいた、広く見られるしつけのやり方はすべてを疑ってみる必要がある。条件つきの子育てを特徴づけるこれらのやり方は、服従させるために、子どもに**対して**何かをす

る方法となりやすい。反対に、本書の後半で示される提言は、無条件の子育ての考えからの当然の帰結として導かれるものであるが、子どもと**ともに**するという原則の応用であり、それは子どもを社会的に受け入れられる人、そして的確な決定ができる人にすることを支援しようとするものである。

つまり、これらの2つの方法の違いをまとめると以下のようになる。

	無条件の子育て	条件つきの子育て
焦　点	子ども全体（理由づけ、考え、感情を含む）	行　動
人間の本性の見方	肯定的あるいは中立的	否定的
親の愛情の見方	贈り物	獲得すべき特権
戦　略	「ともにする」（問題解決）	「一方的にする」（報酬と罰による統制）

条件つきの子育ての影響

親の子育ての方法が、子どもに対して抱いている長期的目標と一致しないことがあり得る（原著まえがきを参照）のとまったく同様に、条件つきの子育てに基づく方法と、親の最も基本的な考えの間に矛盾があることもある。どちらの場合も、親が子どもに何をしているのかを振り返ってみることが有益である。しかし条件つきの子育てに反対する主張は、私たちの多くが問題ありとみなす価値観や前提と結びついていることを指摘して終わりではない。そのような子育てが現実社会の中で子どもに与える影響を検討するとき、反対の議論は一層力を持つ。

半世紀近く前、心理学者の先駆けであったカール・ロジャース（1902〜1987年）は「親の愛が子どもの行為次第で左右されるとき何が起こるか？」との問いに1つの答えを出した。彼の説明は次のようなものである。そのような愛情を受け取る側の子どもは、自分自身の評価されない部分を否定するようになる。最後には、自分がある特定のやり方で行動する（あるいは考えたり感じたりする）ときだけ、自分に価値があると見なすようになる。[5]こ

れは基本的に神経症をもたらすものであり、あるいはもっと悪くなるかもし
れない。アイルランドの健康児童省の刊行物（世界中の機関で閲覧され引用
されているが）は、「情緒的虐待」の概念を具体的に示す 10 の事例を挙げて
いる。第一の「執拗な批判、嘲り、敵意や非難」に次いで、2 番目にあるの
が「条件つきの子育て、子どもへの配慮のレベルが子どもの行動や振る舞い
次第となっている状況」である。[6]

　ほとんどの親は、もし尋ねられたら、**もちろん**子どもを無条件に愛してお
り、それは私（や他の論者）が問題であると認定する方策を使うにもかかわ
らず当てはまると主張するであろう。親によっては、子どもを愛している**か
らこそ**、そのような方法で子どもをしつけると言うかもしれない。しかし私
はここで、これまで付随的にしか行ってこなかった観察に立ち戻りたい。そ
れは、**親が子どもについてどう感じるかということ以上に重要なのは、子ど
もが親の感情をどのように体験し、親が子どもに対応する方法を子ども自身
がどのように考えるかということである。**教育者は授業で重要なのは教師が
教える内容ではないと言う。重要なのは学習者が何を学ぶかである。同じこ
とが家庭でも言える。重要なのは子どもが受け取るメッセージであって、親
が子どもに送っていると思うものではない。

　しつけの異なったスタイルの影響についての研究を試みている専門家は、
人々の家庭の中で実際に何が起こっているのかを確定し数値化する方法を考
え出すのに苦労している。調べたい関係を直接観察すること（あるいはビデ
オに撮ることさえも）が常に可能であるとは限らない。そのため調査の中に
は実験室の中で行われるものもある。そこでは親と子どもが何かを一緒にす
るよう指示される。時には普段の子育てのスタイルについて親から聞き取り
をしたり、アンケートに記入してもらったりすることもある。子どもが十分
大きいときは、**子ども自身が**親のすることについて尋ねられたり、すでに成
人しているときは、親の過去の行動について聞かれたりすることもある。

　これらの手法にはいずれもそれぞれの欠点があり、手法の選択が研究結果
に影響を与える可能性がある。例えば親と子どもが、親子間で起きている状
況を別々に述べるように言われた場合、全然違う説明をするかもしれない。[7]

興味深いことに、本当はどうなのかを知る客観的な方法があるときには、親の行動についての子どもの認識は、親の自分自身の行動についての報告と全く同様に正確であることが分かっている。[8]

　しかし重要な問いは、誰が正しいのかではない。感情が関わる問いは、正答がないのが普通である。むしろ大切なのは、誰の見方が、子どもに対する様々な影響と関係しているのかである。条件つきの子育ての1つの形について調査をしたある研究を見てみよう。親がこのような方法を採る子どもが、そのようにしない親の子どもに比べて特に悪い状態にあるわけではない。しかし研究者が、親がそのようなやり方をすると**子ども自身**が思っているかどうかで子どもを分けたとき、その違いは非常にはっきりとしていた。平均して、親から条件つきの子育てを経験したと答えた子どもは、条件つきの子育てを受けたと言わなかった子どもに比べて、良好な状態ではない。[9]この研究の詳細は後に議論するが、ここで私が言いたいのは、子どもへの影響の観点からすれば、私たちがしていると思っていること（あるいは決してしてはいないと断言すること）は、私たちの行動を**子どもが**どのように経験するのかに比べれば、たいして重要ではないということである。

　最近数年間で条件つきの子育てについての研究が若干増えてきている。その中で最も注目すべきものの1つが2004年に発表された。この研究では、100人以上の大学生から情報が集められた。学生は自分の親から与えられていた愛情が、次のような4つの条件のいずれか次第で変わったかどうかを尋ねられた。それは子ども時代の学生が（1）学校で良い成績を取る、（2）スポーツの練習を一生懸命する、（3）他人に対して思いやりを持つ、（4）不安などの否定的な感情を抑える、であった。学生はまた、他のいくつかの質問も受けた。例えば、実際にそのように行動するようになっていたのか（つまり、感情を隠す、テストのためにしっかりと勉強するなど）、そして親とどのように関わっていたのかである。

　明らかになったのは、条件つきの愛情を用いることは、望まれる行動を引き出すのに、少なくとも一定程度は有効であったことである。ある特定の形で振る舞ったときだけ親からの承認を得てきた子どもは、大学に入ってから

でさえも、そのように行動することがやや多い。しかしこの戦略の損失はかなり大きい。先ず、親が自分を条件つきで愛していると考える学生は、親に受け入れられていないと感じることが非常に多く、その結果として親に反抗し、親のことを嫌う。

　簡単に想像できると思うが、もし親が聞かれたならば「息子がどうしてそのような考えを持つようになったのか分からない！　何があっても息子を愛しているのに！」と言い切るであろう。研究者が（今は大人になった）子どもに直接聞き取りをすることを思いついたからこそ、それとは全く異なる——そして大変心を痛めるような——話を聞くことになったのである。多くの学生が感じていたのは、親に良い印象を与えたり、親に従ったりすることができないときはいつでも、与えられる愛情が一貫して少なくなっていたことであった。そして、親との関係が緊張状態にあったのは、まさにこのような学生であった。

　以上の点をより明らかにするために、研究者は第二の調査を行った。今度は大人になった子どもの100人以上の母親を対象としていた。この年代の母親にとっても、条件つきの愛情は悪影響を与えるものであることが分かった。子どものときに、親の期待に応えられたときにしか愛されなかったと感じている母親は、大人になっても自分自身の価値を感じることがより少ない。しかしながら、特筆に値するのは、**彼女たちはいったん親になると、まったく同じ方法を採る傾向にある**ことである。母親たちは「その戦略が子どもに否定的な影響を与えるにもかかわらず、自らの子どもに対して」[10] 条件つきの愛情で子どもを育てるのである。

　（私の知る限りで）この研究は、条件つきの子育ての方法が子どもに受け継がれる可能性のあることを明らかにした最初の調査であるが、他の心理学者たちも、その影響について類似の証拠を見出している。その中のいくつかは次章で述べるが、それは条件つきの子育てが実際に行われる場合の、2通りの具体的な方法についてである。しかし全体として、その結果はかなり破壊的なものである。例えば、デンバー大学の研究グループが明らかにしたのは、親の承認を得るために一定の条件を満たさなければならないと感じてい

る十代の若者は、最終的には自分自身のことを嫌いになりやすいことである。そしてこれは、若者が「偽の自己」を作り出すことにつながるのである。言い換えれば、自分の親が愛し**たい**と思えるような人間であるふりをすることである。このような、親に受け入れられようとする必死の戦略は、抑うつ、将来への希望が持てないという感覚、そして自分の本当の自己を見つけることができない傾向と結びつくことが多い。ある時点でこのような10代の若者は、自分が本当はどのような人間であるかさえも分からなくなる可能性もある。なぜなら、彼らは自分自身ではないものになるために懸命になっているからである。[11]

　長年にわたって研究者は、「（人が受け取る）支持が条件つきであればあるほど、人間としての全般的な自己価値意識はより低くなる」ことを見出してきた。子どもが条件つきで愛情を与えられるとき、彼らは、やはり条件つきでしか**自分自身のこと**を受け入れられなくなる傾向にある。対照的に、無条件で受け入れられている —— 親によって、あるいは他の研究によれば教師によってさえも —— と感じている子どもは、自分自身について肯定的に感じることが多い。[12] これはまさにカール・ロジャースが予言した通りである。

　そしてこのことが、本書の最終的な目的であり、私が読者に熟考を促したい中心的問題へとつながる。条件つきの子育てを調べるために用いられたアンケートにおいて、十代の若者や若い大人は、「私の母親は、私と最悪の状況で対立をしていたときでさえも、私と愛情に満ちた関係を持っていると感じていた」や「私の父親が私と意見が合わないときでも、父が私を愛していることが分かっている」といった設問に「大変そう思う」「そう思う」「どちらでもない」「そう思わない」「絶対にそう思わない」で答えることが求められるのが一般的である。[13] だとすれば5年後か10年後に、子どもがこのような質問にどのように答えてほしいと思うであろうか。そして子どもがどのように答えるだろうと考えるだろうか。

【原註】

1) このような子どもについての見解は、きちんとした証拠に基づいた結論というよりも偏見であることが分かる。以前に刊行した *The Brighter Side of Human Nature* で私は、人が攻撃的で自己中心的であるのが人の本性であるのと同様に、配慮や共感することも本性であるという見解を支持する数百の研究を検討した。この検討の要約は、"Caring Kids" と題する教育者向けの記事（1991 年）で見ることができる（Kohn 1991）。

2) これは Stephen Beltz という心理学者の *How to Make Johnny WANT to Obey*, p.236 からの引用である。

3) Baumrind 1972, p.278 さらに続けて「無条件で愛情を表現する親は、子どもが利己的で過度な要求をする存在になることを促している」と述べる。人間関係を経済的なモデルで捉えることは、人間の本性についての悲観的な見解と関係していることを示唆しているのである。

4) Margaret Clark は 1970 年代後半から 1980 年代にかけていくつかの研究を発表し、自身が「交換関係」と「共同関係」と呼ぶものの違いを検討した。結婚についての結論は Murstein et al.。経済的なモデルと比喩が人間生活の他の側面にも拡大していくことについてのより全般的な調査については、Erich Fromm の多くの著作の他に、Barry Schwartz の *The Battler for Human Nature* を参照。

5) 例えば、Rogers 1959 を参照。

6) www.doh.ie/fulltext/Children_First/Chapter2.html を参照。ウェブのリンクは変更があるが、私はこの文書をイリノイ州の保安局やペンシルヴァニア州の虐待防止グループ（CAPSEA）のサイトで見た。またミズーリ州で提出されている法案の中でもこの文書について言及されている。さらにイギリスやカナダのサイトでも引用されている。

7) 例えば、「親は子どもを家族の意思決定の際に参加させていると述べることが多いが、子どもはそう思っていない場合がある」（Eccles et al., pp.62-63）。

8) Kernis et al., p.230 は、この主張を支える 3 つの研究を引用している。親の説明と子の説明のどちらが比較的正確なのかを調べる機会がない場合でさえ

も、親の自己申告が調査者の観察と必ずしも一致しないことを、他の研究者
は明らかにしている（例えば、Kochanska 1997; Ritchie）。

9） Hoffman 1970a、特に p.106 の表 4。これらの結果と、愛情の撤回に関するそ
の他の結果は本書 pp.26-27 で論じている。「子どものその後の発達に最も大
きな影響を与える可能性が高いのは［親の］行動を子どもがどう経験するか
である」という基本的な結論を確認するためには、Morris et al.; 引用文は
p.147。

10） Assor et al. 引用文は p.60。この研究からは、これらの親が、自分自身が扱わ
れた通りに、子どもを扱うのはどうしてかは明らかでない。しかし私は本書
第 6 章で条件つきの子育てについて、考えられるいくつかの説明を論じる。

11） Harter et al. さらに「他人から言われたようにするときだけ、条件つきで愛
される感覚は、意思疎通に壁を築きやすく…、それが条件つきの愛情から逃
れることをより難しくする…これは意思疎通の障壁の悪循環である」
（Newcomb, p.53）。

12） 引用文は Harter 1999 p.181。親と教師からの無条件の支持についての研究
は各々、Forsman と Makri-Botsari を参照。後者の研究はまた、教師から無
条件で受け入れられていると感じる生徒は、学ぶことに心から関心を持ち、
学習課題に挑戦するのを楽しむ傾向にある（単に課されたから課題をしたり、
うまくできそうだと思う簡単な課題を選んだりすることとは反対である）。

13） 前者の文は、ミズーリ大学の Brent Mallinckrodt らによって開発された愛情
撤回尺度からである。後者の文はジョージア大学の Michael Kernis らが用い
た調査用紙のものである（一人称に変更した）。

第2章

愛情を与えることと止めること

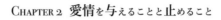

CHAPTER 2　愛情を与えることと止めること

　　1950年代から60年代に科学者たちがしつけの研究を始めたとき、親が子どもに対して行うことを、力か愛情かのいずれかに基づくものとして分類する傾向にあった。力に基づくしつけとは、叩く、どなる、脅すなどである。愛情に基づくしつけは、それ以外のすべてである。研究の結果が出てくると直ちに、力は愛情よりも良くない結果を生み出すことが明らかになった。

　しかし残念なことに、実に多様な戦術が愛情の名の下で一括りにされることになった。子どもに道理を説き、子どもを教え、温かみと理解を与えるものもある。しかし別の方法はあまり子どもを愛するものではない。実際、愛情によって子どもを**統制する**ことに等しいものもある。それは子どもが悪いことをしたときに愛情を与えないか、良い子だったときに注目して愛するか、のいずれかによってである。そうだとすれば、条件つきの子育てには2つの面があることになる。つまり「愛情の撤回」（ムチ）と「正の強化」（飴）である。本章では、これらの方法が実際にどのようなものであるのか、それらはどのような影響を持つのか、そしてどうしてそのような影響を持つのかについて考究したい。その後、罰という考えについてより詳細に検討する。

愛情からのタイムアウト

　他の事柄と同様に、愛情を止めることは様々なやり方で、その程度もいろいろと変えて実行できる。その1つの極には子どもの行いに対しての反応として、少しだけ身を引いて、素っ気なく愛情を示さなくすることがある。それはおそらく無意識的であろう。もう1つの極には、親がぶっきらぼうに「おまえがそのようにするなら愛さない」とか「そのようなことをするときは、そばにいて欲しくさえない」と宣言することもある。

　親の中には、単に子どもへの反応を拒否することで、つまり敢えて子ども

を無視することで、愛情を撤回する人もいる。そのような親は口に出してそうとは言わないが、発しているメッセージは非常に明瞭である。つまり「おまえが私の気に入らないことをするなら、おまえのことを構ってはやらない。再び私に認めて欲しいと思うなら、私の言うことを聞くがよい」ということである。

また他の親は子どもから物理的に離れてしまう。これをするには2通りの方法がある。1つは子どもの前から立ち去ること（取り残された子どもは、べそをかいたり、パニックになって「ママ、戻ってきて！　戻ってきて！」と叫んだりする）、もう1つは、子どもを自分の部屋か、親とは別の部屋に追いやることである。この戦術は正確には、強制的隔離と呼べるだろう。しかしそのように言うことは多くの親を不快にさせるので、その代わりにもっと無難な用語が使われる傾向にある。その用語は、実際に起きていることを私たちが直視しなくてもすむものである。この好まれる婉曲語は、読者の想像通り、**タイムアウト**である。

実際には、この非常に広く行われているしつけの方法は、愛情の撤回の1つの形である。少なくとも、子どもが自分の意思に反して追いやられる場合はそうである。子どもが怒っていたり混乱したりしているときに、自分の部屋や別の好きな場所に行く選択肢を与えることは間違ってはいない。子どもがしばらくは1人でいることを選び、（いつ出て行くか、どこへ行くか、何をするか、いつ戻るかという）具体的なことをすべて自分で決定できるならば、それは追放や罰として経験されることはなく、有益な場合が多いだろう。ここで私が懸念しているのはそのようなことではない。私が焦点を当てているタイムアウトは、普通用いられる用語としてであり、それは親から下される罰、すなわち子どもを1人で閉じ込めること、である。

この方法の性格を考える手がかりの1つは、この用語の語源によって与えられる。実は**タイムアウトは正の強化からのタイムアウト（一時中断）**の省略語である。この手法は半世紀ほど前に実験動物を訓練する方法として開発された。例えば、B.F. スキナーとその弟子が、鳩に点滅する光に応じて一定のレバーをつつくように教えようとしたとき、実験者が期待する行動を取っ

た褒美として与えられる餌のタイミングを、いくつかの違う形にしてみた。時には餌を与えなかったり、すべての光を消してみたりして、レバーをつつく行為が「消える」かどうかを確かめようとした。これは別の動物についても試みられた。そしてスキナーの共同研究者の 1 人は、1958 年に「正の強化の一時中断によるチンパンジーと鳩の行動統制」と題する論文を発表した。

　数年もしないうちに、同じような実験心理学の雑誌に「タイムアウトの持続時間と子どもの逸脱行動の抑制について」といったタイトルの論文が現れるようになった。この論文では、タイムアウトの実験を受ける子どもは「発達に遅れがあり、施設に入っている被験者」とされている。しかしすぐにこの方法は無差別的に広く適用されるようになり、子どもを実験動物であるかのように取り扱う考え方には驚くはずのしつけの専門家たちでさえも、子どもが何か悪いことをしたらタイムアウトを与えるようにと、親たちに熱心に説いたのである。間もなくこれは「思春期前の子どもたちを対象とした学術論文において最も広く推奨されるしつけの方法」[1] となった。

　だとすれば、私たちが論じているのは、**動物の行動を統制する**ための方法として始まった手法なのである。「動物」「行動」「統制」の 3 つの単語すべてが、私たちに厄介な問題を突きつけるだろう。もちろん「行動」はすでに取り上げた問題である。つまり私たちの関心が**行動**に限定されてよいのか、という問いである。タイムアウトは、他のすべての罰や報酬と同様に外面の問題のみを扱っている。それは純粋に、ある有機体が特定のやり方で振る舞う（あるいは振る舞わなくなる）ようにさせるためのものである。

　「動物」は、タイムアウトを考案した行動主義心理学者が、人間は他の種と大して異なってはいないと信じていたことを思い出させる。私たちは動物よりも複雑な行動を「発する」――例えば言語など――が、学習の原理は動物と同一であると考えられた。このような考えを共有しない人は、鳥やネズミに対して用いるために設けられたものに子どもを晒すことには躊躇するであろう。

　最後の「統制」については、本書全体の核心となる質問が残されている。つまり、**統制**モデルを基礎として子育てを行うことが理に適っているのか、

である。

　たとえ統制の歴史的背景や理論的根拠に問題を感じないとしても、改めて**正の強化からのタイムアウト**という元の表現を考えてみよう。親は普通、ご褒美のステッカーやお菓子を配っている最中に、突然それを止めようとは思わない。だとすれば、子どもがタイムアウトを与えられるとき、中断される正の強化とは正確には何なのだろうか。何か面白いことをしていて、それを無理に止めさせられることがあるかもしれない。しかしいつもそうであるとは限らず、もしそうであっても、話はそれだけではないと思われる。子どもを１人の状態に追いやるとき、実際に止められたり引っ込められたりするのは、親であるあなたの存在、あなたの注意、**あなたの愛情**である。あなたはそのように考えなかったかもしれない。それどころか、子どもに対する自分の愛情は、子どもが悪いことをしたからといって減るものではないと主張するかもしれない。しかし、先に見たように、重要なのは子どもにとってどう見えるかである。

愛 情 を 撤 回 す る こ と の 結 果

　次章で、タイムアウトに代わるものについてより詳しく述べる。しかし補足のために、愛情を撤回するという考えの全体像をより注意深く検討しよう。多くの人にとっての第一の疑問は、この方法に効果があるかどうかであろう。しかしながらここでもまた、この問いは見かけ以上に複雑な問題であることが分かる。親は「何のために効果があるのか？」を問わなければならない。そしてまた、行動の一時的な変化を、より深く永続的な否定的影響となるかもしれないものと比較検討しなければならない。言い換えれば、短期的なものを超えてみる必要があり、目に見える振る舞いの**下**で起きていることに注目しなければならないのである。思い出してほしいが、前章で触れた学生を対象とした研究は、条件つきの愛情は子どもの振る舞い方を変えることに成功するが、それには高い代償が伴うことを明らかにしている。同様のことは、とりわけ愛情の撤回についても当てはまる。リーという幼い子ども

の親の以下のような声を考えてみよう。

　　私が少し前に発見したのは、リーが反抗したときに、子どもとしての特権を
　奪うと脅す必要もなく、声を荒げる必要すらないことでした。ただ私が部屋か
　ら出て行くつもりであると言えばいいのです。時には部屋を**横切って**リーから
　離れ、叫んだり言うことを聞かなかったりすることを止めるまで待っていると
　言うだけでいいこともありました。ほとんどの場合、それで驚くほど効果があ
　りました。リーは「お願い、ダメ！」と懇願し、すぐに静かになったり、私の
　言うようにしたりしました。最初は、ここから得られる教訓は、ちょっとした
　刺激で十分だということだと思っていました。罰する必要なく私が望んだもの
　が得られました。しかし、リーの目に浮かんだ不安について考えるのを止めら
　れませんでした。私がしたのは、リーに関する限り、まさに罰**だった**ことに気
　づきました。確かに象徴的な罰ですが、しかし非常に恐ろしい罰だったので
　す。

　愛情の撤回に関するある重要な研究は、基本的にこの親の結論を支持して
いる。つまり、それは効果的に見えることもあるが、だからと言ってそうす
るべきであるとは言えないのである。1980年代初期に、国立精神衛生研究
所（NIMH：National Institute of Mental Health）の2人の研究者が、母親
が1歳くらいの子どもに何をしたのかを調査した。愛情の撤回——わざと子
どもを無視したり無理に離れたりすること——が、何か他の方法と一緒に行
われることが多いようであった。用いられた他の方法——言い聞かせたり叩
いたり——が何であるかには依らず、愛情の撤回を付け加えることで、幼い
子どもは母親の期待に、少なくともその時には従うようになった。
　しかし研究者は、その発見に満足するよりも不安を抱き、親に愛情の撤回
を行うようには助言しないと強調した。第一に、彼らが指摘したのは「直ち
に服従を得るのに効果的なしつけの手法は、必ずしも長期的には……効果的
ではない」ことである。第二に、彼らが見出したのは「子どもは、さらなる
罰を与える機会を親に与えるような形で、愛情の撤回に反応する」ことであ

る。悪循環が成立し、子どもは泣き叫び抗議するが、それはさらに愛情の撤回につながり、それが一層の泣き叫びや抗議につながるというわけである。最後に、この方法が実際に効果を生み出すときでさえも、研究者は、それが効果を持つ**理由**について懸念を抱いているようである。[2]

かなり以前、心理学者のマーティン・ホフマンは、力によるしつけと愛情によるしつけの区別に疑問を呈し、後者の典型例である愛情の撤回が、より厳しい形の罰〔である力によるしつけ〕と多くの共通点を持つと指摘した。両者が子どもに伝えるメッセージは、親の気に入らないことをしたならば、子どもの行動を変えさせるために親は子どもを苦しめる、ということである（唯一残された問題は、**どのようにして**子どもを苦しめるかである。すなわち、叩くことで身体的な苦痛を与えるか、親との隔離を強制して心理的苦痛を与えるかである）。そして両者とも子どもに、自らの行為が自分自身にどのような結果を及ぼすのかだけを考えさせるものになっている。これは当然ながら、自らの行為が他者にどのように影響するかを考えるように子どもを育てることとは全く別のことである。

ホフマンはさらに進んで、より驚くべき示唆をしている。ある状況で愛情の撤回は明らかに他の厳しい罰以上に悪影響を及ぼす、ということである。愛情の撤回は「子どもに対して直ちに身体的・物理的脅威とはならないが、力の行使以上に、より感情面で破壊的影響を与えるものとなることがある。何故ならば、子どもに、親に捨てられたり、親から離されたりするという究極的な脅威を与えるからである」。さらに、「親はそれがいつ終わるかを知っているが、当の幼い子どもは終わるのがいつなのかが分からないだろう。というのも、子どもは完全に親に依存しており、さらに、親の行為が一時的なものであることが分かるだけの経験や時間の観念を持たないためである」。[3]

お母さんやお父さんがいつかはまた自分に話しかけてくれる（あるいは、いつかはタイムアウトから解放してくれる）と気づくようになった子どもでさえも、このような罰の深刻な影響から完全には回復できないかもしれない。愛情の撤回という方法は、子どもを大人に受け入れられやすいように行動させることには成功するが、この成功を導く原動力は、「親の愛情を失う

かもしれない」という心の深く感じられる不安なのである、とホフマンは述べる。[4] 愛情の撤回が一時的な服従を生み出すことを見出した NIMH の研究者でさえも、この方法を取ることに躊躇したのはこの点である。実際、別のグループの心理学者は、この形のしつけは、体罰以上に「子どもを長期にわたって感情的に不安定な状態に置く」と述べている。[5]

　愛情の撤回についての科学的研究はそれほど多いわけではないが、数少ない研究は気味が悪いほど一致した結果を導いている。つまり、このような扱いを受ける子どもは自尊心が低くなる。全体的に良くない情緒的健康状態を示し、逸脱行為に走ることも多い。親の側の「心理的統制」（その「際だった特徴」が愛情の撤回）のカテゴリーをより広く捉えるならば、このような方法で扱われる年長の子どもは、そうでない子どもよりもより抑うつ状態になりやすい。[6]

　これは不思議なことではない。親は「子どもが親の愛情と承認を必要としていることや、親からの情緒的支援を失うことを恐れていることを利用して、子どもを操作する」強い力を持っている。[7] しかしこれは、例えば、多くの人が成長してからは感じなくなる暗闇への恐怖のようなものではない。むしろこの種の不安は深刻であると同時に永続的なものである。幼いときには、親が自分のことをどう感じているのか以上に重要なことは何もない。そのことに確信が持てなかったり、捨てられるのではないかという恐れを抱いたりすることは、成長後もその痕跡を残すのである。

　そうであるから当然のことながら、愛情の撤回の最も著しい長期的影響は不安である。大人になってからも、親によってこのように育てられた人は普通以上に不安を感じることが多い。また怒りを表に出すことを怖がることもあり、失敗に対して大きな不安を示す傾向にある。そして大人同士の関係も接触を避けたいという欲求でゆがめられる。それは再び見捨てられるのを恐れながら生きているからであろう（子どものときに愛情の撤回を経験した大人は、「"愛情を得るための条件を満たすのは不可能だ" と思い込むことになる。つまり、必要としていた親からの承認や支援を得ることが期待できなかったために、〔今になって〕他者からの保護や情緒的慰めに頼らないよう

に人生を組み立てようとするのである」[8])。

　子どもが 4 歳のときに一度だけ部屋に追いやったことで、その子が一生涯だめになってしまうと私は言いたいのではない。しかし同時に、ここで示した一連の結果は、今朝私がシャワーを浴びながら思いついたようなものでもない。臨床家の単なる推測によるものでも、挿話的なものでさえもない。厳密に組み立てられた調査は、これらの不安を、とりわけより幼い時期の親の愛情の撤回と結びつけている。育児書はこれらのデータに触れることはほとんどないが、その累積的な効果は十分に考慮されるべきである。

　そして、触れておく価値のあるもう 1 つの発見がある。それは、子どもの**道徳的**発達への影響である。ホフマンは 7 年生を対象とした調査を行い、愛情の撤回を行うことが、より低いレベルの道徳性とつながることを見出した。他人と一緒にどのように行動するかを決める際、愛情の撤回を経験した子どもは具体的な状況を考慮せず、またある特定の個人が必要とするものを考えないのである。彼らはその代わりに、親の愛情を失わないために、まさに言われた通りに振る舞うことを学んでおり、規則を厳格に、そして画一的に当てはめようとする傾向にある。[9] もし子どもを、共感力を持ち心理的に健康な大人に育つよう支援しようと本気で思うならば、それを愛情の撤回という方法、あるいは後で見るように、懲罰的結果をもたらす方法によって行うことは、どのような場合でも、非常に困難であることを認識しなければならない。

報 酬 の 失 敗

　タイムアウトやその他の「より穏やかな」形の罰が、実際にはそれほど無害なものではないと聞くのは、心穏やかではないであろう。しかしまだ先があるのだ。愛情の撤回の裏面——つまり、条件つきの愛情に関わるもう 1 つの方法——には、他ならぬ正の強化があり、これは親や教師、その他子どもと関わる人に非常に支持されている方法である。罰を与えるしつけの意図しない結果を警戒する人でも、良いことをしたら子どもを褒めるようにするこ

とをためらうことは、通常いないであろう。

　ここで少し背景に触れておくのが適当であろう。[10] 私たちの社会の職場、教室や家庭では、力のある人に力のない人を従わせるための基本的戦術が2つある。1つは従わないことへ罰を与えることであり、もう1つは従うことに報酬を与えることである。報酬はお金や特権であるかもしれないし、金の星、キャンディー、ステッカー、あるいはファイ・デルタ・カッパ[*1]への入会権かもしれない。しかし同時に称賛であるかもしれない。そのため、「良くやった！」と子どもに言うことの意味を理解するためには、それを含む飴とムチの思考方式全体を理解しなければならない。

　最初に理解すべきは、報酬が人の仕事や学習の質を高めるには効果的ではないことである。かなり多くの研究が明らかにしているのは、大人も子どもも同じように、自分のしたこと、あるいは良くできたことに対して報酬が与えられるときは、多くの課題についてあまりうまく**できなくなる**ことである。実は、この結果を最初に見出した研究者たちにとっても、思いがけないことであった。研究者が予想していたのは、優れた成果に対する何らかの形の動機づけが与えられることによって、より良くしようとする意欲が高められることであった。しかし、事実はその逆であることが一貫して見られたのである。例えば研究で繰り返し示されたのは、他のすべての条件が同一であれば、生徒に報酬としてのA評価が与えられない方が、生徒は良く学習することである。つまり、文字や数字による評定が行われず、生徒の成績が文章で記述されるような状況で、より学ぶのである。

　しかし学業成績以外の行動や価値観について考えてみるとどうであろうか。もちろん報酬は、罰と同様に、一時的な服従を得るのに成功することが多いことは認めなければならない。今すぐに靴を脱ぐように1,000ドルを提示されたら、あなたはほぼ確実にそのようにするだろう。そして私は勝ち誇ったように「報酬は有効だ」と宣言できる。しかし、罰と同様に、報酬は人に、ある課題や行為への**主体的取り組み**の姿勢、つまり報酬がなくなって

＊1　アメリカの教育専門家組織

からもそれを行い続ける態度を培わせることは決してできない。

　実際一連の実験では、報酬は単に効果がないだけでなく、逆効果であることが多いことが明らかにされている。例えば、何か良いことをしたことに対して報酬を与えられた子どもは、自分たちのことを良い人間であると感じることが少なくなると、研究者は示している。子どもはその代わりに、自分の行動の原因を報酬に求めようとするのである。そして、ご褒美が手に入らなくなると、最初から報酬が与えられなかった子どもよりも、人の手助けをあまりしなくなる。同時にそれ以前にしていたよりも人を助けることが少なくなる。つまり、誰かを助ける目的は、報酬を得るためだけであることを学習するのである。

　簡単に言えば、大人の望むことをした子どもに対して、犬の訓練用ビスケットに相当するものを与えることは、ほとんど常に裏目に出るのである。しかしそれは、ビスケットの種類を間違えたとか、与えるタイミングが悪かったということではない。そうではなくて、人々の行動を、それに報酬を与える（あるいは罰を与える）ことによって変えようとする考え方自体に、問題があるためである。親がこの問題が何なのかを特定することは必ずしも容易ではない。そのため私は、子どもに報酬を与えることに漠然と不安を感じてはいるが、その不安の根源を完全に追求できない人からの手紙をしばしば受け取る。

　以下は何が問題であるのかを理解する1つの方法である。私たちのほとんどは「動機づけ」と呼ばれる単一のものがあって、人々はそれを多く持ったり、あまり持たなかったり、あるいは全然持たなかったりすると考えている。当然ながら、自分の子どもにはそれを十分な量だけ持ってほしいと思っている。つまり、子どもたちが宿題をしたり、責任を持って行動したりすることに強く動機づけられてほしいと思うのである。

　しかし問題は、実際には異なった種類の動機づけが存在することである。多くの心理学者はそれを**内発的**なものと**外発的**なものに区別する。内発的動機づけが基本的に、自分のしていることをそれ自体で好きだということを意味するのに対して、外発的動機づけは、別の目的のために —— 報酬を得たり

罰を避けたりするために —— あることをすることを意味する。例えば本を読むのが、次の章で何が起こるのかを知りたいからであるのと、ステッカーやピザがもらえるからであるのとの違いである。

　ここで重要なのは、外発的動機づけが内発的動機づけとは**異なっており**、内発的動機づけより**劣っている**ものであるというだけではない（この2つの内容自体は正しいのではあるが）ということである。ここで強調したいのは、外発的動機づけが内発的動機づけを**損なう**傾向にあることである。外発的動機づけが高まれば、内発的動機づけは低くなるのである。**人が何かすることに対して報酬を与えられるほど、報酬を得るためにしなければならない事柄自体への興味を失っていくのである。**もちろん、このような心理学の知見を一文で要約するときには、必ず留保条件や例外がある。しかしこの基本的な主張は、文字通り何十もの研究によって、多様な年齢、性別、文化的背景の人々について、そして様々な課題と報酬について当てはまることが証明されている。[11]

　そうだとすれば、人を助けることに対して報酬を得ている子どもが、いったん報酬がなくなるとあまり助けなくなることに、何の不思議もない。それに他の証拠も数多くある。幼い子どもになじみのない飲み物を与えると、それを飲むことで報酬が与えられた子どもは、同じものを報酬なしで飲んだ子どもよりも、次の週にはそれを嫌いになってしまう。あるいはパズルを解く努力をすることに報酬を与えると、子どもは実験が終わった後、そのパズルで遊ぶことを止めてしまう傾向にあるが、報酬を何ももらわなかった子どもは、自由時間にもそれで遊び続けるようになる。

　以上すべての事実からの1つの教訓は、子どもたちが何かをすること（おまるを使う、ピアノを練習する、学校に行くなど、どんなことでも）に対して「どの程度」動機づけられているかは、実は問題ではないということである。むしろ問うべきは、子どもが**どのように**動機づけられているかである。換言すれば、重要なのは動機づけの分量ではなく、その形態である。報酬によって生み出される形態〔外発的動機づけ〕は、親が子どもに持っていてほしいと思う形態〔内発的動機づけ〕を減退させる効果を持つのが通例であ

る。内発的動機づけによって、報酬がなくなってしまった後も長期間持続する本当の興味が生まれるのである。

たいした正の強化にならないもの──称賛の問題点

　ここで実に残念な話をしなければならない。具体的な報酬（お金や食べ物）と象徴的報酬（成績や金の星）について当てはまることは、言葉による報酬についても言えるのである。多くの場合、子どもを褒めることは、子どもに別のご褒美を与えるのと同様に悪い影響を及ぼす。

　先ず「良くやった！」という声かけは、本当に良くできるようになるかどうかという点で悪い影響を与える。研究者が一貫して見出しているのは、創造的な課題をうまく成し遂げたことを褒められた人は、その次には失敗することが多いことである。どうしてか。1つは、褒めることが「良い成果を出し続ける」ことへプレッシャーとなって、実際にそうすることを妨げるからである。もう1つは、行っていることへの**興味**が減退してしまうから（行為の主な目的が、より多くの称賛を得ることになってしまうから）である。[12]さらには、ひとたび肯定的な評価を得ると、それを引き続き得るにはどうしたらよいかを考え始め、危険を冒すこと──これは創造性に不可欠な条件である──に躊躇するようになるからである。

　また正の強化は成果以外の結果についても、あまり良い影響を与えない。他の報酬や罰と同様に、正の強化によってできるのは、せいぜい子どもの行動を一時的に変えることである。例えば、〔先にもふれたように〕なじみのない飲み物を飲むことで具体的な報酬が与えられた子どもが、その後それを嫌いになってしまうのとまったく同じように、それを飲んで言葉で褒められた子どもも、それを嫌いになる（この調査をした研究者は、この結果を予測していなかった。褒めることは、他の外発的誘因ほど破壊的ではないと思っていたのである）。

　それ以上に懸念される事実を示す研究結果がある。それは、他人に寛大さを示すことを親から褒められることが多かった幼い子どもは、他の子どもに

比べて、〔褒めてもらえないような場面の多い〕日常生活では、わずかでは
あるが寛大で**ない**ことが多いことである。ここでもまた、実際の報酬をも
らっていた子どもと同様である。「友だちと分けて偉いね！」とか「おまえ
が人の手助けをするのを自慢に思うよ」と言われるたびに、子どもは分ける
ことや手助けすることに次第に興味を失っていく。これらの行いを、それ自
体として価値のあるものとしてではなく、大人から称賛という反応を得るた
めにすべきことであると見なすようになるのである。この場合、ある目的に
対する単なる手段と見られるのは寛大さである。他の場合では、絵を描いた
り、泳いだり、九九の計算をしたりすることなど、私たちが正の強化を行う
ものすべてについて当てはまる。

　褒めることは通常、他の報酬と同様に、外的な行動にだけ関心を持つこと
を示している。これもまた先に触れた行動主義心理学の名残である。ひとた
び、人々の行動の背後にある動機を考慮に入れたならば、正の強化が失敗に
終わることがたちどころに理解できる。子どもに本当に共感的な人に成長し
てほしいと思うならば、子どもが単に人に役立つことをするかどうかを確認
するだけでは不十分である。**なぜするのか**を知る必要がある。

　ジャックの例を考えてみよう。ジャックが友だちと1つのおもちゃを一緒
に使うのは、母親が気づいて褒め言葉（「グレゴリーに遊ばせてあげるのを
見て、お母さんも嬉しい」）を浴びせてくれることを期待しているからであ
る。今度はザックを見よう。ザックは母親が気づくかどうかは知らず、ある
いはそのようなことは気にせずに、おもちゃを一緒に使っている。彼がそう
するのは、友だちに気分の悪い思いをさせたくないという単純な理由からで
ある。おもちゃを一緒に使うことを褒めることは、このような動機づけの違
いを無視することになることが多い。もしかしたら、子どもにこの先も褒め
られることをより求めさせることによって、望ましくない動機づけをより強
めてしまうかもしれない。

　ここまでの私の主な主張は、褒めることは外発的動機づけであるために、
逆効果である場合が多いということであった。しかしここからは、この考え
方を新たな視点から見ていきたい。問題は、**正の強化は条件つきの子育ての**

一例であるということである。

　以下のことを考えてみよう。愛情の撤回——つまり子どもが親の気に入らないことをしたときに、愛情を与えないようにすること——の反対物（mirror image）は何であろうか。それは、親が**気に入る**ことをしたら愛情を与えることになるはずであろう。愛情を選択的に、子どもの行い次第で与え、その行動を強化したいという明らかな願いを持つのである。褒めることは単に無条件の愛情と異なるだけではなく、それとはまったく反対のものである。子どもに「私がおまえを支え、おまえに満足するためには、おまえは私の言う通りにしなければならない」と言うことである。

　思いやりのある親は注意深く、（いつもではないにしても）しばしば、子どもがしたと気づいたことを言葉に表し、子どもにその意味を振り返るよう促す。しかし「よくやった！」というのは事実の記述ではなく評価である。これは、親が自分のことをどう思っているかについての子どもの気持ちに対して、憂慮すべき影響を及ぼす。褒めることが子どもに伝えるのは「愛しているよ」ではなく、「おまえが良いことをしたから愛するよ」である。このことを言葉で**言う**必要はなく、もちろん誰もそのようなことは言わないであろう。必要なのは、実際に行うことだけである。つまり、一定の条件の下だけで愛情を表現し、喜びを示すのである（同様に、親が「おまえがきちんとしなかったから愛してはいない」と実際に言わないでも、愛情の撤回がなされることが多い。どちらの場合も、親のメッセージははっきりと伝えられるのである）。

　数年前に、妻と私がベビーシッターを雇うことを考えていたとき、ある若い女性に会ったが、彼女は自分の子育ての哲学を、「子どもが良い行いをすれば、たくさん褒めてあげます」と簡潔にまとめていた。おそらく彼女は自分の立場を、子どもが悪いことをしたら叱ることに重点を置く子育ての方法とは対照的なものとして提示したかったのであろう。しかしすぐに私たちは、彼女には子どものそばにいてもらいたくないと思うようになった。子どもたちには、自分たちの振る舞い次第で、シッターからの関心が変わると考えるようには決してなってほしくなかった。言い換えれば、シッターが自分

たちに注目し、話を聴いてくれるのは、自分たちがそれに相応しい行いをしたと判断されたときだけである、とは考えてほしくなかった。

　しかし私はこの女性に感謝している。というのは、私が反対しているものが何なのか、そしてどうしてなのかを正確に明らかにする契機となったからである。また同時に、私が少し前に行った講演の席にいたある女性が蒔いてくれた種にも感謝している。その人の名前はもう思い出せず、どの町だったかも分からない。私が憶えているのは、彼女が私に歩み寄って、自分の子どもの学校がちょうど、次のようなバンパーステッカーをくれたと話したことである。

> 誇らしい我が子
> 今月の最優秀生徒になったのです

　彼女が言うには、家に戻るとすぐに、はさみを探して下段を切り取り、残った部分、つまり最初の行を車に貼ったとのことであった。ちょっとしたひらめきによって、彼女は条件つきの子育てをする親への誘惑に抵抗しただけでなく、自分が子どもに感じている無条件の誇りを確認する機会としたのである。

　ここで再度強調しておきたいのは、人間の行動に絶対というものはないことである。正の強化が悪影響を持つかどうか（もし持つならば、どのくらい悪いものか）はいくつかの要因次第で変わりうる。例えば、それが**どのように**行われるかが問題である。褒め言葉がどのように言われるか、声の調子、1人だけのときか他の人の前なのか。また誰に対してなのかも関係する。子どもの年齢や気質も関係し、それ以外の要素もある。そして**なぜ**それが行われるのかも重要である。子どもがどのようなことをして褒められているのか。そして褒める目的は何であるのか、というよりむしろ、子どもがどのような目的であると考えているのかが重要である。親の生活を楽にする（例えばきちんと食べる）ためだけの行動で子どもを褒めることと、本当に素晴ら

しいことで子どもを褒めることとは別のことである。また、何も考えないで親に従うこと（例えば、親の決めたきまりに従うこと）に対して親が満足を示すことと、本当に考え深い質問に対して満足を示すことも異なる。

そうであれば、褒めることの否定的影響を最小化する方法を見つけることは可能である。しかし、それ以上に重要な点は、褒めることのいくぶんなりともましな形でさえも、決して理想には及ばないことである（そのために第8章では、褒める方法としてあまり悪くないものではなく、褒めることに全面的に**代わるもの**を提示する）。例えば、子どもがしたことに対して思わず強く感激したことを示すことは、子どもに行動の仕方を変えさせるために正の強化を意図的に与えることに比べれば、罪は少ない。後者はスキナー流の操作となることが目的なのである。しかしだからと言って、前者に害がないことにはならない。

ある場面で「線の中に上手く色を塗ったね！」と言ったり、あるいは十代の若者には「自分のすることをきちんとやっているね」と語りかけることは事実についての情報を伝える方法であり、その行為を再びするように言葉での刺激を与えるものではない。しかし子どもに伝えられるのはどのような情報であろうか。私たちは単に子どもがしたことについて語るだけではなく、子どものしたことを親が**是認している**ことを伝えるのである。子どもは、親が自分のことを満足に思ってくれる、自分のしたことを一緒になって喜んでくれると推論するだろうか。それは理想的な場合であろう。しかしより可能性が高いのは、選択的な強化のパターンから、親の気に入ることをしたときだけ自分が承認されると思うことである（自分がボールを打てばお父さんは興奮する……そしてボールを打つときだけだ）。

そしてこれが次には、条件つきの**自己**承認に姿を変えるのである。この連鎖は以下のように進むであろう。(1)「おまえがこれをしたことを私は気に入っている」は子どもには次の言葉と同じように聞こえる。(2)「おまえがこれをしたので、おまえのことを気に入っている」。そしてこれは次のような含みを持つ。(3)「おまえがこれをしなければ、おまえのことが気に入らない」。最後の段階では子どもが次のように感じるようになる。(4)「自分が

これをしないと、親から気に入られない」。もしこれが条件つきの愛情の一例となることが示されれば、褒めることは、称賛を与える側の動機にかかわらず、そして意図的に統制しようとしていなくても、危険なものになることがある。とりわけこれは、子どもが親を喜ばせることをしたときだけに、親からの肯定的な評価やその他の愛情表現が行われるときに当てはまる。

　読者はここで述べたような、褒めることへの懸念を抱いているかのように見える人に出会ったことがあるかもしれないが、そのような人が反対しているのは、子どもを**しばしば**褒めすぎることについてだけ、あるいは最近の子どもが「よくやった」という言葉を親から苦労して引き出す必要がなくなったことについてだけ、という可能性もある。もちろん、このような見方には幾分の真実が含まれる。現に親が遊び場で、幼児の子どもに野球を教えながら「格好良いスウィングだ」と話していたのを聞いたことがある（格好良いスウィングは重力のおかげであろう）。しかし私はこのような反論については本当に憂慮している。ある面では、この反論は全くずれている。正の強化を認めることができないのは、それが多すぎるから、あるいは簡単に与えられるからではない。問題はもっと根深いのである。

　別の面では、この批判は事態をより悪化させる可能性を持っている。子どもがする些細なことすべてに頭をなでてやることは意味がないと主張する人が、その後に決まって付け加えるのは、褒めるにあたってはもっと場面を選び、もっと区別をするべきであるということである。そうであれば子どもは親の是認を得るためにもっと多くのことをしなければならないことになる。そして当然ながら、子育てが現在以上により条件つきの度合いを増すことも意味する。これらの批判は、子どもが絶え間なく褒められるならば、褒め言葉は背景の騒音となってしまい、子どもはもはやそれを聞こうともしなくなる、という点を指摘している点でおそらく正しいであろう。そしてそれに対して私は次のように答えるだろう。親が本当に心配しなければならないのは、褒めることの効果を最大にするために、褒める間隔を調整したり、言い方を工夫したりするときである。そのようなときこそ（少なくとも、子ども

の視点からは）親の無条件の愛情が最も疑わしく思われるのだ。

1970年代に遡るが、メアリー・バッド・ロウというフロリダ州の研究者が、授業での教え方のスタイルを研究していた中で、興味深いことに気づいた。教師からしばしば褒められる子どもは、答えるときより自信がなさそうに見えたのである。他の子どもに比べて、問いかけるような口調で答える傾向にあった（「あのー、光合成ですか？」というように）。そのような子どもは他の生徒と意見を共有することも少なく、課題に取り組み始めても、それを続けることが少ない。また自分から何か提案をしても、教師がそれに反対をするとすぐに、それを引っ込めてしまう。[13]

この研究は、家庭でも観察できる事実を確認している。子どもの自分の能力についての感覚、そしておそらくは自分の価値についての感覚は、親の反応に対する結果として上下する。子どもは比喩的に言って、そして場合によっては文字通りに、自分のしたことを親が是認しているかどうか、親の方を見るのである（幼児が転んだときに、自分が怪我をしたかどうか確かめるために、親の顔を見て反応を決めるのに似ている。親が取り乱して、「ああ大変。大丈夫？」と言えば、子どもはわっと泣き出すのである）。

褒められることの結果として、子どもは自分自身が達成したことに自信を持つこと、あるいは何が達成**なのか**を判断することができなくなったり、そうしようと思わなくなったりする。極端な場合では、そのような子どもは「称賛中毒者」になってしまい、大人となっても成果を確かめるために他人に依存し、配偶者、上司、その他本人にとって力を持つと思われる人が、「よくやった」と言ってくれるかどうかで、喜んだりがっかりしたりするのである。

幼い子どもは皆、親からの是認を心から必要としている。そのため、親が望むことを子どもにさせるために、褒めることがすぐに「効果を持つ」のである。しかし私たちには自分自身の都合によって、子どもの依存心を悪用しないようにする責任がある。しかしそれは、満面の笑みを浮かべて、「今朝は学校に行く用意が本当に早くできてよかった！」といったことを言うときに、親がまさにしていることなのである。子どもは、その理由を自分では説

明できないとしても、このような「見かけの良い（sugar-coated）統制」[14]によって操作されていると感じるようになる。しかし、子どもが気づいたり反抗したりするかどうかにかかわらず、このようにすることは子どもの状況から見れば決定的に不快なことである。それは、子どもに水を与える場合、子どもの喉が渇くまで延ばし、子どもが親の生活を幾分なりとも楽にすることをしてたら、ようやく水を与えることと、ほとんど変わりがない。

　一層悪いことには、正の強化は、愛情の撤回について見出したものと同じような悪循環を生み出すことがしばしばある。親が褒めれば褒めるほど、子どもは一層褒められることを必要とするのである。不安に感じ、さらに頭をなでてもらいたがる。そして親がそのようにすると、子どもの要求はさらに高まる。コロンビア大学の心理学者であるキャロル・ドゥエック（1946年〜）は、このような状況で何が起きているのかを解明すると考えられるいくつかの予備調査を行った。親が「結果によって子どもへの関心が異なることを示唆する発言を行い、（そしておそらくは自分の価値が結果によって異なってくるという気持ちが高まってくると）」、幼い子どもは無気力の兆候を示し始める。正の強化は条件つきの愛情の1つの形であり、親が条件つきで受け入れるのは、子どもの特定の性質や行動だけではないとドゥエックは主張する。むしろ子どもは、自分が親を喜ばせるときだけ、「自分まるごと」を良いものと見なすようになるのである。それは自尊心を**損なう**強力な方法である。親が「よくやった！」と言えば言うほど、子どもの自己評価は下がり、そしてより多くの称賛を必要とするようになる。[15]

　このことから当然ながら、子どもが望むから褒めることは素晴らしいという主張には懐疑的でなければならない。あなたがお金を必要としていて、働き口として同じことの繰り返しで心が折れるような労働しかなければ、最後の手段としてそれを受け入れるかもしれない。しかしそれは、そのような種類の仕事が良いと認めることではない。単に手に入れることのできるものを選ぶしかないということである。子どもが本当に必要としているのは条件のつかない愛情である。しかし――非難や無視に代わる唯一のものとして――子どもに与えられるものが、自分がしたことに基づく是認であるならば、子

どもはそれを受け入れ、そしておそらく何となく満足できず、さらにそれを求めるのである。残念なことに、子どものときに無条件の愛情をほとんど受けてこなかった親の中には、この問題を見誤り、子どもに足りないのは褒めることであると推理する人がいる。そして子どもに死ぬほど「よくやった！」と言い、その結果として、次の世代も〔無条件の愛情という〕本当に必要なものが得られなくなるのである。

　多くの親が私に語るのは、以上のような考え方は、特に最初に聞いたときは受け入れ難かったということであった。自分が親として子どもに間違ったことをしているかもしれないと示唆されるのは、十分に不快なことであるが、自分が正しくやっていると自信を持っていること —— 子どもを褒めて、子どもが自分のことを良く感じるようにすること —— が、実は益よりも害になると言われるのは、さらに不快である。

　中にはそれに対して「それでは、それに代わるものは何なのか？」と問う人もいた。親が単に、子どもへの話し方の表面的な修正、つまり新しく、より洗練された褒め方を探しているのではなく、（本書で行うように）条件つき子育ての考え方自体に対する対案を考究しているとすれば、それは全く理に適った問いである。

　中には拒否感を抱いて、神経質的にちょっとした冗談を言う人もいる。「へへ、それでは君の本を気に入ったとは言えないのだな。それは君の本を褒めていることになるからな」[16] このような態度は理解できる。新しい考えを受け入れるには時間がかかり、自分たちがこれまでずっとしてきたこと、正しいと思ってきたことのほとんどを考え直すように促す見方は、特にそうである。私たちはそれに慣れて、努力しなければならないが、この移行期にあっては、私たちの不快な思いは様々な面に現れる。

　このことから、長らく（このような言葉は使わなかったとしても）愛情の撤回や正の強化に頼ってきた自分たちはお粗末な親なのだろうかと思う人もいる。しかし多くの場合、誰もこれまでこのように考えてみるよう促さなかった、あるいは、子どもをもっと褒めたりタイムアウトを与えたりすると

いう、自分たちが常に聞かされてきた無批判の助言に疑念を挟むだけの証拠を誰も示さなかったというのが実態である。

　しかし中には、助言も求めず、冗談も言わず、心配もしない人もいる。そのような人はその代わりに、これらの批判を拒否し、もっと広く見れば、子どもの行為を褒めるという情熱的な反応をすること以上に、子どもに有害な対応をする可能性があると指摘する（これは十分正しいことであるが）。確かに、日々子どもに対してより有害な事柄は行われている。しかしそのようなことと比べるのは適切ではない。少なくとも、可能な限り最良の親になろうとしている人にとってはそうである。重要な点は、私たちは親としてより良くなれるということである。

自尊心をめぐる論争

　愛情の撤回と正の強化は、子どもが無力感に陥ったり他人を助けるのを嫌がったりするなど、多くの逆効果をもたらす。そして（子どもが成長すると）親から捨てられるのではという不安や親への反抗心が起こる。しかし、本章と次章で取り上げている研究の結果を総合的に見て得られる結果の1つは、条件つき愛情を受けてきた人が自らをどう見るかという点に関わる。

　この問題についての一般的な用語は、もちろん**自尊心**であり、ここ数十年間にわたって、1つの流行語であり続けている。本章を終える前に、この概念を検討するために数ページを割きたい。これがまさに条件つきの愛情と関係するからである。心理学や教育の分野に携わっている多くの人、とりわけ自助運動*2 と呼ばれるものに関わっている人は、自尊心は高い方が良く、低いものは悪いと考えているようである。そして人の自尊心のレベルを引き上げることで、自動的に多くの有益な結果が得られると考えている。例えば、学業成績、建設的な人生哲学などである。他方で自尊心は社会的保守主義者

＊2　障害者の自立生活問題だけではなく、女性、同性愛者、ホームレス、性暴力被害者など、人間疎外問題を解決するために、自助集団を形成して、集団の権益と保護のための活動を展開する運動

からの批判の的となり、今の社会、そして特に学校について間違っていると彼らが考えるあらゆるものの代名詞とされている。

　私の見解では、両方の立場に大きな問題がある。私は数年前にこの研究についてのかなり包括的な検討を行った。[17]　そして、自分自身もやや驚いたのであるが、より高い自尊心がより良い結果を伴うとは限らないこと、そして伴う場合でも、高い自尊心が良い結果の**原因である**とは意味しないことを見出した。

　しかしだからと言って私は、自尊心という考え方自体を軽蔑する「自尊心反対論者」の陣営に属するのでもない。反対論者の中には、子どもが基本的に自分に満足をしていると、新しいことを成し遂げようとする動機づけを持てないという理由で反対する人がいる。そのような人は、子どもの関心が、自分の行うことにではなく、自分自身についての価値に集中していれば、子どもたちはおそらくたいしたことはできないであろうと考える。学んだり生み出したりするためには、不満を感じていなければならない。「苦労なくして成果なし」というわけである。

　このような見解はいくつかの誤った前提の上に成り立っており、第5章で詳しく述べる。ただここでは、以下の事実に注意を払っておきたい。つまり、これらの批判者の多くが、より高い自尊心はいかなる有益な結果ももたらさないと主張するが、実際の彼らの議論の核心は、自尊心が、その結果如何にかかわらず、それ自体として悪いものであるということである。彼らにとって最も厭うべき言葉は**満足感**であり、自分自身に満足している状態には、根本的に疑わしいものがあると考えているのである。彼らの議論の表面の下に潜んでいるのは、子どもが自分に満足する権利を自ら勝ち取ることのないまま、そのように感じられる状態になってしまうことへの不安である。ここで私たちは証拠に基づく議論の世界から離れ、道徳主義的な原則の領域へと（裏口から）入っていく。そこはピューリタン的な熱狂の場であり、額に汗して働かなければ食べることが許されず、子どもは一定の目に見える成果を示すことができるまでは、自らに満足してはならないのである。

　言い換えれば、保守主義者が攻撃をするのは、実は無条件の自尊心であ

る。しかし研究者が理解し始めているのは、これこそが、人生の質を予測する上で決定的に重要な側面であることである。ある人の精神衛生に関心を持つとき、重要な問題はその人がどのくらいのレベルの自尊心を持っているかではない。それよりも、自尊心がその人の人生での出来事によってどのくらい**変化する**かである。例えばどのくらい成功しているか、あるいは他人がその人のことをどう思うかによって、どう変わるかである。本当の問題は低すぎる自尊心（私は自分自身のことにそれほど満足していない）ではなく、過度に条件つきの自尊心（私は、このようなときにだけ自分自信に満足することができる）である。[18]

エドワード・デシ（1942年〜）とリチャード・ライアン（1953年〜）は、この区別の重要性を理解している実験心理学者であるが、「本当の」——つまり無条件の——自尊心に近いものを持っている人でさえも、「成功したときは嬉しく思い興奮するであろうし、失敗したらがっかりするだろう」と認めている。「しかし人間としての価値に関わる感覚は、そのような結果に従って変動はしない。そのため、成功したときもうぬぼれたり優越感を抱いたりはせず、失敗しても落ち込んだり自分に価値がないと思ったりもしない」[19]。

そのような極端な揺れが見られるとすれば、それは、自分自身の価値についての感覚が、他人あるいは自分自身による期待に応えること次第で変化する状態がもたらす結果の第一波にすぎない。ある最近の研究は、条件つきの自尊心は、大学生の間での「周りからの承認を得る手段として、あるいは拒否されるのを避けるための手段として、飲酒する場合が多くなること」と関連していることを明らかにしている。別の研究は、条件つきの自尊心を不安、敵対心、防御的態度に結びつけている。そのような人は、自尊心が脅かされると、人を攻撃することがあるが、そのようなことは日常的に起こるのである。もしくは抑うつ状態になり、自己破壊的な振る舞いに逃げ込むかもしれない。自分が周りから良く**見られている**と思うときだけ自己について満足できる人は、摂食障害になりやすい。[20]

対照的に、無条件の自尊心——ある立場の人からはまさに最もばかにされ

る種類のもの──は目指すべき最良の目標であることが明らかになった。[21)]
概して、自分の価値を自らの行動の成果次第であると思わない人は、失敗を
一時的な後退として、そして解決すべき問題であると見なすことが多い。そ
のような人はまた、不安になったり落ち込んだりすることが少ない。[22)] そして
もう1つの重要な点であるが、そのような人は自尊心という問題自体に格
別の関心を持ってはいない。自分がどのくらい良いかを評価するのに時間を
使ったり、意図的に自分自身を良く感じようとしたりするのは、大して効果
がないことが多いばかりでなく、悪い兆候の現れである。それは別の問題が
あることを示しており、とりわけ、自尊心が脆弱で条件つきであることを示
すものである。「だから、自尊心をめぐっては次のような矛盾が現れる。そ
れを必要としている人は持っておらず、持っている人はそれを必要としない
のだ」。[23)]

　だとすれば、人が条件つきの自尊心という不幸な状況に陥る理由は何であ
ろうか。人はどのような状況で、ある状態のときだけ自分自身に満足を感じ
るようになるのであろうか。1つの原因と考えられるのは競争である。競争
では、他人が失敗したときだけ自分が成功する状況におかれ、栄光は勝者の
みに与えられる。これは自分自身への信頼を損ない、自分は勝ったときにだ
け価値を持つのだと学ぶ最も効果的な方法である。[24)] また条件つきの自尊心
が、子どもが過度に統制されているような方法の子育ての結果であると考え
る理由もある。これについては次章で述べる。

　しかし何よりも、条件つきの自尊心は、他人から条件つきで評価されると
いうことの結果である。そしてここで、私たちが出発した地点に戻るのであ
る。子どもが、ある一定の条件の下でしか親から愛されないと感じるとき、
──それは一般的に、愛情の撤回という手法や正の強化に頼るときに起こる
気持ちであるが──子どもが自分自身を受け入れることは非常に困難であ
る。そしてすべての問題はここから始まるのである。

【原註】

1) Chamberlain and Patterson, p.217.

2) Chapman and Zahn-Waxler; 引用は pp.90-92 から。

3) Hoffman 1970b, pp.285-86.

4) Hoffman 1970b, p.300.

5) Dienstbier et al., p.307.

6) 自尊心：5、6 年生の男子を対象とした Stanley Coopersmith の古典的研究については、Maccoby and Martin, p.55 に述べられている。それから約 30 年後、その結果は男女ともに再現された。Kernis et al.2000 を参照。情緒的健康と非行；Goldstein and Heaven オーストラリアの高校生についての最近の研究。抑うつ状態；Barber 5、8、10 年生 875 人の研究。

7) Maccoby and Martin, p.55.

8) 普通ではない不安：Perdue and Spielberger による 1966 年の研究は Hoffman 1970b, p.302 に紹介されている。怒りを示すことへの恐れ：Hoffman 1970a, pp.108-9。失敗への不安：Elliot and Thrash（彼らは愛情の撤回の概念を、「広く認められた『タイムアウト』という方法」に言及して説明している）。愛着の回避：Swanson and Mallinckrodt; 引用文は p.467 から（この最後の研究で、125 人の学部学生が愛情の撤回をどの程度経験したかが、出身家庭のそれ以外の特徴を考慮に入れた場合でも、親密さを避ける傾向の非常に大きな要因となっていた。Mallinckrodt and Wei による別の研究は、400 人以上の学生を対象としており、愛情の撤回と不安感・愛着を持つことの難しさとの結びつきを確認した）。

9) Hoffman 1970a; 1970b, 特に pp.339-40 以前の研究（Sears et al.）では、母親が愛情の撤回を行うと**同時に**全体としては温かく接する幼稚園児は、そうでない母親を持つ子どもに比べて、きまりを破ったり悪いことをしたりしたとき、見つかる前にそれを認める傾向にあることが明らかにされている（別の研究者［Becker, p.185］が後に指摘したように、温かい母親にだけ一定の効果があるのは、「失うかもしれない愛情」が残っているためだと考えることは合理的である）。しかし、その後の研究は、愛情の撤回の結果として道徳

的発達に肯定的影響を与えるようなものは、ほとんど見出していない。本書で取り上げたものを含む他の研究は、このような方法のしつけは…十分に［成熟した］良心…の育成にとって不完全な土台」である［Hoffman and Saltzstein, p.56］。実際に、Sears et al. の「肯定的」結果——つまり「告白しようとする衝動」——が、本当に私たちが求めているものなのかどうか疑うこともできる。見つかることの不安と、ある行為が良くないという、発達途上の——5歳の子どもでは、発達途上であってまた完全に成立していない——意識とは異なるものである。心理学者の Wendy Grolnick によれば、内部からの圧力は「自律の感覚とは正反対のものである。それは不服従を選ぶことができないからである」。親の愛情が消えるかもしれないとき、「従わないことは非常に危険なことである」（Grolnick, p.47）。

10)　しかしここではごく一部に留める。以下の数段落で述べる考えと、それを支える証拠は、*Punished by Rewards*（Kohn 1999a）で、かなり詳細に述べているからである。

11)　Kohn 1999a 第5章；Deci et al. 1999、そして各々で要約している多くの研究を参照。

12)　褒めることが内発的動機づけに与える影響を見極める努力は複雑である。それは、様々な研究者が様々な意味で「称賛」を用いているからである（Kohn 1999a, 特に pp.99-101, 261 を参照）。研究の最近の概観では「言葉で褒めることは大学生の内発的動機づけを高めるが、子どもにはそのような効果はない」（Deci et al., p.638）ことが分かっている。

13)　M.B.Rowe

14)　このぴったりとした表現は Devries and Zan, p.46 からのものである。

15)　Burhans and Dweck　ここでは称賛の内容も問題となるだろう。研究者が一致しているのは、一定の条件つきでなければ受け入れられないと人に感じさせる言葉は、否定的な影響を持つ可能性が非常に高い。しかしどのような内容の言葉がそうなのかについては意見が一致していない。少なくとも最近の2つの研究からはそうである。若い成人についての実験（Schimel et al.）では、肯定的なフィードバックが、自分の成し遂げたことについてである場合

は、安心を感じさせるものにはならないが、その人の本当の人となりや、自分が「真の内面的な資質」と見なしているものについてであれば、安心させるものになる。対照的に Kamins and Dweck は「人間指向的」な称賛、つまり「自分自身、自分の特質、自分の能力についての全体的な評価」を行うような称賛は、子どもを自分の価値について条件つきで考えるよう導き、そのため、子どもが困難な状況にぶつかったときに、どうしてよいのか分からなくなってしまう。

16)　もちろん褒めてよい。言いたいことを言えばいい。私は感謝さえする。しかし、肯定的であれ否定的であれ、具体的な情報を与える意見 —— 本のどの部分が参考になり、どの部分がそうでないのか、そしてそれはなぜか —— の方が、単なる評価よりもずっと嬉しい。いずれにしても、そのような人と会うことは楽しいかもしれないが、実のところ、その相手に無条件の愛情を期待してはいない。成人同士の意思疎通は、特にそれまでに親しい関係ではない場合、親が子どもに話すことと同じようには考えられない。それだから、この本が自分の人生を変えたと言われて、私が感謝の気持ちで微笑むからといって、子どもに正の強化の手法を用いることがそれほど悪いことではないとの結論につながるのではない。

17)　この概観についての議論、さらに以下の 2 段落で提起される問題については、Kohn 1994 を参照。

18)　ここで 1 つの型が見えてきただろうか。親の愛情（本書 p.2）であれ、動機づけ（本書 pp.31-32）であれ、自尊心であれ、「単一のもの」として物事を考えることから脱しなければならない。いずれについても、「どの程度か」だけではなく「どのような種類か」が問題である。

19)　Deci and Ryan 1995, p.33　単に自尊心の水準だけでなく、その（安定性や脆弱性とともに）条件性に焦点を当てたことの独創的価値は、Kernis 2003 においても説明されている。そして同じことは Alice Miller も気づいていた。Miller は、人が抑うつ状態から解放されるのは「自尊心が、自分がどのような資質を持っているかではなく、自分が感じるままのことが本物であるという意識に基づいているときだけである」（p.58）。そしてこれは療法士から与

えられる必要はなく、また療法士からは十分に得ることもできないと、Miller は主張する。Carl Rogers は精神療法での治療で最も重要なことは、ずっと以前に獲得されるべきであった「無条件の肯定的眼差し」を提供することであると考える。しかし Miller は悲観的であって、「これは子ども期に必要なことだ。後になって満たすことはできない」と述べる。

20) 飲酒の研究：Neighbors et al. ここに挙げた他の状態を確認する研究は Crocker and Wolfe, pp.606, 614-15 に引用されている。結局のところこの 2 人は「行動は自尊心が条件つきかどうかによって決まるのではなく、人が自己の価値を置く特定の領域次第である」(p.597) と考えている。つまり、人が自分に価値があると感じるのは、他人からの承認や、道徳的であることや、良いことをするなどに基づいているかどうかということである。後の研究で、Crocker et al. は「自己の価値が問題となる領域の方が、自己の価値が全体として条件つきかどうかであること以上に意味を持つ」(p.905) とするこの考えを支持する証拠を引用している。少なくとも大学の学生の特定の調査対象についてであるが。

21) 実際にどれだけの人がこれを得られるかは、別の問題である。Carl Rogers は理想的なシナリオを提示している。つまり、個人が無条件の肯定的評価を受け、「自分の価値についての条件は提示されず、無条件の自尊心を持ち、肯定的評価と自尊心への欲求が組織全体の評価と対立しておらず、その個人は心理的に適応でき、十分に活動している」(p.224) 状態である。Rogers はしかし、「これは仮定の話としてはあり得るであろうが、実際には起こりそうにない」と認めている。心理学者の Albert Ellis も、無条件の自己受容の重要性を強調するが、同様に「完全には獲得できない習慣」であると見なしている (Chamberlain and Haaga, p.172)。またこの問題を専門とする 2 人の研究者も次のように述べる。「そのような無条件の状態で生きている人がいることを否定はしない。しかしそのような人は非常に稀であると考える。とりわけ北アメリカの文化のように、自尊心の重要性や、別の人間に対するある人間の相対的価値の、その人の成し遂げたこと、外見、運動能力、社会への貢献、良い働きによって決められる場合は、特にそうである」(Crocker

and Wolfe, p.616; Crocker et al. も参照)。さらに続けて指摘するのは「結局の
ところ、高い自尊心を持つ人は、自分を受け入れるために自らが設けた条件
を満たすことに十分に成功する人であろう。しかしそれは無条件で自分を受
け入れることではない」。

22)　不安や抑うつ状態になりにくいこと：Chamberlain and Haaga

23)　Ryan and Brown, p.74 この点は Crocker も指摘している。

24)　私はこの主張を、自尊心についての私自身のより明快な見解に基づいてで
はあるが、*No Contest*（Kohn 1992）の第 5 章で行った。より最近の証拠につ
いては Crocker を参照。もちろん競争的であること、つまり他人に勝つこと
を必要としていることは、すでに条件つきであるか、そうでなければ脆弱な
自尊心の**現れ**でもある。自分の価値について根源的な疑いを抱いている人
は、競争に引き寄せられ、明確に自分自身が価値ある存在であることを必死
で証明しようとするが、最終的には無駄に終わってしまう。逆説的ではある
が、他人を打ち負かすよりも、他人と協働することの方が、健康な自意識を
必要とするのである。

第 3 章

過度の統制

CHAPTER 3　過度の統制

　　少し前のある日の午後、妻が子どもたちと公園への散歩から帰って来た。妻は頭を左右に振ってまくし立てていた。「公園にいた親の子どもへの話しかけ方が信じられない。子どもをばかにして、敵意を持っている。なぜわざわざ子どもを持とうなどとしたのだろう」。私自身も一度ならず同じようなことを経験していたので、街の中で見聞きしたことを書き留めておくようにした。数日の間で記録した多くの出来事の中には、次のようなものがあった。

・ある幼児が、公共図書館の子どもコーナーでぬいぐるみのクマを投げたことで、厳しくしかられていた。その子の周りには誰もいなかったにもかかわらずである。

・スーパーでクッキーを欲しがっていた子どもが、別の小さい男の子がそれを食べているのに気づいた。その子が母親にそのことを言うと、母親は「たぶんその子はお丸を使えているからよ」と答えた。

・ある小さな男の子が公園のブランコから歓声を上げて飛び降りていたが、母親は「そんなバカなことはすぐに止めなさい！　今日はもうブランコはだめ。もう一回やったら、タイムアウトだからね」。

・子ども博物館の水遊び台で、幼い息子がいろいろなことをするのを止めようとした母親は、その子がしようとしていることはすべて、この辺りではしてはいけないと張り紙に書いてあると嘘をついていた。例えば、「水を散らかしてはダメと書いてあるよ」。子どもがどうしてと聞くと、母親は「ダメだからダメなの」と答えた。

　まもなく私は記録を取るのを止めた。単にこのような出来事が多すぎることに加えて、互いに似ていて、それを素早く記録するのは同じことの繰り返しになるように思えたからである。気が重くなってきたのは言うまでもない。何度も何度も、遊び場にいる親が突然「もう帰る時間よ」と言い、時には子どもの腕をつかんでいるのを私たちは目撃した（もし子どもが泣いたら、それは普通「疲れている」ためであるとされる）。私たちは親が無意識的に陸軍の軍曹をまねて、顔を近づけて兵隊を脅したり、子どもの顔近くで指を空中に突き出して怒鳴ったりするのを見た。そしてレストランでは子どもにあれこれ言っている親を見ることがどれだけ多いだろうか。子どもの行儀を正したり、態度について叱責したり、食べているもの（そして量）に何か言ったりして、夕食の時間を子どもたちが一刻も早く抜け出したい場面にしているのが普通である（多くの子どもは家族との食事では空腹を感じず、終わってからすぐに食欲が出てくるのも道理である）。

　確かに、私は自分自身の子どもを持つ以前は、もっと親に対して批判的であった。ベビーカーを自分自身で押すようになるまでは、こんなに小さい人間が自分を怒らせ、忍耐心を失わせてしまうことができるとは本当には理解できないだろう（もちろん子どもが与えてくれる、この上もない喜びの瞬間も理解できないだろう）。他の親の行動を快く思わないことがあるとき、このことは心に留めるよう心がけている。そして、私が自覚しているのは、数分間だけ観察をしたそれぞれの家族の背景を知らないことである。例えばその親が朝からどのような体験をしてきたか、私がその場に居合わせる直前に子どもが何をしたかである。

　それでも、可能な限り斟酌をして、最大限の留保条件をつけたとしても、広く見られる事実があることは確かである。つまり、公共の場で騒ぐことを許されている子どもの事例が1つあるとすれば、それに対して、子どもが親から必要もなく制限を受けたり、怒鳴られたり、脅されたり、いじめられたりする事例が何百とあることである。そのような子どもは、反抗してもいつも無視され、質問しても頭ごなしに否定される。また自分の要求に対してすぐに「ダメ！」と言われ、その理由を尋ねても「お母さん（お父さん）がそ

う言うから」と聞かされることに慣れてしまうのである。

　読者は私の言葉をそのまま受け入れないで、自分が人類学者になったつもりで、この次に遊び場、ショッピングモールや誕生会に行ったときに、そこで起きていることを観察してほしい。それまで見たことのないことを見ることはないかもしれないが、以前には注意を払わなかったような細かいことに気づき始めるかもしれない。自分が目撃したことをある程度一般化すれば、自ずと見えてくるものがある。しかし気をつけるべきは、周りのことにより敏感になるのは必ずしも心地よいものではないことである。十分注意深く観察するとすぐに、公園がもはや公園として見えなくなる。カリフォルニア州のある母親は以下のような手紙を送ってきた。

　　　最近八百屋に行かれましたか。わたしはこれまで以上に行くことが苦痛になっています。親が賄賂、屈辱感、罰、褒美など、概して害になるような方法を使うのを見ることは、ほとんど耐えられません。幸福だった私の心に何が起こっているのでしょうか……「静かにしないと、このお店に二度と連れて来ないよ！」とか「良い子だから、泣き叫ぶの止めたら、アイスクリームを買いに行こう！」という言葉を聞くたびに、私は息が詰まりそうになります。どうして以前はそのような言葉を聞かずにすんだのでしょうか。

　第 1 章と第 2 章で述べた、条件つきの子育ての様々な手法を、改めて思い出そう。その手法が有害である理由の 1 つは、統制されている感覚を子どもが経験することに関わっていた。そしてこれは反対方向にも作用する。親が子どもの行動を操作するために、罰や褒美その他の方法を使うならば、子どもは親の要求に従っているときだけ、親から愛されていると感じるようになるだろう。条件つきの子育ては、意図的ではないとしても、統制の結果として行われることになり、逆に、統制が条件つきの子育ての破壊的性格を説明するのに役立つのである。

　しかし過度な統制はそれ自体として問題であり、それは次章で扱う。過度な統制はタイムアウトや星のステッカー、体罰や「良くやった」という声か

けなど、特権を目の前にぶら下げられたり、取り去られたりするような何らかの特定の形のしつけに限定はされない。ある方法を別の方法に変えても基本的な事実に立ち向かわなければ、あまり意味がない。その事実とは、**私たちの社会の子育てに関する主要な問題は自由放任主義ではなく、自由放任主義への恐れである**ということである。親は子どもを甘やかしてしまうことを心配しすぎるあまり、子どもに過度な統制を加える結果になるのである。

　確かに、甘やかされている子どもは**実際**におり、また放置されている子どももいる。しかし普通ほとんど議論されない問題は、子どもを細かく管理し、子どもを親が全面的に所有する付属物であるかのように振る舞うことが非常に広まっていることである。そのため後に触れる1つの重要な問いは、過度な統制を行うことなく、どのように子どもを導き、限度を定めるか（両方とも必要なことである）である。しかし先ず、親が実際に過度の統制をどの程度行っているか、なぜ過度の統制という誘惑に親が抵抗しなければならないのかを明らかにする必要がある。

　多くの子どもの扱われ方を見ると、子どもの欲求と選択が尊重されていないことが分かる。つまり、子ども自体への尊敬心の欠如である。多くの親は、子どもが大人と同じように尊重されるに**値する**とは思っていないかのように振る舞う。何年も前に、心理学者のハイム・ギノット（1922〜1973年）が私たちに考えてみるように言ったのは、自分の子どもがうっかりして何か持ち物を忘れてきたときどう反応するかを考え、そして、いつも忘れっぽい友人がそれと全く同じことをしたときの反応と比べてみようということであった。子どもに普通するような言い方で友人を咎めることを思いつく人はほとんどいないだろう。つまり「おまえは一体**どうした**んだ。場所を離れるときは周りを見て自分のものがないかどうか確かめなさいと何度言えば分かるんだ。私が無駄にそのようなことを言ったと思っているのか？」といった言い方である。友人に対しては、ただ「ほら、この傘を使って」と言うだけだろう。[1]

　親の中には、人や物を傷つけたりする危険がほとんどないときでも、普段の習慣から「走るのを止めなさい」と制止する人もいる。またある親が、子

どもが無力であることを強調して、誰が力を持っている人間なのかを示そうとする（「私がお母さんなの、それが理由よ」「私の家だから、私のきまりに従いなさい」）。力で子どもを統制しようとする人もいれば、罪悪感に訴えようとする人もいる（「すべてはおまえのためにしたのに！おまえは私の心を傷つけた……」）。また絶え間なく小言を言い、責め立てたり非難したりする親もいる。子どもがしていることに反対する素振りも見せなかったのが、突然理由もなく、怒り始める親もいる。これは子どもが見えない罠の針金にかかってしまった状態である。子どもの行動ではなく親の気分によって、親は突然怒り出し、恐ろしいほど強制的になるのである。

　すべての親がこのようなことすべてをするわけではなく、全くしない親がいることも明らかである。研究によれば、子育てについての考えと行動は文化、階層、人種、また親自身がどのくらいの圧力を感じているかなどによって異なる傾向にある（この点についての詳細は本書の「付録」を参照）。また研究者が示しているように、ほとんどの親はすべての場面で１つだけのしつけのスタイルを用いるのではない。違った種類の逸脱行動には、異なった対応をするのである。[2]

　しかしおそらく最も興味深い問いは、そもそも「問題行動」が何であるかを、親がどのように決めるのかであろう。親の中には、多くの人が罪のない行いと見なすものにも、いつも「問題行動」という概念を当てはめて、子どもを取り締まる人もいる。[3]これは子育ての「権威主義的」方法と呼ばれることがあるものの一部である。そのような親は、子どもを受け入れたり励ましたりするよりも、厳格で子どもに多くを求める。自分たちが子どもに強制するきまりについて説明したり、それが必要な理由を伝えたりすることはほとんどしない。子どもに絶対的な服従を求め、そのために気ままに罰を与えるだけでなく、子どもが自分で考えて自らの意見を出すよりも、権威ある人に従うことの方が重要であると考えている。さらに子どもは注意深く観察する必要があると主張し、きまりを破ったときは——それは子どもの本当の姿がどのようなものであるかについての敵意に満ちた疑いが正しいことを確認する場面となるが——権威主義的な親は、子どもの年齢にかかわらず、子ど

もが自ら選んでわざと破ったのであって、子どもはそれについて責任を取る
べきであると見なす傾向にある。

　憂慮すべきことに、「親の要求への服従と……親に受け入れられない衝動
の早期の抑圧」という同じテーマは、第二次世界大戦後の有名な研究でも登
場する。　その研究はファシズムの心理的背景、とりわけ、周囲の人すべて
を憎んで育ち、権力に溺れてしまったように思われる人間の子ども時代を明
らかにするために行われたものであった。[4]

　もちろん、これは多くの種類の統制の中で最も極端なケースを示したもの
である。そのような極端な例を聞いて「それは自分のことでないことは確か
だ。自分は権威主義者でもなく、遊び場で楽しんでいる子どもを怒鳴ろうと
もしない」と言うのは自然のことである。しかしほとんどすべての人が、少
なくとも時折は、過剰な統制への誘惑に負けてしまう。そうなるのは、子ど
もは言われた通りにするようにならなければならない（なんと言っても大人
は子どもよりもよく分かっている）という確信による場合もある。また統制
的な人格を備えていて、最初から子どもに自分の意思を押しつけることが習
慣づけられている親もいる。[5] また時折、とりわけ子どもの反抗に対応する
ときに、急に変わってしまう親もいる。そして多くの親は子どもの幸福につ
いて心から関心を持っているが、自分たちのしていることが、過度で非生産
的な統制となる可能性は全く考えたこともないのである。

　「間違った子育ての事例一覧」を見て、自分以上にずっと統制的である親
がいることを知ることで、「少なくとも自分はそんなことはしない」と安心
することは簡単である。しかし本当に難しいのは、自分たちが実際にしてい
ると明らかにされている事柄を自覚し、それが本当に子どもの最善の利益に
なるかどうかを問うことである。

どんな子どもが言われた通りにするのか

　とりあえず子どもへの遠大な目標は脇に置いて、子どもを親の要求に従わ
せるためのものに焦点を当てよう。親の関心事が、自分が子どもに何かをさ

せたり、逆に何かを止めさせたりすることであって、今それをするときであ
れば、親の力を使ってその行為を強制することが有効であることを認めなけ
ればならない。例えば、脅したり、罰したり、大声で命令したりすることに
よってである。[6] しかしそれは限られた場面だけである。全体として見れば、
親の言う通りにする子どもは、その親が力には**頼らないで**、子どもと温かく
安定した関係を築いているのである。そのような親は子どもを尊重して対応
し、統制を行うことは最小限にし、自分が求めるものの理由づけや説明をす
ることを大切だと考えている。

　ある古典的な調査を行った研究者たちが最初にしたことは、親を 2 つの型
に区別することであった。1 つの型は、敏感で、受容的で、協力的な親であ
る。もう 1 つの型は「子どもに関するすべてのことに完全な発言権を持って
おり、子どもに自分の意思を押しつけ、自分の基準に合わせて子どもを育
て、子どもの欲求や願いや現在行われている活動への配慮なしに、子どもに
恣意的に介入してよい」と考える親である。驚くべきことに、子どもが言わ
れたようにする傾向にあるのは、前者の型の母親 —— あまり統制的でない親
—— の方であった。[7]

　別の研究では、ある具体的な要求に従う傾向が強い 2 歳児は、「自らの要
求をはっきりと言うが、子どもの反抗に耳を傾けると同時に、子どもの自律
性と個人としての価値を尊重していることが分かるように対応する」親を
持っている。[8]

　さらにまた別の研究は、並外れて反抗的であると見なされている未就学児
を対象にした点で、この問題について一層重要な問題を提起している。被験
者である母親たちの一部は普段と同様に子どもと遊ぶよう言われるが、他の
母親は「子どもが選ぶ遊びであれば、何であってもそれを行い、子どもが親
との関わり方やルールを決めることができるようにする」よう訓練された。
また母親は命令したり、非難したり、褒めたりすることは禁じられた（ここ
で、褒めることが子どもへのその他の対応と並んで含まれていることに注
意）。遊びの時間の後母親は、実験者の求めに従って、おもちゃを片付ける
ようにと、一連の指示を子どもに行った。結果はどうだったか。統制をあま

り受けなかった子どもたち——すなわち、遊び方について自分で決められることができた子どもたち——の方が、母親の指示に従うことが多かったのである。[9]

　以上のような実験の結果は目覚ましいものであるが、統制に基礎を置く伝統的なしつけの問題は、**大人が部屋を出ていったあと**に子どもが何をするかを観察することで、より一層明らかになる。ある研究者が関心を持ったのは、どのような幼児が1人で残されたとき、何かをするように（「片付けなさい」など）言われたことによりよく従うかということだけではなく、何かをしないように（例えば、「おもちゃで遊んではいけない」）と言われたときはどうであるかということであった。この2つの問いの答えは同じであった。つまり言われたことに従ったのは、母親が全体として支持的であり、強制的な統制を避ける傾向にあった子どもであった。[10]

　このような証拠は次々と示されている。ある2人の心理学者は、子どもがいやいやながら「仕方なく」従うのではなく、それと正反対に、心から「自ら進んで」従うようにさせるのは何かを研究した。別の研究者たちは父親でも母親でもない大人の指示に子どもを従わせるものは何かを明らかにしたいと考えた。[11] どちらの場合も、結果が良好だったのは、統制を強調する親によってではなく、子どもを尊重し子どもの欲求に敏感な親によって育てられた子どもだった。

　高圧的で自分の言う通りにしなさいという方法がさほど有効でない理由の1つは、最終的な分析によれば、親は実際に子どもを統制することは**できない**——少なくとも意味を持つような形においては——ということである。子どもにこの食べ物ではなくあの食べ物を食べさせようとしたり、あそこではなくここでおしっこをさせようとしたりすることは大変難しい。そして、寝かせたり、泣き止ませたり、言うことを聞かせたり、親を尊敬させたりすることは全く不可能である。これは親にとっては非常に困難な課題である。それはまさにこの場面で、1人の人間がもう1人の人間に強制できることの本来的な限界に直面するからである。とりわけ幼児に対して、そして青年に対しても、統制をしようとするねらいは、最終的には幻想であることが明らか

になるのである。[12]　しかし残念なことに、親は子どもを従わせようとして、より新手の、より巧妙な、そしてより強力な方策を取ることを止めないのである。そしてこれらの方法が上手く行かないと、より一層の統制が必要である証拠と見なされる。

両 極 端

　子どもを統制することに最も関心を払っている親が、結局のところ一番子どもを統制できない結果に終わってしまうのは皮肉なことである。しかし話はこれだけではない。より一層重要なのは、このような力に基づく方法が単に効果的でないことだけではなく、効果を持っているように見えるときでさえも、有害であることである。親業（PET：Parent Effectiveness Training）を提唱した故トマス・ゴードン（1918 ～ 2002 年）はかつて私に「専制的な環境は人を病気にさせる」と言った。

　もちろんすべての人が同じように病気になるわけではない。心理療法士が以前から気づいているのは、単一の基底的原因が人によって様々な類型の結果をもたらすことである。例えば自分自身に価値がないのではと思っている人の中には、いつも卑下して不安げに行動する人がいる。しかし同じ疑いを持つ別の人は、自尊心の低さを尊大ぶることで埋め合わせしようとする。つまり、明らかにこの2つの正反対の人格特性は共通の根を持っているのである。

　同じことは親が絶対的な統制にこだわるときにも起こる。**過剰に従順になる子ども**もいれば、逆に**過剰に反抗的になる**子どももいる。これらの反応を順番に見ていこう。

　多くの親はいつも言われた通りにする子どもを持つことを夢見るが、「まえがき」で指摘したように、子どもが脅かされて従うのは良い兆候ではない。私たちは職場でかつて「イエスマン」と呼ばれた、上司に決して逆らわない従順な部下をばかにするが、そうであればどうして「イエスチルドレン」が理想であると考えるだろうか。

1948 年、*Child Development* という雑誌はこのテーマについての先駆的な研究を掲載したが、それは、統制的な親を持つ未就学児は「おとなしく、行儀がよく、反抗的でない」傾向があることを明らかにしていた。しかし同時に、同年齢の子とあまり関わらず、好奇心や独創性に欠けていた。「権威主義的統制は…従順さを生み出すが、個人の自由が損なわれる」とこの研究者は結論づけた。[13]

それから 40 年以上後の 1991 年、同じ雑誌が約 4,100 人の青少年を対象とした研究を掲載した。この目的はやはり、これらの子どもたちが心理的・社会的にどのような状態であるのか、そして彼らがどのような育てられ方をしているのかを調べることであった。権威主義的な親を持つ子どもは、「大人の基準への従順性・同調性の尺度のスコアが高い」ことが明らかになった。しかしこれに続いて「これらの若者は自信に関わる部分で犠牲を払っているようである。自立心と自分の社会的・学業的能力についての認識との両面においてである。全体として、親の力に負けて服従に追い込まれる若者の姿が示されている」。[14]

つまり、過剰な服従は過度な統制の 1 つの結果であると言える。しかし同じタイプの子育てが、正反対の方向に子どもを向かわせることがある。それは子どもがすべてのことに反抗することである。自分の意思、判断、自分の人生への発言権がすべて押さえつけられて、自律の感覚を取り戻すための唯一の方法が、過度に反抗的になることになる。

親が子どもに無力感を味わわせ、親の意思に従わせるとき、しばしば激しい怒りを引き起こす。そしてその怒りが表されていないからといって、怒りが消えたのではない。何が起こるかは子どもの性格や具体的な状況次第である。時には結果として親とさらにけんかをするかもしれない。作家のナンシー・サマリンが述べているように、「親が"勝つ"ときでも、実際は負ける。親が子どもを力や脅しや罰で従わせるとき、子どもに無力感を抱かせる。子どもは無力感に耐えられず、自分にまだ力が残っていることを示すために、さらなる親との対立を引き起こす」。[15] それにしても、子どもはどこで、そのような力を行使することを身につけるのであろうか。他でもない親

からである。権威主義的な子育ては子どもを怒らせるだけではない。それは同時に怒りを他人に対して向ける方法を教えるのである。[16]

　そのような子どもは権威を持つ人物をばかにしたいという、絶え間ない欲求を持って育つであろう。ときにはすべての敵意を学校や遊び場に持ち込む（研究によれば、統制的な親に育てられた子どもは、3歳という幼いときでさえ、友だちの邪魔をしたり、攻撃的になったりする傾向が著しく、その結果友だちはその子とは関わりたくないと考えるようになる。[17] そのような形で一人ぼっちにさせられることは、子どもの発達にとって良いことにはならないのは明らかである）。

　そして時には、子どもが親に面と向かって刃向かうことが不安であれば、親に隠れて反抗する術を考え出すだろう。きまりを振りかざす子育ては、非常に行儀が良くて、近所から羨ましがられる子どもを育てるかもしれない。しかしそれは自分の良くない行いを隠すことができるようになっただけであることが多く、それは驚くほどたちの悪いことになることがある。ある臨床家が言うように、そのような子どもは完璧であるように見えるが、本当は「二重生活」を送っているのである。「親が自分の生活を統制しようとするから、親の知っている生活とは別に、親には秘密の生活を創る」。[18] そのような子どもは将来様々な心理的問題を抱える危険性に晒される。同時に、子どもは統制をしようとする人を恐れたり、ずっと遠ざけたりするかもしれない。そのため厳しい統制は、条件つきの愛情と同様に、短期的には効果を示すこともあるが、時間が経つと親子関係を致命的に傷つけることになる。

　ある母親がオンラインの掲示板である興味深い証言をしていた。ある年のクリスマスに夫の親戚と過ごしたのであるが、その親戚は厳しくしつけられて育ち、今は自分の子どもを同じように育てている。休暇の間、彼らは若いときの様々な無茶ないたずらについて語っていたというのである。「行儀良く、いつもしつけられていて礼儀正しい子どもは、親が見ていないときにはいつも衝動的な不良になっていた。私にはとても考えられないことを彼らはやっていた」とその母親は書いている。対照的に、自分の実家の家族には「行動チェック表、報奨の品、定められた罰則、外出禁止、体罰、"特権"の

剥奪などはまったくなかった」。そして、大きな問題行動もしなかった。

　反抗が常に憂うべきものであるのではない。ある程度の拒否は大変広く見られ、全く健全である。とりわけ2～3歳頃、そして10歳代前半の時期はそうである。ここで私が問題にしているのは、肥大化し、衝動的な種類の反抗であり、それはより長く続き、より深くなる。そのような子どもが身をもって示しているのは、もっぱら服従を求めるような子育ては、その目的自体を達成することができないことが多いばかりか、多くの問題を引き起こすことである。

　過度の服従や過度の反抗に代わるものは何であろうか。過度の服従や反抗をしない子どもはどんな子どもであろうか。そのような子どもは、親からの──そして後には他の人からの──要求に従ったり、従わなかったりすることを自ら選択でき、従うことや反抗することを強要されているとは感じないであろう。多くの場合言われた通りにするが、とりわけそれが理に適っている、あるいは指示する人にとって大変重要なことであると考えるときはそうである。そのような子どもの親は、子どもを尊重し、自分の要求の理由を説明し、非現実的な期待をしないことで、子どもからの信頼を積み上げてきた可能性が高い。そのような親は、子どもが時に反抗的になって自己を主張するという事実を受け入れ、そのようなときにも過剰反応をしないのである。

食べすぎや興味の低下など統制の対価

　第2章でロチェスター大学の心理学者であるリチャード・ライアンとエドワード・デシの業績を挙げて、条件つきの自尊心の影響について述べた（デシはまた、条件つきの子育ての多くの不幸な帰結を明らかにした、大学生を対象とする研究にも関わっていた）。彼ら2人は、その他の研究者や学生たちとともに過去数十年間データを収集し、様々な年齢の人が統制されていると感じているときに、好ましくないことが起きる傾向にあることを示してきた。その統制が、罰、報酬、条件つきの愛情、直裁的な強制など、どのようなものであるかには関係しない。

　子育てについては、子どもが制限や統制を受けているとより強く感じるほど、「養育者が育成したいと思っていることに真っ向から抵抗する」可能性が高まり、子どもの自己同一性、つまり自己についての感覚も一層不安定になる傾向にある。[19)] ここで大学生の研究に戻ろう。親から「おまえが〜のときだけ愛している」と言われるのが、どうしてそれほど有害なのであろうか。それはこのメッセージが、子どもに内部から統制されるように感じさせるものであるからである。子どもは親に気に入られるためには、そして最終的には自分自身も満足するためには、一定のやり方で振る舞い、成功しなければならないと感じて育つ。この文のポイントは**しなければならない**である。心理的に言えば、自由にそれ以外のやり方をしていいと感じられないのである。

　「良い子であること」や一生懸命勉強すること、その他何であれママとパパを喜ばせることをしようとする動機を内面化するのは、その結果が本当に自分で選んだものと感じられないならば、望ましいことではない。そしてこの研究によれば、そのようには感じられないのである。親が条件つきで自分を愛していると考えている学生は、一般の学生よりも、自分が行動するのは「本当に選んでする」からというよりも「強い内面的圧力」によると話すことがずっと多い。彼らはまた、何事かに成功したあとの幸福感が長続きせず、自分についての見方が大きく揺れ、しばしば罪悪感や羞恥心を抱くことが示されている。[20)]

　デシとライアンの考えでは、子どもは生まれつき、自分自身の人生に一定の発言権を持ちたいという思いなどの、基本的な要求を持っているだけではなく、その要求を満たすように決定する能力を持っている。つまり子どもは「生まれながらの自己調節というジャイロスコープ」を備えている。親が子どもを過度に統制する —— 例えば親が望むことをしたことに対して報酬や賞賛を与える —— とき、子どもは外部からの統制に依存するようになる。ジャイロスコープはぐらつき、自己自身を調節する力を失ってしまうのである。[21)]

食べ物

　食べ物の消費は、自己調整の文字通りの実例になる。子どもがいつも最も
健康的な食べ物を選ぶわけではないことは事実である（だから親は、子ども
の身体にとって何が良くて何が悪いかを教え、子どもがどれを選んでもよい
ように、選択の幅を狭めなければならない）。他方で親の干渉がなくても、
幼い子どもは長い目で見れば、自分が必要とするカロリー量を消費するのが
普通である。たまには数日間ほとんど食べず親が心配することもあるが、当
然ながらその後多くの量を食べ尽くす。太りやすいものを食べたときは、そ
の後は食べる量を減らすか、カロリーが少ないものを食べる。つまり、どの
くらい食べるかという点で子どもは、自己調節の能力をかなり備えているの
である。

　しかしそれは、親が子どもの身体を統制しようとしなければの話である。
イリノイ州の２人の栄養学者が数年前に素晴らしい研究を行った。２人は２
～４歳の子ども 77 人を対象として、親が子どもの食習慣をどのくらい統制
しようとするかを調べた。その結果明らかになったのは、子どもに（お腹が
空いたときではなく）食事時間だけに食べるようにさせていたり、（お腹が
空いていないことが明らかなときでさえも）残さず食べるようにしたり、食
べ物（特にデザート）をご褒美として与えたりする親の子どもは、自分のカ
ロリー摂取を調節する力を失ってしまうことになるということであった。親
によっては、食べ物について自分自身の問題を抱えているように思われる場
合もあり、それが子どもへと引き継がれつつあるのであった。しかし過度の
統制を行う理由が何であれ、それは子どものおしめが外れる前から影響が見
られることもあった。子どもは「自分自身の食物摂取を調節する力を身につ
ける機会をほとんど」持たず、いつ空腹を感じるかについて、自分の身体か
らの信号を信じるのを止めてしまう。その１つの結果として、そのような子
どもの多くはすでに太り始めているのだ。[22]

道徳性

　食べ物についての発見は、それ自体として興味深く、そして注意を喚起するものであるが、より大きな危険の一側面に過ぎない。外部からの規制は食べる面だけではなく、道徳の面でも、内的な調整力の発達に悪い影響を及ぼすのである。高圧的な方法による子育ては、子どもの道徳性の発達を促さないだけでなく、実際にはその発達を阻害する。言われた通りにするよう圧力をかけられている人は、自分の頭で道徳的ジレンマについて深く考えることがあまりない。これが直ちに悪循環を引き起こす。正しい行動について決定をする機会が少なければ、ますます子どもは無責任な行動をする。そして親は子どもの行動の無責任さを口実として、子どもに選択権を与えないままにする。

　子どもの発達の研究について非常によく引用されるレビューによれば、権威主義的な親を持つ子どもは、「誘惑に対する抵抗を示す指標の上では」良くも悪くも目につく特徴を示さない反面、より意味のある証拠は、「そのような子どもは"良心"があまり見られず、道徳的葛藤状況の中で何が"正しい"行動かを議論する際、内的ではなく外的な道徳的判断を示すことが多い」[23] ことを示している。

興味

　過度な統制の結果はまだ他にもある。それは、子どもが何かするよう強要されていると感じたり、その**やり方**が厳格に制限されたりするとき、自分がしていることに興味をあまり持たなくなり、難しいことに挑戦しようと思わなくなることである。ある興味深い研究は、親が自分の幼い――まだ2歳にもならないほど――子どもの隣の床に座るよう言われ、子どもはおもちゃで遊んでいる状況を観察した。何人かの親はすぐに子どもの遊びに口を挟んだり、指示を出したりした。（ブロックを片付けて、そこではなく、**あそこ！**）他の親は子どものしたいようにさせるのに満足し、励ましたり必要なときに

だけ助けたりした。その後赤ちゃんは他のおもちゃを渡されたが、今度は親がそばにいなかった。明らかになったことは、自分たちだけになったときに、統制的な親の子どもは、新しいおもちゃがどのように動くのかを知ろうとするのではなく、簡単にあきらめる傾向にあったことである。

　それから約10年後、別の研究が、6～7歳の子どもについて、非常によく似た結果を見出した。統制的なやり方（どうすればいいのかを言う、けなす、褒める）で子どもと一緒に遊んでいた親の子どもは、自分がしていることに興味をなくすように見えた。自分だけになったときにおもちゃで遊ぶ時間が減り、親があまり統制的でなかった子どもに比べて、おもちゃがあまり面白いものと思えなかったとも語っていたのである。[24]

技能

　〔親の統制による〕子どもの興味の低下を明らかにした初めての研究は、1980年代半ばに、デシとライアンの指導学生であったウェンディ・グロルニックと彼女のグループによって行われた（その次の研究は、デシ自身によって行われた）。それからほぼ20年後、グロルニックは、統制的な親は単に、子どもが自分のしていることへの**興味**を減らすようにするだけではないことを見出した。同時に、子どもがしていることについて**上達する**のを妨げることも明らかになった。その研究は、小学校3年生の子どもと親が宿題のような（地図を使うものと、詩の韻律に関するもの）いくつかの課題に一緒に取り組むものであった。その後子どもだけになって、似たような課題が課せられた。その結果、より統制的な親の子どもは、自分だけでは上手く課題が行えなかったのである。[25]

　興味深いことに、（少なくとも詩の課題について）非常に統制的な親は、この課題に関わる技能について、自分の子どもがすぐ後でテストを受けることを実験者から聞いて、親である自分自身が統制されていると感じたのであった。[26] 教師についても同様のことが起きる。教師に「基準を引き上げる」よう圧力がかかると、彼らはドリル軍曹となる。皮肉な結果であるが、その

ような教師の生徒は、「説明責任」がトップダウン式に強調されない教室の
生徒よりも、低いレベルしか達成できないのである。[27]

　グロルニックは、*The Psychology of Parental Control* という非常に有用
で簡潔な本の中で、多くの他の研究についても要約している。それらが示し
ているのは「統制的な子育てがもたらすのは、子どもの内発的動機づけの低
さ、価値意識や道徳が内面化されない状態、自己調整ができないこと」、そ
して自分自身への満足度が低いことであり、「親子関係への望まれない副作
用」は言うまでもない。さらに付け加えて「これらの問題は子どもの発達や
心の健康に関わるだけではなく、人生全体を通して幸福で、社会の中で活動
できる大人としての成功にも関わっている」と述べている。全体として資料
を見れば、子どもが必要とするものは年齢により異なるけれども、過度な統
制が有害であることは年齢にはよらないことが強く示唆される。そして子育
ての形は人種、階層、文化により様々であるが、過度な統制は概して否定的
な影響を及ぼすと思われる。[28]

　もちろん、**「過度の」**や**「行き過ぎた」**という言葉からは、理想的なレベ
ルの統制があるのかという疑問が出てくる。これに対する私の回答は、子ど
もにとって何がよいかを見出そうとする試みは、量的ではなく質的な問いで
あるということである。**統制**をどう定義するかによるが、統制をより少なく
しようとするよりも、統制とは別のものを探す方がずっと意味がある場合も
ある。例えば、子どもの生活には**秩序**が必要である ── そしてある子どもに
とっては一層そうである ── が、それは、まさに適切な分量の統制が必要で
あると主張することと同じではない。[29] どのように違うと言えるのか。グレ
イゾーンは確かにあるが、合理的な秩序が設定されていると言えるのは、必
要な場合にのみ、柔軟な方法で、不当な制約がなく、そして可能であれば子
どもが参加することによってである。それによって普通統制と考えられてい
るような、私たちの意思に何かを押しつけるための脅迫と圧力を利用するこ
ととは、全く違う結果となるのである。

　親として私たちは、子どもの生活の詳細に関わり、関心を持たなければな

らない。本書の内容が、親が傍観的な姿勢を取って、子どもが自分自身で育つに任せればよいと主張していると理解してはならない。親は「状況を把握して」いなければならない。それは、健全で安全な環境を造り、導きを与え、限界を定めるという意味においてである。しかし、絶対的な服従を求めたり、圧力や絶え間ない規制に頼ったりするという意味での「統制的」であることは、親の仕事ではない。実際、矛盾しているようであるが、子どもが自分自身の人生を統制できるように支援するためには親の統制が必要である。その目的は従順さではなく力をつけることであり、その方法は強要的なものではなく、子どもを尊重するものである。

　場合によっては、普通の意味での何らかの統制が避けられないこともあるだろう。しかし私たちが考えるべき子育てのあり方は、統制とは根本的に異なるものであり、単に「過度に統制的である」と「十分に統制的ではない」との間の中庸を見出すことではない。第9章で、子育てのあり方をどのように探ることができるかについて若干の提案を行う。

【原註】

1) Ginott, pp.101-2 を参照。

2) 例えば、Grusec and Goodnow, p.7 を参照。

3) ある研究は「子育てについての母親の信念には強い一貫性」が存在し、権威主義的な方法を取る親は、子どもがすることすべてをその視角から見る傾向にあることを明らかにしている（Hastings and Rubin）。そして親が「子どもの行為の背景となる要素を無視し、ある行為を外的な善悪の基準に厳格に当てはめ、そのように子どもに対応すればするほど」、子どもの行為は歪んでくる（Hoffman 1970a, p.113）。

4) Adorno et al. 引用文は p.385 から。

5) ある心理学者は、ある母親が赤ちゃんと「いないいないばあ」をしている姿を想像してみることを提案している。しばらく経って、少し刺激が強すぎるようになったとき、赤ちゃんがそっぽを向いて指を吸い始める。この母親が、その様子を察知して、赤ちゃんがもう一度遊ぶ気になるのを待つのではなく、赤ちゃんの視線の中に入り、注意を引こうと舌をならす。しかし赤ちゃんは母親を無視してそっぽを向いたままである。母親はそれでもひるまず同じことを続け、赤ちゃんに頭を近づける。赤ちゃんは顔をしかめて……さらにもっとむこうを向く……。このように母親が赤ちゃんとの相互作用を統制しようとすること ——赤ちゃんがはっきりと意思表示をしていることを全く尊重しない姿勢—— は、永続的な影響を与える。その子は自分のことを、周りの世界に影響を与えることができないほど無力だと考えるかもしれない。また親—— そしておそらく他人一般——のことを自分に応えてくれず、頼りにならない存在と見るかもしれない。このような不快な経験からどのようにして逃れ、どうやって安らぎを得るかが、この子の優先事項となってしまい、それによって「認知的発達が阻害され、その子の他者との関係を歪める可能性がある」（Tronick, pp.112, 117）。

6) この点を指摘しているのは、Kuczynski 1983 p.133 と 1984, p.1062 で、関係論文が引用されている。

7) Stayton et al. 引用は p.1061 から。著者によればこれは「言われることに従お

うとする性向は、長期にわたる訓練あるいはしつけが存在しないような、応答的で協調的な社会環境の中で育まれる」ことを示唆する」(p.1065)。従うことが、しつけや統制よりも応答的子育ての結果であることを明らかにした他の研究の概観については、Honig を参照。ある2人の研究者によると、Stayton の研究で述べられているようなやり方で、母親が自分の意思を幼児に押しつける傾向にあるならば——つまり、「赤ちゃんが行っている活動を妨げ、口を出したり働きかけたりするタイミングや内容を、赤ちゃんの状態や気分、今興味を持っていることに合わせようとしないやり方」——子どもが5、6歳になったときに多動と判断される可能性が非常に高くなる(Jacobvitz and Sroufe)。しかしながら、この大変興味深い結果について、追跡調査は行われていない。それは、児童期の障害に関わる研究に投入される資金のほとんどすべてが、神経生物学的な調査に対するものであって、子育てのあり方が影響する可能性の調査にではないという単純な理由によるのである。

8) Crockenberg and Litman, p.970.

9) Parpal and Maccoby

10) Kochanska 1997.

11) 自分からの尊敬；Kochanska and Aksan；他の大人に対する尊敬：Feldman and Klein.

12) これはとりわけ、子どもに一定の態度や感情を持つよう強制することが目標である場合に当てはまる。短期的には、子どもに一定の仕方で振る舞わせることができるかもしれない。しかし子どもがそれを**したい**と思うようにはできない。そうであるから、子どもを「動機づける」方法についての助言を求めるのはばかげている。子どもを統制しようとする努力も、親子関係が親から子への一方的働きかけであると見なされる限り、意味がない。研究者は、母親や父親は単に子どもに対して働きかけをしているだけではないことに気づいてきた。好むと好まざるにかかわらず、親子関係は双方向的で互いに影響を与え合うのである。「双方向性が強調されることで、親の行動を子どもに**対して**行われるものとか、子どもの**ために**なされるものとして見るこ

とから、子ども**とともに**なされるものと見るようになった」（Maccoby and Martin, p.78）。この事実は望ましいものでもあると私は主張したい。親子関係を、子どもと相互に関わり合うものと見ることは、ある意味で状況を正しく把握していることであり、別の意味では、あるべき状態を理に適った形で提言していることになる。

13)　Baldwin，特に pp.130-132.

14)　Lamborn et al. 1991 引用文は p.1062 から。これは権威主義的な親に育てられた若い大人、とりわけ若い女性が、その結果として自分の価値を低く感じる傾向にあるとする別の研究（Buri et al.）と一致する。

15)　Samalin, p.6.

16)　これは Martin Hoffman が著作の中で繰り返し述べていることである。同様の現象は、子どもが親以外の大人による過度の統制を受けたときにも広く起こる。例えば、1930 年代の一連の古典的な実験（Levin et al.）では、男の子がクラブの活動に参加したが、指導者が一つのクラブでは民主的に、もう一つでは独裁的に振る舞うよう意図的に設定されていた。後者のクラブに加わった子どもの中には、攻撃的・競争的になった者もいたが、多くは殻に閉じこもったり、無関心になったりしたように見えた。しかし指導者が部屋から出て行くと（あるいはそれほど厳しく統制されないグループに移されると）、攻撃的な行動が非常に増えたのである。

17)　Hart et al.

18)　Juul, p.220. この言葉は臨床心理学者で、敬虔なキリスト教信者であった Sidney D. Craig が 1970 年代に刊行した興味深い書籍 *Raising Your Child Not by Force but by Love* のテーマでもある。この本は、私が読んだ宗教の立場からの育児書の多くで述べられている内容とは、非常に異なった視点を提示している。Craig はまた「子どもにとって"害となるもの"は自由放任主義それ自体ではなく、自由放任的ではないかという親の不安である」と指摘している。これは私が同様の指摘をするよりもずっと以前である。「この不安によって、善良な中産階層の親が子どもに対して、粗暴で、子どもの気持ちを分かろうとせず、鈍感な振る舞いをするようになり、それが結局のところ若

者の非行につながる」（p.38）。

19） Ryan and Deci 2003, p.265.

20） Assor et al.

21） Ryan and Deci 2000, p.47.

22） Johnson and Birch. 引用文は p.660 から。Birch は前章で言及した調査を行った研究者でもある。その一つの調査では、見慣れない飲み物を飲んだことで褒美をもらったり褒められたりした子どもは、そうでなかった子どもに比べて、飲み物がおいしくなかったと感じるようになることを明らかにしている。

23） Maccoby and Martin, p.44. この結論を支持する研究については、Hoffman and Saltzstein を参照。

24） 乳幼児研究は 1984 年に初めて発表され、Grolnick, pp.15-16 と Frodi et al. で取り上げられている。次の研究（Deci et al. 1993）は、親がどの程度統制的であるかは、子どもが遊んでいるときに、どのくらい子どもに多く話しかけるかだけを基準にして判断することは不可能であるとしている。何を言うか、どのように言うかが問題なのである。

25） Grolnick et al. 2002. それ以前の研究では、6、7歳の子どもが絵を描く場合、絵の具をどのように使うかについて統制的な指示をされると、独創的でなくなり、楽しむことも少なくなることが示された（Koestner et al.）。他方で別の研究（例えば Dornbusch et al. 1987）では、権威主義的な子育てと高校生の成績とのマイナスの相関が明らかにされている。しかし成績は、深い思考、学びへの関心、困難な課題を選ぶ姿勢を測る指標としては良いものではなく、むしろそれらとは逆の関係があるかもしれない。生徒がA評価といった外的な報償を求めて得ている事実は、第5章で述べるように、心配すべきものであり、称賛するものではない。

26） この著者の推測は、親の統制は「子どもの関心を非常に狭いものにしてしまう」一方で、「自律的であるように励まされている子どもは、与えられた課題について一層の概念的理解ができ、自分一人でその概念を応用することができる」（Grolnick et al. 2002, p.153）。

27） Flink et al. と Deci et al. 1982 を参照。

28)　Grolnick の総括的なコメントは p.20 と p.150 に見られる。年齢に無関係の影響：p.30.（同様に、Grusec and Goodnow［p.11］は「力の誇示は子どもの年齢に関係なく、道徳面での発達に同じように悪い影響を与えるようである」ことを明らかにしている。Brody and Shaffer はこの同じ結論が愛情の撤回の影響についても言えるとしている）。人種・階層あるいは文化に無関係の影響：本書付録を参照。

29)　親や教師は、実際に自分たちが行っているのは統制と呼べるものであるにもかかわらず、自らの行為を正当化するために**秩序**や**限界**といった言葉を使うことがある。逆に Grolnick が指摘するように、統制が子どもには良いものであることを示したと自称するいくつかの研究は、ある種の合理的な秩序を設定しており、それを「統制」と名づけていることが明らかになっている（p.149）。Grolnick は健全な秩序を「子どもが自己決定できるために必要とする指針と情報が提供された状態」（p.17）と定義する。またこれと関連して、**行動統制**と**心理統制**との区別は、Earl Schaefer に始まり、Laurence Steinberg が再発見し、そして Brian Barber によって展開された。

第4章

罰の対価

CHAPTER 4　罰の対価

　　罰、統制、権威主義的な子育て、愛情の撤回、条件つき
の愛情——これらの概念はすべて重なり合う。しかし、私
たちに最もなじみ深く、理解しやすいのは罰である。子ど
もを罰することは、端的には、何か不快なことが子どもに
起こるようにすること、あるいは楽しいことを経験させないことであり、そ
れは子どもの今後の行動を変えるという目的のためであるのが普通である。
言い換えれば、罰を与える人は、子どもに思い知らせるために彼らを苦しめ
るのである。[1]

　しかし、科学的な調査の結果を見るまでもなく、この方法を支える考え方
への根本的な疑問が生じてくるだろう。例えば次のような問いが出るだろ
う。「意図的に子どもを不幸にすることが、長期的に見て有益であることが
あり得るのだろうか？」そして「罰がそれほど効果的であれば、それを子ど
もに繰り返し与えなければならないのはどうしてか？」。

　これまで確認できる研究はこのような疑問を和らげるものではない。1957
年に発表された、子育てについての古典的な研究の結果は、研究者自身をも
驚かせるものであったようである。幼稚園児とその母親についての調査の
データをすべて検討した後、「罰の不幸な影響力は、私たちの発見した事柄
のすべてを通して現れている」と研究者は述べている。罰は非生産的であっ
て、親が子どもの攻撃的行動や過度の依存、おねしょなど、どのようなこと
を止めるためであっても同様である。研究者が一貫して見出しているのは、
罰は「対象とする行為が起こらないようにする手段としては、長期的に見て
効果がない」ことである。[2] より新しく、より綿密に設計された研究も、一
貫してこの結論を支持している。例えば、「家庭内できまりを破ったことで
親から罰を与えられている子どもは、家の外できまりを破ることが多くな
る」ことが示されている。[3]

　そして特に目を引く一連の研究があり、それは何よりも体罰の破滅的な影

響を明らかにするものである。体罰とは、懲戒の１つの形として、お尻を叩いたり、平手打ちをしたりするなどである。データが圧倒的に示すのは、体罰が子どもをより攻撃的にするとともに、それ以外の多くの有害な帰結をもたらすことである（体罰が一時的に服従させるのに有用かどうかも明らかでない）。[4] 子どもを叩くことは確かに「子どもに教訓を与える」。しかしその教訓とは、自分より弱い人間に対しては、その人を傷つけることによって自分の意思を貫いてもいい、というものである。

　研究結果が体罰に対するゼロトレランスの方針[*1]を支持すると私は考える。体罰は不必要で、非生産的であって、非常に害を与える可能性があるからである。しかしこれもデータがどうしても必要であるとは言えない場合なのであるかもしれない。体罰への反対が正しいものであると主張するには、基本的な価値意識で十分ではないか。男が妻やガールフレンドを殴るのが気分を悪くさせるのと同様に、どのような方法であれ、どのような理由であれ、大人が子どもを殴るのがそれ以上に悪いことは確かである。

　それでも、統制にまつわる問題が罰に限定されないのと全く同じように、罰をめぐる問題は肉体的なものだけに限られるのではない。社会学者であった故ジョアン・マッコードは以下のように巧みに述べている。

　　　親や教師が身体的処罰に代えて非身体的な処罰を採用したならば、子どもに、叩いたり、殴ったり蹴ったりするのを教えることは避けることができよう。しかしそれにもかかわらず、苦痛を与えることが権力を行使するための１つの合法的な方法であるという考え方は維持されるだろう……その結果はやはり、思いやりや社会的関心を損なうことになることには変わりない。[5]

　別の言い方をすれば、問題は子どもに不快なことを経験させるという考え方自体にあるのだ。不快さは、身体的な攻撃、愛情や注意を与えないこと、恥ずかしい思いをさせること、孤独にさせることなどである。

＊１　体罰を一切認めないとする方針

　何よりもこのことは強調しておく価値がある。というのは、体罰には強固に反対する専門家の中にも、他の種類の罰は無害であり、必要でさえあると信じていると思われる人がいるからである（これには傑出した例外が 3 人おり、まさに罰という概念にまつわる諸問題を明確に論じている。それはトマス・ゴードン、ハイム・ギノット、そしてウィリアム・グラッサー（1925 ～ 2013 年）である）。

　他方でかなりの数の教育評論家は、多くの親が懲罰的な手段と呼ばれる方法に頼りたくないと思うことを理解して、それを「帰結」と言い換えている。ある場合には、この言い換えは単に言葉の問題にすぎず、柔らかそうな言い方にすることで、罰をあまり害のあるものに見せない意図がある。しかし時としては、罰があまり厳しくなく、あるいは問題行動に「論理的に」結びついていれば、さらには前もってきちんと罰のあり方が定められていれば、罰に頼ることは良いことであり、それどころか、罰であるとさえ考えてはいけないとされることもある。

　しかし私はそれには同意しない。それ以上に子どもがそれに同意するとは思えない。予測できない要素や明確さに欠けることが付け加わることで、あるいはそれをやりすぎたり過度に悪意を持っていたりすることで、悪いものがより悪いものになることがあるのは確かである。しかしそのことが、罰が実際に持つ影響力の主な理由ではない。

　親が子どもの罰し方を伝えること（覚えておきなさい、おまえが x をしたら、私は y をおまえにする）は、子どもに正当な警告を与えるという点で、**親**の良心を救うかもしれない。しかし、子どもを脅していることには変わりない。子どもが言うことを聞かなかったらどんなふうに苦しむのかを、前もって正確に告げているのである。これは、子どもを信用していないというメッセージになり（「おまえは罰が与えられることへの不安がなければ、正しいことができない」と私は考える）、子どもが自分自身のことを、外的な理由によって従う存在であると見なすようにし、子どもが無力であることを強調する。そして、このような些細な修正をしたとしても、そしてそれを罰と呼ぼうが他の名前で呼ぼうが、これに続くのは破壊的とも言える影響で

あり、それは論理、経験、そして研究のすべてから予想できるものである。[6]

　親が体罰に代えてタイムアウトを行うように助言されることがある。それはあたかも、この２つだけが選択可能な方法であるかのように。しかし現実はすでに見たように、両方とも罰を与えるものである。異なるのは、子どもが身体面で苦しむか、精神面で苦しむかという点だけである。もしこの両者であえてどちらかを選ぶことを強いられたら、もちろんタイムアウトの方が体罰より好ましいであろう。しかしそれを言うならば、体罰を与える方が、銃で撃つより好ましいことは確かであろう。それだからといって体罰が良いということにはならない。

　軽い罰と呼べるかもしれない別の形は「当然の帰結」と言われるものである。それは親が何もしないこと、つまり子どもを助けないことでしつけることである。子どもが夕食に遅れたら、お腹を空かせるに任せる。学校にレインコートを忘れてきたら、翌朝は雨に濡れたまま学校に行かせる。このことで子どもに、時間を守ることや忘れ物をしないことを教えられると言われる。しかし子どもがここから得るもっと強烈な教訓は、親は助けることができたのにそうしてくれなかった、ということである。この方法についてある２人の研究者が議論する中で次のように述べている。「親が傍観し、望ましくないことが起こるに任せるならば、子どもは二重の失望を経験する。つまり、悪いことが起きたことと、親がそのような不幸なことが起きないように少しでも何かしようとしなかったことである。"当然の帰結"という方法は実際には１つの罰である」。[7]

　罰——本当にいかなる罰であっても——の最も明らかな特徴は、愛情の撤回や正の強化について見たのと全く同様に、関わるすべての人にとって悪循環となる点である。罰を受けた子どもが怒りや苦痛で親に強く当たるのを何度見たとしても、あるいは罰を与えても何らかの改善をもたらさない（そして実際には悪化させることの方が多いが）ことを何度経験しても、それへの対処法は罰を繰り返すことしかないと考えてしまい、おそらくはさらに強い罰を与えるようになる。興味深いことに、研究によれば最悪の結果となるのは、親がはじめから口を出すことよりも、子どもが親の最初の要求に従うこ

とができなかった**後に**罰を与える場合である。非常に憂慮すべきは、罰を事後的に与えること、つまりすでに子どもと対立している状態で、罰を使う選択である。そのため、親が最も怒っていたり失望していたりするときには罰を与えないことが非常に重要である。[8]

　しかしより重大な悪循環が起こるのは、子どもと対立する時点ではなく、時間が経った**後**で、何年間も子どもとの対立が続くときである。幼い子どもを繰り返し罰するのは、その子を反抗的な青年にするかもしれないが、一般的な親への助言は、その罰を続け、さらに強化せよということである。服従しようとしない子どもは家に閉じ込め、お小遣いを与えず、責任をもって行動するように親の力を使えというものである。**このような方法が失敗すればするほど、親は子どもに問題があると考え、方法自体に問題があるとは思わない。**そして自分のしていることを立ち止まって考え直すとしても、それを効果的に実行していないと思い、子どもに教訓を与えるためには苦しめなければならないとする考え自体に問題があることを自覚しないのである。ギノットが次のように述べるのはまったく正しい。「良くない振る舞いと罰は、互いに否定し合う対立物ではなく、お互いを生み出し、強化するものである」。[9]

なぜ罰は失敗するのか？

　子どもを罰することが有効でないことは、様々な証拠を見れば否定できない。しかし**なぜ**有効でないかについて明確に述べることは難しい。敢えて述べるとすれば、いくつかの推測ができる。

罰は人を怒らせる

　統制の他の形と同様に、罰という結果を与えることは、誰であれそれを受ける人を怒らせることが多い。そしてこの経験は二重の意味で苦痛である。その人は罰に対して何もできないからである。国家について歴史が教えてく

れることが、個人について心理学が教えることと合致する。つまり、機会があれば、自らが被害者であると感じる人は、最終的には加害者になる、ということである。

罰は力の行使というモデルを提供する

　体罰が子どもに与える見本は暴力である。つまり問題を解決するための力の行使である。しかしそうであっても実際には、体罰以外のどのような罰も似たようなことを教えるのである。親が子どもを罰するとき、子どもは親が考えている教訓（ xを二度としてはいけない）を学ぶかもしれないし、学ばないかもしれない。しかし子どもが確実に学ぶのは、自分にとって最も重要な人間、自分の役割モデルが何か問題を抱えているとき、問題を力によって解決しようとし、相手を不幸にさせて従わせるということである。罰は子どもを怒らせるだけではない。それは「同時に、その敵意を表に出すモデルを子どもに与える」とある研究者は指摘する。[10] 言い換えれば、力が正義であると教えるのである。

罰は最終的に効果がなくなる

　子どもが成長するにつれて、十分に抑止的となるような不快なことを見つけることは次第に難しくなる（同様に、十分に魅力となる報酬を与えるのも難しくなる）。どこかの時点で、親の脅しが空しく響くようになり、「外出してはいけない！」とか「今週はお小遣いはなしだ！」という言葉は無視される。子どもが強く、頑固になったというわけではなく、子どもを苦しめるためのもっと強力な方法を工夫しなければならないということでもない。むしろこのことが示すのは、悪いことを罰することによって子どもを良い人間にしようとすることが、初めから愚かな戦略であったのかもしれないということである。

　以下のように考えてみよう。幼い子どもが、善良でなければならず、誘惑

に抵抗しなければならないのはなぜかを考えはじめるとき、親にはいくつかの選択肢がある。1つは、子どもを無条件に愛し、理性と説得によって、行動の選択が他人にどのような影響を与えるかを説明して、培ってきた子どもからの尊敬と信頼を活用することである。もう1つは、むき出しの力に頼り「それを止めなければ、罰せられる」と言うことである。

　後者の方法の問題は、親の力が弱まってきたら —— それは確実に弱まるのであるが —— 何も残らないことである。トマス・ゴードンが指摘したように「子どもが幼いとき、統制するために常に力を使ってきたことから必然的に起こる結果は、親が子どもを**感化する**すべを身につけないことである」。そのため、罰に頼るほど「子どもの人生への本当の影響力は少なくなる」。[11]

罰は子どもとの関係を損なう

　親が罰を与えるとき、子どもが親のことを、自分のことを思ってくれる仲間であると思うことが大変難しくなるが、仲間であると思えることは健全な発達にとって不可欠なことである。罰を与えるとき親は（子どもから見て）避けるべき執行官となる。非常に幼い子どもは、自分が完全に依存している巨大で万能である親が、時に、**わざと**自分を不幸にするという事実を理解し始める。自分を抱きしめ、慰め、食べ物をくれ、涙をぬぐい去ってくれる巨人が時として、故意に自分が好きな物を取り去り、自分を価値のないものと感じさせ、（「口で言う」ことが大切だと子どもである**自分**にはいつも言うくせに）背中を叩く。親は、このようにするのは自分が何かをしたためだと言うが、自分が分かったのは、今ではもう親を信頼したり、親と一緒にいて完全には安全だと感じたりできないことだ。自分が怒っているとか、何か悪いことをしたと親に打ち明けるのはばかなことだろう。というのは、もしそうしたらタイムアウトを課せられるか、愛情も枯れさせてしまうような声で話しかけられるか、もしかしたらたたかれるかもしれないからだ。距離を置くのが賢明だ。

罰は子どもに重要な点から目をそらせる

　子どもが、弟を殴ったという理由で、自分の部屋に行くように言われ、好きなテレビ番組が見られないとしよう。ベッドに座っているその子をのぞき込んでみよう。その子の頭の中にはどのような考えが去来していると読者は考えるだろうか。その子が自分の行為を振り返って、「人を傷つけるのは間違いだ」と考え深く独り言を言っていると考えるのであれば、是非とも子どもが良くないことをしたときには必ず、自室に閉じ込めるのがいいだろう。

　しかしながらもし、実際の子どもと一緒に過ごしたことがある人（あるいはかつて子どもであった人）であれば誰しも考えるように、そのような展開は可笑しすぎてあり得ないと思うならば、なぜそのような罰 —— あるいはどのような罰でも —— を与えようとするのであろうか。タイムアウトは、子どもに反省する時間を与えるから、しつけの許容される形であるとする考え方は、ばかげたほど非現実的な前提に基づいている。より一般的には、罰は子どもを自分のしたことに焦点を当てて考えさせるようにはできない。ましてや、それをした理由や、どうすればよかったのかを考えさせることにはならない。むしろ、親がいかに卑劣であって、いかにして（自分をこのような問題に巻き込んだ弟に対して）復讐をしようかと考えることになる。

　何よりも、子どもは罰それ自体のことをもっぱら考えるであろう。それがいかに不公平で、次回はどうやって避けるかである。子どもを罰する —— 将来親を怒らせたら、また同じことをするよという脅しを伴って —— ことは、子どもが親からの察知を逃れる技術を磨く最高の方法である。子どもに「二度と同じようなことをしているところを見つけたくない」と子どもに言えば、子どもは「分かった。今度は見つからないようにする」と考えるだろう。また罰は子どもに嘘をつく強い動機を与える（対照的に、罰を与えられない子どもは自分のしたことを認めることをそれほど不安に思わない）。しかし罰を与える親は、伝統的しつけから当然予測できる不正直さ ——「僕がしたんじゃない。はじめから壊れていたんだ！」—— に直面したとき、罰を与えることに疑問を抱くことはなく、子どもを再び、今度は嘘をついたこと

で罰するのである。

罰は子どもをより自己中心的にする

　帰結（consequences）という言葉は、非常に良く用いられるが、それは罰の婉曲語としてだけではなく、罰の正当化としてでもある。例えば「子どもは、自分の行為には帰結があることを学ぶべきである」。しかし誰にとっての帰結であろうか。すべての罰から子どもが得る回答は「自分自身にとって」である。子どもの関心は、きまりを破ったり大人に刃向かったりすることで自分がどのような影響を受けるだろうか、ということに強く向けられる。つまり、もし見つかったらどのような帰結が自分を待っているかである。

　言い換えれば親が罰するとき、子どもに「親（力を持っている大人）は自分に何をして欲しいの？　そして私がそれをしなかったらどうなるの？」と問うように仕向けているのである。これは、家や学校で、子どもが良い子であることに対する報酬を約束されているときに発せられる「自分に何をして欲しいの？　そしてそれをすることで何がもらえるの？」という問いの鏡像であることに留意すべきである。両方の質問ともに、完全に自分の利益についてのものである。そして両者とも、「自分どのような人になりたいのか」といった、子どもが自らに問いかけてほしい質問とは全く異なっている。

　ある2人の研究者が、子どもを罰することはその道徳的発達を阻害することを見出した後に、その発見の意味を、罰は関心を「行為者、つまり子ども自身にとっての行為の帰結に向けさせる」[12]と述べているのは不思議ではない。タイムアウトなどの罰という帰結、あるいは賞賛などの報酬に頼れば頼るほど、子どもは自分の行動が他人にどのような影響を与えるかを考えなくなる（しかし、費用対効果の計算はするようになるだろう。つまり、見つかって罰せられる危険性と、してはいけないことをする楽しみとを天秤にかけるのである）。

　このような反応——危険性を計算し、見つからないようにする方法を考え、自分を守るために嘘をつく——は子どもの視点からは理に適っている。

子どもは完全に合理的である。しかし道徳的ではない。それは罰が ── **すべての罰**が、まさにその本質において ── 道徳的に考えることへの妨げになるからである。そのため、伝統的しつけの擁護者が、子どもは「現実世界」に出ると行動の帰結に直面しなければならないと主張するとき、それに対する合理的な対応は、現実世界の大人で、非倫理的な行動をするのを思いとどまるのが、（もし見つかれば）自分自身が代償を払うことになるときにだけであるような人は、一体どんな人間なのかを問うことであろう。その1つの答えは、親のほとんどが子どもにはそうなって欲しくないと思うような大人である、ということになろう。

　ここまで行ってきた議論は大部分実際的なものであった。どのような意味のある基準から見ても、罰は単にあまり有効ではなく、より罰を増やすこと（あるいは種類を変えること）で、結果を反転させられると思うのは現実的ではない。しかし、子どもに説明をし、道理を説き、共感するなどだけでは、親として限定的な影響力しか持てず、子どもに話すことに「何らかの実効性を持たせる」必要があり、そのためには一定の帰結を強制することで「子どもの注意を引」かなければならないと主張する親には、どのように応えればよいだろうか。

　何よりも、この主張は高圧的な強化の仕組みを付け加えなければ、子どもはこの世で最も大切な人である親を無視するであろうとする前提に基づいている。しかしそう主張することは難しい。確かに子どもは、親が言うことの何かを無視して、例えば夕食に呼んだり片づけるように言ったりするとき、従うこともあり、従わないときもある。しかしそれは子どもが親の言葉や行動を意識していないということではない。実際は逆に、最も穏やかな親のことばでさえ ── あるいは**特**に穏やかな親の場合 ── それを発しているのが親であるというだけで、大きな影響を持つのである。

　それでもなお、脅しや罰が違った形で子どもの注意を引くと主張できるであろうか。確かにできるが、それは非常に非生産的な形によってである。罰はまさに子どもが無視できないという特質を持つが、ほぼ確実にそこから良

い結果が出てはこない。ここで子どもたちの注意を引く要素は苦痛であり、同時に子どもが頼っている人間がその苦痛の原因であるという事実である。これは、ほとんどの親が求めている結果を生み出すものにならないであろう。

　親の中には、子どもを本当に、心から愛していると主張して、罰に訴えることを正当化する人もいる。確かに愛しているのであろう。しかしこれは子どもにとっては非常に混乱を招く状況になる。子どもにとって、自分のことを本当に愛している人が、時として自分を苦しめるという事実を理解するのは困難である。それは、人を苦しめることがその人を愛することの一部であるとする歪んだ考えをもたらし、子どもは生涯そう考えるかもしれない。あるいは単に、愛情は必然的に条件つきであって、親が望むことだけをする限りで継続するという考えを教えるかもしれない。

　もう 1 つの正当化は、罰は正当な理由がある限りにおいて、そしてその理由が子どもに説明されている場合に限り、破壊的ではないとするものである。実際には、**説明をしても罰の影響が最小化することはなく、むしろ罰が説明の効果を最小化するのである。**[13] 例えば子どもに説明をして、自分の行動が他の人をどのように感じさせるかに関心を持たせるようにするとしよう。「アニー、おまえがジェフリーからレゴブロックを取り上げたら、ジェフリーはそれで遊べなくなって悲しい思いをするだろう」と言える。しかし同時に、何か悪いことをしたことで子どもを日常的に罰していたらどうであろうか。親の説明の効果は消えてしまうかもしれない。もしアニーが経験から、親がタイムアウトのための椅子に追いやったり、何か自分に不快なことをしたりすると分かっていたら、彼女はジェフリーのことは考えない。彼女が心配するのはただ、自分がどうなるかということである。罰せられる可能性について心配するようになればなるほど、意味のある道徳的な学びは生まれなくなるであろう。

　本章の内容を第 2 章での議論と結びつけると、より大きな構図が見えてくる。「一方的に行う」方法と述べたものは、条件つきの子育てを含んでいるが、実際には以下のように連続線上に存在するのである。

図　「一方的にする」子育てのスペクトラム

厳しい体罰　　穏やかな体罰　　他の罰　　物による報酬　　言葉による報酬

　子どもを叩くことが、「良くできた！」ということと道徳的に等価であると言いたいのではない。しかし両者は概念の上で結びついているのである。私が関心を持っているのは、これら**すべての**手法とともに、それらを結びつけている考え方である。私の経験では、親がこの図の「一方的にする」選択肢の右寄りのどれかを選ぶことで十分であると考えている限り、「ともにする」というもう一つの道を考えてみようとすることはない。そのために私は、「一方的にする」モデルを拒否することがいかに重要であるかを、これまでずっと強調してきた。

　結果的に、私はまた「より多ければ、より良くなる」とでも呼べる見方にも疑いを差し挟んできた。これはある特定の子育てのあり方は有害であり、別のものに代えるべきだという主張を否定するために持ち出される言い方である。ある人々は「どうして両方しないのか？　道具箱から何も捨てることはない。役に立つものは全部使えばいい」と言う。

　これに対してはとりあえず、繰り返し以下のように答えておこう。「それらが何のために役に立つのか、そしてその代償はなにか？」しかし本当の問題は、異なる方法は反対の作用をすることがあることである。1つの方法がもう1つの方法のプラスの効果を打ち消すかもしれない。そのため、両方の方法が一緒に使われた場合、罰の効果が良い子育ての利点を損なう場合があるのである。[14]

　ある民間の知恵を思い出すかもしれない。それは何世代にもわたって農民や野菜商人が受け継いできたものであるが、新鮮な樽いっぱいのリンゴの中

に1つの腐ったリンゴが入れられると、それが全部をダメにするという警告
である。腐った果物から発せられる気体と同じようなものとして、伝統的な
しつけによって放出された一種の心理的なエチレンを想定するのは、極端か
もしれない。しかし最も適切な結果を探すためには、単にいろいろな方法を
積み上げて、よりましなものをトップに据えるのではなく、ある種の方法は
捨てなければならない。私たちは、良い方法を機能させるために、罰や報酬
といった悪い方法を除去しなければならないのである。[15]

【原註】

1) ある場合に、子どもは —— むしろ大人の方がより一般的であるが ——、罰を与えることが効果的であるかどうかとは無関係に罰せられることがある。その目的はこれからの行動を変えることではなく、報復を行うことであろう。このことが一部の教師に生徒を罰する動機づけを与える（Reyna and Weiner）；どのくらい多くの親が、子どもの振る舞い方を変えることを目的にして罰を与えるのか、そして罰を道徳的に必要なことと見なしているのかは明らかでない（本書 pp.130 参照）。

2) Sears et al., p.484.

3) Toner, p.31. 同様に、「罰を与えるしつけは、あらゆる次元での子どもの破壊的行動を引き起こす、もっとも一般的で共通している要素である」と複数の大学による問題行動防止研究グループが 2000 年に報告した（Stormshak et al.：引用文は p.24）。そして中西部で行われた別の調査から：様々な種類の罰は「問題行動の出現率に関して、すべての人口学的な因子を合わせた以上に、より重要な決定要因となる」（Brenner and Fox；引用文は p.253）。もちろん。罰が子どもの問題行動と関係しているという発見は、難しい子どもを持った親が子どもを罰することが多くなるという可能性から説明できるかもしれない。言い換えれば、親の罰は子どもの行動によって「引き起こされる結果」であって、親の罰が子どもの行動の原因ではない、ということである。確かに因果関係の方向が一つより多くあることは疑いない。しかし現在では、特にこの仮説を検証するために行われた調査から、罰が結果ではなく原因であることを正しいとする証拠が十分にある。例えば、Hoffman 1960, p.141; Kandel and Wu, p.112; Cohen and Brook, p.162；そして特に体罰が原因となることについては Straus 2001, 第 12 章を参照。同様に、親が異常なほど攻撃的な幼児にはより厳しく対するであろうが、その対応は主に、親がそれまでに持っている子育てについての態度によるのである（Hastings and Rubin; また Grusec and Mammone を参照）。

4) 本書の執筆時点で、体罰に関する研究を最も網羅的に要約したのは Gershoff が 2002 年に刊行した研究論文である。Gershoff が検討した中で、子どもが

言われることに従うことへの短期的な効果を調べた研究では、3本が肯定的
影響を見出し、2本はそうではなかった（p.547）（肯定的影響を見出した3
編も、体罰が他の方法よりも有効であることは示していない）。一層重要な
のは、88件もの研究のメタ分析によれば、親による体罰は「道徳的内面化
の低下、子どもの攻撃性の増大、子どもの非行や反社会的行為の増加、親子
関係の質の低下、子どもの精神衛生状態の悪化、身体的虐待の被害者となる
危険性の増大、大人になってからの攻撃性の増大、大人の犯罪と反社会的行
為の増加、大人の精神衛生状態の悪化、そして自らの子どもや配偶者を虐待
する危険性の増大」と結びついている（p.544）。また、Murray Straus の研究
も参照。

5)　McCord 1991, pp.175-6.

6)　私は1996年に出版した教師向けの本 Beyond Discipline で、「尊厳のあるしつ
　　け」「協力的なしつけ」「愛情と論理によるしつけ」、そして Rudolf Dreikurs
　　らの提案など、いくつかの「新しいしつけ」の批判的検討を行った。特に
　　「第4章　軽い罰『当然の帰結』と疑似選択」を参照。

7)　Pieper and Pieper, p.208. これは、本当に当然の帰結というものなど存在しな
　　いということではない。夜更かしをすれば、翌朝は疲れを感じるだろう。買
　　い物に行かなければ、最後には食べるものがなくなる。しかしこれらは、例
　　えば子どもが夜遅く帰って来ても、親が夕食を温めようとはしないこととは
　　まったく別のことである。これをどのようにも名づけることができるが、そ
　　れが罰であることには変わりはなく、子どもに非常に屈辱的な思いをさせる
　　ものである（このようなときに使われる「だから言ったでしょう」「これは
　　おまえのためだ」「この経験から学ぶことを期待する」といった言葉は子ど
　　もの気持ちを一層害するだけである）。

8)　Hoffman 1960, 言うまでもないが、これを実行するのは難しい。研究（例え
　　ば、Ritchie）は、親が罰を与える反応をするのは、子どもが単に言うことを
　　聞かないとき以上に、親子が互いの意思を主張して争っている状況において
　　であることを確認している。

9)　Ginott, p.151.

10） Hoffman 1970a, p.114.

11） Gordon 1989, pp.74,7.

12） Hoffman and Saltzstein, p.54..

13） 例えば、Hoffman 1907a, p.109 を参照。Straus 2001（p.101）は付け加えて、子どもを叩いて、どうしてそうするかを説明する親は「子どもが他の子を叩いたときに、まさに何を言い何をすべきかを子どもに教えているのである」と述べている。

14） これが愛情の撤回について当てはまる証拠については、Hoffman 1970a, pp.109,115 を参照。

15） 同じ現象が、学校での教え方の良い型と悪い型に関して現れる。これについては "Education's Rotten Apples"（Kohn 2002）という論文で議論を行った。

第5章

成功を強要する

CHAPTER 5　成功を強要する

　　広く知られてはいないが、ストレスという単語は、人の情緒的状態を指し示す言葉として用いられる場合は、実は比喩なのである。元々この言葉は金属などの物質の科学的研究の場だけで使われており、（手元の辞書によると）過度な力による「歪みや変形」を意味していた。鋼鉄の棒は折れる時点までのストレスにしか耐えられない。

　そうであれば比喩的に言って、子どもにこれと同じような力をかけるものは何であろうか。そして子どもが「折れる」ときに何が起こるのであろうか。

　子どもが10歳を過ぎると、しつけがより大変なものになる。青年期の若者は問題を起こすことがより多くなり、統制されることに対して（もっともなことであるが）反抗するようになるが、そのとき、親はさらにもっと厳格に制限したり、もっと厳しい罰を与えたりしたいと考えることが多いからである。しかし年長の子どもは別の理由からもストレスを感じやすくなる。次第に、単に言うことを聞くだけではなく成功すること、単に良い子であるだけではなく成果を出すことが要求されていることを知るのである。

　過去20年ほどの間、精神衛生の専門家などは、子どもたちが急がされ、抑圧され、過密スケジュールを強いられていることを警告してきた。2004年に発表された研究では、郊外に住む11歳と12歳の子どもの間で、飲酒（主に男の子）と抑うつ（主に女の子）が憂慮すべき高い割合で見られた。研究者たちはこの状況の原因を、とりわけ、子どもたちがすでに上位層の大学に入学することに意識を集中させられていることにあるとした。

　さらに親が学業成績を非常に重視している7年生は、苦痛と「不適応的完璧主義」の兆候を示すことが多い。これらの問題は、親が子どもの**学業成績**ではなく**良好な生活**に関心を持っている場合には非常にまれである。[1)]この2つの目的は単に異なるだけではなく、正反対を向いていることに留意すべきである。そして精神分析家のエーリッヒ・フロム（1900〜1980年）がかつ

て嘆いたように「子どもの成功よりも幸福に関心を抱くだけの勇気と自立心を持つ親はほとんどいない」。[2]

　極端な場合、「成功へ急かすこと」は病的な様相を帯び、子どもの現在が将来のための担保のようにされていることもある。生きる意味と楽しみをもたらすような活動は、ハーバード大学への入学準備のための絶え間ない努力の犠牲にされる（私はこの現象を「H作戦」と呼ぶようになった）。この基本的姿勢については（ハーバード大学を目指すのではなくても）同じような考えを持つ親も大して変わらない。つまり、将来の成功にどのくらい役立つかという物差しで、子どもが学校や放課後に何をするかをすべて決めるのである。そのような親は子どもを育てているというよりも、生きている履歴書を作成しているのであり、子どもは高校に行くときまでに、まさに大学の入試委員会にアピールできるような課外活動に加わることを学び、今・ここで自分として関心のあるものを無視して（最終的には見失って）しまう。子どもは教師に「それはどういう意味ですか？」といったことではなく「これは知っておくべきですか？」と尋ねるようになる。そしてGPA〔平均点〕を上げたり、SAT〔大学入学共通試験〕での得点を少しでも高めようとしたりする作業に厳粛に取りかかるのである。

　このような成績への圧力は、子どもが完璧なほど行儀が良く、親や教師に迷惑を決してかけない子どもがいる多くの家庭で見られる。特に非常に成功している親（ここでは、親**として**成功しているのではないかもしれないが、経済的に成功している人を指す）は、厳しく、しばしば非現実的な要求を子どもに課す。11歳と12歳を対象とした調査は「恵まれてはいるが抑圧されている？　裕福な若者の調査」という挑発的なタイトルを掲げており、その執筆者の1人はそれ以前に、比較的豊かな若者は、都心の貧しい地域の若者に比べて薬物乱用や不安の率が高いことを明らかにしていた。[3]

　これは郊外の10代の若者（そして、もうすぐ十代になる子ども）を持つ親には伝える価値のある点である。同時に、子どもが優れた存在になるように圧力をかけることの対価を警告する本の中で触れられる事柄の中には、高所得者層が住む地域以外では、当てはまらないものもあるだろう。すべての

子どもが、会社の CEO でさえも疲れさせるような放課後のスケジュールを抱えているのではなく、もしそうであっても、それはそのような子どもが成人してすぐに仕事を続けていく必要性を示しているであろう。音楽のレッスンや体操によって、子どもの将来に備える最上の道を探すよりも、自分の車のローンの支払いを心配している家族もある。そして子どもの「キャリア」についての専属のコンサルタントの役割を果たす親がいるとしても、世の中には、そのようなことができるだけの可処分所得（そして自由になる時間）があるとは、一体どのようなことなのかを想像するしかない人もいることを忘れてはならない。

　要するに、子どもが経験する圧力の性質は住む地域によって異なるのである。しかしだからと言って豊かな子どもだけが圧力を感じているのではない。生活が苦しい労働者の親も、子どもには自分自身が持てなかった機会を与えたいと強く思っており、さらにその機会を子どもが最大限に活用できるようにしたいと一層強く考えているであろう。このことによるストレスは、自らの信念によって、子どものために家庭教師を雇うことにこだわる親を持つ子どもが感じるストレスとまったく同一のものではない。しかしストレスであることには変わりない。

　さらにこの影響がとりわけ害を及ぼすものになるのは、（どのような所得水準や民族であっても）子どもが、単に良い成績を取るだけではなく、友だちよりも高い成績を取るように強いられるときである。そのような子どもは、周りのすべての人を、自分自身の成功の障害になり得る存在と見なすようになる。そこから予想される結果は、疎外感、攻撃性、（勝者への）ねたみ、そして（敗者への）軽蔑である。そして友人関係とともに、自尊心も傷がつくことが多い。結局のところ、自分の有能感が他者に勝つこと次第であれば、一時的に安心したり、自分の存在が確認されると思ったりするのがせいぜいである。言葉の定義上、すべての人が勝つことはできないのである。

　1980 年代に 2 人の研究者が、800 人以上の高校生を対象とした調査を行い、競争意識が強い生徒は「自己の存在意義について、評価と成果に基づく価値判断に大きく依存する特徴がある」ことを見出した。言い換えれば自分

をどう見るかは、ある課題がどのくらいうまくでき、他人が自分のことをどう考えるかに依る、ということである。[4] 競争は自尊心を条件つきで不安定なものにし、それは勝者と敗者双方に影響を与える。さらに、その影響は「過度」の競争に限られてはいない。むしろ、子どもが互いに競わされ、他人を失敗させることによってのみ自分が成功する状況に置かれれば、常に支払わなければならない対価となるのである。

　以上のことは、親が子どもたちのために多くのことをしすぎており、子どもを甘やかし、子どもの生活に関わりすぎているという批判について考えるための、いわば新しいレンズを提供する。私が主張したいのは、本当の問題は、親がどれだけのことをしているかではなく、**何を**しているかである。確かに子どもに、より多くのことを達成させることに、そしてさらに悪いことに、友だちよりも優位な立場に子どもを据えることに夢中になっているとすれば、少し立ち止まることに意味がある。しかしそれは子育てで行うことの量を減らすべきということではなく、より良い子育てをすべきであるということである。例えば、より子どもを支え、統制は少なくするなどである（具体的な方法は第7章から第10章で述べる）。

　単に子どものために多くのことをしすぎているかどうかを問うのではなく、**誰のために**しているのかを問うのが（落ち着かない気持ちを増す可能性はあっても）有効であろう。一見すると、子どもを急かす親が問題であるのは、「超子育て」についての最近の本が述べているように、子どもの幸福を自分自身の幸福よりも優先することだけであるように見える。しかし振り返って見よう。ここで実際に起きているのは、「栄光を浴びること（BIRG：Basking in Reflected Glory）」として知られる現象である。この用語は通常、スポーツファンがひいきのチームが勝った時に示す誇らしさや歓喜を指すが、自分の子どもの成功によって自分も認められたと感じる親にも当てはまるであろう。出会って数分もしないうちに、自分の子どもが英才教育を受けているとか、全国レベルのテニスチームに属しているとか、あるいはスタンフォード大学に入学した（しかも早期に）とかを知らせようとする親がいる

（私がかつてこのパロディーとして友人に話していたのは、娘がもう2歳に
なるのに、本を読むときに〔黙読ができず〕声に出しているので大変心配し
ている、ということであった）。

　もちろん。親が自分の子どもを誇らしく思うことに何の問題もない。しか
し自慢が過度に――つまり、頻繁になりすぎ、そしてちょっとしたことから
始まるように――なると、親の自己意識が、子どもの成功に依存してしまっ
ている可能性がある。これは特に自慢が子どもへの愛情を示しているという
よりも勝ち誇ったように聞こえるときに当てはまる。競争的な響きを持ち、
自慢の要点が、子どもが単に賢いだけではなく、他のどの子どもよりも賢い
ということにあることが明らかになる（これはどこでも見かける「私の子ど
もは○○学校の優等生」というバンパー・ステッカーと同じである。つまり
「あなたの子どもはそうではない」ということを意味している）。[5]

　このような親の言うことを聞いていると、成功がまさにそれ自体として達
成されるというよりも、母親や父親によって引き出されるものであることに
気づくであろう。そのような親は子どもに密着し、強く働きかけ、そしてお
そらくは十分にではないが、条件つきで愛しているのである。子どもが親の
気に入られなくなったときにも愛されると信じているかどうかは疑わしい。
「自分の子どもは成功している、だから私も成功している」あるいは「私の
子どもは成功していて、それは私のおかげだ」という無意識の等式は、正の
強化を選択的に用いるといった方策と直接結びついている。子どもは、親か
ら抱きしめられたり微笑まれたりするためには成功しなければならず、親が
自分のことを誇りに思うのは、ありのままの自分に対してではなく、ただ自
分が達成することに対してであると考えるのである。

　私が幼いときを振り返ると、子どもを幼稚園に1年早く入れたり、小学校
で飛び級ができるようにしたりして、子どもが競う場であればどこであれ、
周囲よりもずっと先に進めるよう努力していた親もいた。現在では同じよう
な親は、学校に上がるのを1年**待って**、同級生より年長で、おそらくはより
熟達するようにしている（これは「**レッドシャーティング（redshirting）**」
として知られているが、この用語もまた競争的スポーツからの借用であ

る）。＊¹ 方法が正反対になるのは面白いが、本当の問題はいずれの場合にしても、子どもにとって何が最善なのかを基にして決定されているのかどうかである。⁶⁾ ここでも、親が関わりすぎているかどうかだけではなく、その関わりがどのような形を取り、何がその関わりの動機となっているのかを問うことが必要である。

学 校 で

　親が子どもの最上の利益が何であるかを本当に重要なこととして考え、常識を疑ってみたいと思う場合、成功とは何かについての非常に一般的な考えを覆すことになるであろう。成績を考えてみよう。思慮深く子どもを尊重する多くの親でさえも、子どもが良い成績を取るのは良い印であるという考えを受け入れている。そのため子どもが良い成績を取ると喜ぶ。子どもにその目標に向かって勉強させるために親が取る方法を詳しく見る前に、成績の考え方自体について警鐘を鳴らしておきたい。

　私の懸念は、動機づけには異なった種類のものがあり、それらが同じように望ましいものではない（本書 pp.31-32 を参照）という事実に基づいている。良い成績を取ることを目的としている生徒と、問題を解いたり物語を理解したりすることを目的としている生徒との間には大きな違いがある。その上、研究の結果が示しているように、子どもに学校でもっと良い成績を取ることだけを考えるように促すと、以下の３つのことが起こる。第一に子どもは学びそれ自体への関心をなくす。第二にさらに難しい問題に挑戦しないようになる。そして第三に深く、批判的に考えることが少なくなる。⁷⁾ 各々について見ていこう。

1．寛大な振る舞いをしたことで報酬を受けた子どもが、結局あまり寛大に

＊1　アメリカの大学フットボールでは、学生の競技期間が４年間であるため、１年生のときには参加せず、２年生から４年間活動する場合がある。そのような学生は１年生のときは赤いジャージを着るのが慣行であったため、このように言われる。

ならないのと全く同様に、A を取った生徒──あるいはより端的に言えば A を取ることを最大の目標とする生徒──は、学んでいる内容への興味を低下させる傾向にある。もっともこれはすべての子どもに見られるのではなく、成績の破壊的な影響に対して生まれつきの免疫を備えているように見える子どももいる。しかしほとんどの子どもにとってはこのようになる危険性が非常に高い。私の知る限りで、この問題を調べたすべての研究が明らかにしているように、課題に成績がつけられると伝えられた生徒は、同じ課題を課せられても成績のことについては何も言われなかった生徒に比べて、自分たちのしていることを楽しめず、後から自発的にその課題に再び取り組もうともしない。興味深い物語や面白い科学プロジェクトであっても、それが A や満点や金の星を得るための手段と見なされなければ、魅力的ではなくなる。子どもが成績のことを考えれば考えるほど、世界に対する生まれつきの好奇心は失われていく。

2．成績をつけることで、生徒は機会があれば可能な限り簡単な課題を選ぼうとする。自分の行いが成績のために「意味を持つ」ことを子どもに印象づけると、子どもは不必要なリスクを避けるようになる。子どもは、簡単な課題をすることがより良い成績への最も確かな道であることにすぐに気づくのである。悪い結果になる可能性を最小化するために、短い本やありふれたテーマについての小論文を選ぶ。それは子どもが「動機づけられていない」わけでも、怠けているわけでもない。彼らは合理的に行動しているのである。大人が、良い成績を取ることが目標であると言って、**成功が学びよりも重要である**というメッセージを送っていることに、子どもが応じているのだ。ある研究の結果では、何よりも成績に価値を置いている親は、「多くのことを学ぶと同時に多くの間違いもする」ような課題よりも「最小限の努力で成功しやすい」課題を選ぶよう子どもに期待する。[8] これと対照的に、最終的な出来よりも学ぶこと（そして学ぶことへの意欲）がより重要であると親がはっきりと考えている場合は、子どもは、最終的にどのようになるかについて確信が持てないとしても、さらに挑戦をし、興味を感じるものや新し

いものに取り組む傾向にある。

3. 良い成績を求めることは浅く、表面的に考えることにつながることが多い。子どもは自分が成績のために「知る必要がある」ことを求めて本を拾い読みしたりして、必要なことはするが、それ以上はしない。試験で良い点を取るための便法を使い、不正行為さえもするかもしれない。点取りゲームが得意な子どもは試験に合格し、Aを取り、親を喜ばせる。しかし結果として、教えられたことを憶えているだろうか。問題解決のための新しく独創的な方法を考え出せるだろうか。先生が言ったことについて考え深い質問をしたり、本で読んだことについて批判的に考えたりするだろうか。多様な考えを結びつけたり、1つのテーマを多面的に見たりするだろうか。おそらくそうすることもあるかもしれない。しかし研究が明らかにしているのは、理解することが目的ではなく、素晴らしい成績表を手に入れることが目的であれば、このようなことはあまり起こらないということである。報酬一般についてのある学術論文のタイトルが、とりわけ成績についての適切な表現となっていた。それは「探究の敵」である。

　以上をまとめると次のようになる。親が子どもに（1）生涯にわたって学び、言葉・数字・思想について本当に関心を持ち、（2）簡単で安全なものだけにこだわらず、（3）教養を持って考えられるようになってほしいと思うならば、子どもに成績を忘れさせるようにあらゆる手段を尽くすべきである。さらに良いのは、教師や校長に成績をつけるのを最小限にする（あるいは廃止してしまう）ように促すことである。全国の教師とともに仕事をしている者として言えることは、質の高い学びに ── そして生徒が生まれつき持っている学びへの**興味**を失わないように ── 真剣に取り組んでいる学校の多くは、文字や数字での成績を全く用いないということである。そのような学校は、文章で書かれたコメントや面談など、より多くのことが伝えられ、悪影響の少ない方法を採用して、親に子どもがどのくらい勉強ができ、どのような面で支援が必要かを伝えるようにしている。そして、成績がつかないこと

の結果として、生徒の大学進学に不都合があるということはない。

　もちろんそのような学校はいまだ少数派である。多くの学校は従来の成績表に頼っており、子どもが良い成績であれば親は安心し、悪ければ心配するのは理解できる。私たちは潮に流されているのである。親が子どもに良い成績を取って欲しいと思うのは、成績が学校での成功を最も的確に示すものであるかのように見えるためであり、ほとんどの親は、成績の破壊的な影響や、成績に取って代わるものについて聞かされたことがないからである。さらに、**親自身**も学校時代には評価され、成績がつけられてきたのである。しかしだからこそ、親が当然と思ってきた慣行が持つ潜在的な害を理解し、子どもがどのような成績を取って来るかではなく、子どもが成績を、学び自体よりも重要だと考えるようになるかどうかが大切な問題であると気づくことが、より一層大切になる。

　成績それ自体も問題を含むが、親が子どもに良い成績を取るように強要するとき――つまり、間違った目標を採用し、それを間違った手段と結びつけるとき――害は倍増する。

　これまでの証拠で明らかになっているのは、過度の統制**一般**が、子どもの精神衛生だけではなく、学校での学業成績にも否定的な影響力を持つことである。親が子どもに何かを決めたり、自己決定ができると感じたりする機会を十分に与えなければ、子どもが学校で一定の水準の成績を取る可能性が低くなる。[9] そして同時に、**特に学校の宿題に関係した**、親の過度の統制が害となる可能性を持つことは明らかである。この結論を導き出した研究は、親が子どもと宿題をするときに統制的な方法を取ると、子どもはあまり学ぶことができないことを示している（本書 p.67 参照）。

　しかしここでは、**特に成績と関係した**統制にもまた問題があると付け加えよう。子どもが良い成績表を持って帰ると、お菓子からお金や車まで何でも子どもに与えることを約束する親がいる（成績はそれ自体、外発的動機づけとして作用するように作られているのであるから、これは報酬に対してさらに報酬を与えることとなる）。親によっては罰を与える統制を行い、成績が

良くなければいろいろと嫌な思いをすることになると脅す。別々に行われた
2つの研究によると、このような方法は最善の場合でも有効ではなく、悪け
れば問題を悪化させる。とりわけ良い成績であれば褒美がもらえたり、悪け
れば罰を受けたりする子どもは、学ぶことに興味を持たなくなり、その結
果、後になって学業成績が悪くなるが、これは明らかに親の干渉の直接的な
帰結である。実際に、親の主な関心が成績に向けられるほど、子どもの成績
は低くなるのである。[10]

　もちろんこの逆説的な状況は、高圧的なしつけによって子どもが、言われ
たようにしないようになるのと非常によく似ている。両方の場合において、
統制が逆効果になるのである。成績の場合、これまでの研究は、親の多くが
体験してきたことをまさに確認している。親が子どもに（例えば宿題をする
よう）強要すると、子どもは直接的な反抗か、ある種の受動的な抵抗を通し
て、自らの自律性を保とうとする。忘れたり、不平をこぼしたり、勉強を先
延ばしにして何か別のことをしようとしたりする。親が良い成績がどれほど
大切であるかを子どもに教えようとすればするほど、あるいは良い成績を取
ることが重要なことだと思わせようとして飴とムチに頼ろうとすればするほ
ど、子どもは統制されることに反抗し、成績は下がっていく。

　ここで問題となるのは、子どもが結局悪い成績を取ってしまうことではな
い。要するに私が主張しているのは、成績はたいして意味のあるものではな
いということである。親が心配しなければならないのは、子どもが学校でよ
り良い成績を取ることへの圧力に反発して、あまり努力をせず、結果として
実際にあまり学ば**なく**なることである。がっかりするような成績表であって
も気にする必要はない。親が子どもに強要しすぎると、結局思考の量も質も
低下するのである。

　もちろん強制が成功する可能性もある。より強く強要すれば、子どもは本
を読み、親の意図そのままに成績を上げるかもしれない。親が——いやそう
ではない、子どもが——選んだ大学に入れることにも成功するかもしれな
い。しかしここでも、しつけの場合と全く同様に、その成功に対して高い代
償を支払わなければならなくなる。親の子どもへの働きかけが、子どもの自

己意識や親への意識をどのようなものにするだろうか。ストレスが子どもの精神衛生にどのような影響を与えるか。そして本を読むことや考えることへの子どもの**興味**はどうか。もし成績自体が、学ぶことを雑用のようなものにするのであれば、成績を上げようとする親からの圧力が加わることで、その効果は何倍になるだろうか。

　ニューヨークのある教師は次のように言う。「子どもが読書好きになるために何をすればいいのかについて親が話していたのを聞いたことはありません。聞いたのは、できるだけ早くから読ませるにはどうしたかです。」[11) このような本末転倒が与える影響は予測可能であるとともに、長期にわたるものである。例えばフロリダで生徒の進学相談をしている友人が、自分が関わっている 1 人の高校生の話をしてくれた。その生徒は優等生で、成績も驚くほど優秀であった。大学の出願の準備には、目を引くような小論文を書くことだけが残っていて、それができれば入学できそうであった。友人は「感銘を受けた本の話から始めようか。宿題ではなく、楽しみで読んだ本について話してくれないか」と生徒に言った。すると悲痛な沈黙が続いた。挙げられる本がなかったのである。その優秀な生徒にとっては、楽しみのために読書をするという考え自体がなじみのないものであった。私はこの話を、親や教師対象の講演会で紹介してきたが、皆頷いていた。多くの所でこのような学生は例外的ではなく、むしろ一般的である。読むことが求められないものを、どうして読もうと思うであろうか。それによって成績もつかず、試験もなければ、読む意味がないのである。

　皮肉なことに、子どもの背後からもっと頑張るように駆り立て、促し、強要することが必要なくなって喜ぶ親もいる。ある時点で子どもは親からの圧力を内面化し、言わばムチを自らの手中にするのである。うまくいかなければ自分が何かおかしいのだと感じる。この時点で勉強や成績への動機づけは**内面化**されているが、それは**内発的**では決してない。子どもは自ら進んで行うが、自由に選んだものとは感じられない。この種の内面化を親は警戒し、防ぐよう努めなければならない。何と言っても、幼い子どもの内面からわき出てくる好奇心は、乳歯のように自然に消えるものではない。むしろ、学校

や家庭で起こる特定のこと —— そして起こらないに越したことはないこと —— によって息の根を止められるのである。

　以上をまとめると次のようになる。成績は有害であり、子どもに成績を上げることに意識を集中させるために統制の手法を用いるのは、一層害が大きい。しかし最悪であるのは、これらの統制手法が積み重なって、条件つきの子育てになることである。全部 A の成績でもお金を渡さない親がいるが、その代わりに、愛情と承認でその子に褒美を与えるのである。それは事実上、親の愛情を子どもが成功するための梃子として用いることで、子どもは自分の学業成績次第で親からの評価が上がったり下がったりすると感じるまでになってしまう。

　とりわけ状況が深刻なのは、ある研究者が述べたように、「非常に高く、多くの場合非現実的な水準に達した結果に対して愛情が与えられる」と子どもが感じる場合である。親が自分のことを誇りに思ってくれるためには素晴らしいことをし続けなければならないと子どもが感じるならば、子どもの自己受容も同様に条件つきとなる。「親をがっかりさせるのではないかと絶えず不安を感じている子どももいる」と、幼児教育の専門家であるリリアン・カッツは述べている。さらに新しい研究では、愛情の撤回を行う親を持つ子どもは、失敗に対する非健康的な不安を抱くことがとりわけ多いことが明らかになっている（興味深いことに同じ研究は、親がこのような方法を用いるのは、親自身の失敗への不安と関係していると思われることを示している）。[12]

　このパターンは、心理面で破壊的であるだけでなく、文字通り非生産的であって、（ここでもまた）まさに親が高めようと思っているものを損なう。例えば子どもが、「セルフ・ハンディキャッピング」として知られる方法を取ることがある。つまり、成功しなかったときに言い訳ができるように努力をしないのである。このことで自らは賢いという考えを維持することができる。実際に勉強をしていたら、信じられないほどうまくできるのだ、と自分に言い聞かせることができるのである。自分の価値についての意識が脆弱で

あればあるほど、ただ諦めることでその意識を守ろうとする衝動は強くなる。別の言い方をすれば、自分の活動に不利な条件を与えることで、失敗する可能性は高くなるが、自分自身のことを失敗者である、そしてそれ故に愛されるに値しない存在であるとは考えなくてもすむためにそうするのだ。

「運動」で

　家族によっては、学業よりも運動での成功を重視する場合がある。しかし運動での成功への圧力は──そのための対価と相まって──学業の場合とそれほど変わらない。先に子育てについての研究で言及したウェンディ・グロルニックは、自らの科学的研究だけではなく、社会で広く見られることにも衝撃を受けている。例えばある水泳大会で男の子の母親と話したときのことを紹介している。その母親は「私たちは今年泳ぐことにしたの」などと複数形を使っていたのであるが、自分自身が水に入るのではないことは明らかであった。そこへ男の子がプールから上がってきたが、明らかにイライラして、もう競争はたくさんだと言った。母親が平静を保とうとしているのがはっきり見て取れたが、誰か聞いている人がいないかと辺りを見渡した後、子どもに、したくてもそうでなくても水泳は続けるのだと伝えた。男の子が嫌だと言ったら、母親は「今日泳がなかったら、それで終わりよ。二度とこんなことを言ってはダメ」と言った。男の子は惨めな様子ですすり泣いていた。[13]

　野球場やサッカー場やホッケーリンクに行ったことがある人であれば誰でも、驚くべき親の行動についての似たような話ができるだろう。審判や監督や相手チーム、そして自分自身の子どもに向かって叫ぶ父親や母親はどこにでもいるようである。この問題は広く見られるのである。しかしおそらくそれ以上に示唆的であるのは、より柔軟な姿勢を取り、勝つことが実際にはそれほど重要ではないと言う親の存在である。そのような親は近所の暴力的な親のような行動は控えるが、それにもかかわらず、競争的なスポーツに参加することが期待されていると子どもにはっきりと示そうとする。そして成功

も同様に期待されているのである。

　私の講演の後、両親が私のもとに来て「私たちは息子のザックには最善を尽くすことだけを求めているのです」と強く言ったことがあった。私が第一に考えたのは、試合で最善を尽くさなければならないことは、単に楽しむこととはまったく異なるということである。次に考えたのは、ザックにとっては、この慰めるような断言の裏に違った意味が込められていることは明白であるということであった。私は次のように問いたい。「ザックが家に帰って来て、精一杯やったよと言ったとき、彼がトロフィーを持って帰ってきたときと同じ反応をしますか？　もししないのであれば、おそらくザックは、親の関心と喜びの一部は結果次第であること、そしてより正確に言えば、他の子どもに勝つことにかかっていると考えるのではないでしょうか」。トロフィーであろうとＡという成績であろうと、勝利のゴールであろうと、優等生になることであろうと関係ない。問題なのは、そのような家庭の子どもは、愛されるためには成功しなければならないと感じることである。

　極端な場合は、自分自身が成功を感じたいために子どもに勝つことを求める親もいる。しかしそのようではなく、成功に心がなびくことなどないと自信を持っている人も、自分の日頃の行動を振り返って、実際にしていることと、子どもがゆくゆくなって欲しいと思っている姿を比べてみてほしい。親の目標は子どもに成功させることで達成されるであろうか。子どもがもっぱら親のためにしているのだとしたらどうか。本当は楽しんでもいないのに、それを言うことを怖がっているとしたら？

　何年も前になるが、私は良く知られたトークショーにゲスト出演したことがあった。私の横には、カイルという名前の７歳の男の子が座っていた。その子の親は自分の時間のほとんどと、莫大なお金をかけて、その子を有名テニスのスター選手にしようとしていた。母親は、テニスをすることにしたのは完全に男の子自身の選択であると主張していた。とはいっても母親自身がテニススターであり、子どもが２歳のときから熱心に練習させていたのではあるが（後になって、母親は口を滑らせて自分と夫が、どうして他の競技ではなくてテニスを「させることにした」のかについて話した）。私たちは男

の子が1日2時間から5時間練習すると伝えられ、力を込めてサーブを打ち返したり、コートを走り回ったりしているビデオを見た。そして、番組の最後になって、終わりのクレジットが画面に流れていたときに、観客の1人がカイルに、負けたときにどう感じるかと尋ねた。彼は頭を垂れて小さな声で「恥ずかしい」と答えた。

　この小さな、一言だけの答えが、子どもを成功に追いやることの結末について考える度によみがえってくる。幸いなことに、カイルの親ほど極端なことをする人は少ないだろう。しかし、自分が負けることで、自分に成功を要求はしないまでも期待している人を失望させたときに感じた恥ずかしさは、私たちの周囲の多くの子どもたちになじみ深いものであろう。

　おそらく問題の一端は、テニスそれ自体やその他のスポーツにある。子どもの学校での学習状況について知らせるのに、〔A・Bのような〕文字による成績をつけるよりも良い方法があるのと全く同様に、子どもが楽しむ（そして運動をして身体的技能を身につける）ためには、1人が成功するために他の誰かが失敗しなければならないような試合よりも良い方法があると私は考えている。[14] しかしながら、そのような他の選択肢があることを考えようとしない親でも、子どもがスポーツを、遊びよりも仕事に近いものと考えているかどうか、そしてもしそうであればどうしてなのかを問うてみるとよい。

しなければならないという圧迫感

　私が1980年代初めに、結果として数年にわたるものとなった、競争の効果についての調査を始めたとき、結果についていくつかの予測があった。例えば、競争は精神的な健康や人間関係に悪いものであることを示すデータが得られると予想していたが、その通りであった。しかし同時に、正しいものだと以前から聞いていたことを立証する証拠が見つかることも予期していた。それは競争が人々に最善を尽くさせるよう「動機づける」ということである。そのため、競争が**なければ**職場でも学校でも達成度は下がると考えていた。つまりここでの二律背反は、健康で幸せな人生のためには、人より勝

ることの一部は放棄しなければならないということになる。

　しかしその予想は間違っていた。ほとんどの研究結果が明らかにしたのは、人は競争によって、仕事でも勉強でも最善を尽くさなくなることであった。様々な理由から、ほとんどの課題で最上の成果を出すためには、互いに競わせるようにすることが必要でないばかりか、そのような状況がないようにしなければならないのである。ここに二律背反はない。主に最終的な結果のことを考えるならば、競争よりも協力の方が意味を持つのであり、それは私たちの主な関心が、人が自分自身や周囲の人のことをどう考えるかであるときと同様である。

　ここでこのことを述べるのは、同じ種類の二律背反が、無条件の子育てについても存在すると考えられることがあるからである。そのような考えは次のようなものである。つまり一生懸命やったときや結果を出したときだけ承認を得られると分かっていれば、そのようにしようと努力するにちがいないということである。逆に、ある心理学者グループが問うたように「もし人が人生のすべての面で無条件に愛されるならば、それでもなお成功に駆り立てられるであろうか」。[15]

　これは重要な問いであり、4つの面からそれに答えたい。

　第一には、以上のような考えが仮に正しいとしても、おそらくそれは大人についてだけ当てはまるであろう。子どもは無条件に愛される必要があるのだ。繰り返すが、**誰もが**成功したときにだけ受け入れられている感覚を持つのがよいことであると想定するとしても、何ら条件なく受け入れられることから得られる安定した基盤を創って人生を始めることが重要であろう。

　第二には、人の価値を認めるかどうかを決める条件が、厳密に考えて何であるのかを問うことには意味がある。「一生懸命する」ことと「結果を出す」こととは実際には非常に異なったことである。結果を重視するならば、自分のすべてを擲っても、様々な理由で ── その多くは本人のどうしようもない理由で ── 目標に達することができなかった人をどう考えるべきか。そうではなくて、承認が一生懸命することに基づいているならば、それは必ずしも数値化できないという問題が起こる。ある人はより懸命に努力したかもしれ

ないが、別の人はより長期にわたって努力したかもしれない。努力のような
目に見えないものに合わせて愛情や承認を調節しようとするのは非常にばか
げていることが分かるであろう。

　第三には、条件つきの愛情が実際に結果を生み出したとしても、やはり見
えない代償について考慮しなければならないことに気づく。つまり、一見し
たところ有効であるようにみえる方法が持つ、より広く、深く、長期的に永
続する悪影響である。たとえ二律背反があるとしても、条件つきの受容のマ
イナス面が、より多くのことを行えるというプラス面を上回ることはほとん
ど確実である。このマイナス面は第 1 章と第 2 章で触れた研究から残念なが
ら明らかである。例えば、それらの大学の学生が親の愛情を得ようと涙ぐま
しい努力をして一生懸命に勉強したとしても（本書 pp.15-16、63-64 を参照）、
親に反抗心を抱かせ、罪の意識を感じさせ、不幸で不自由であると思わせる
結果という代償を払わせるだけの価値があると言う人はほとんどいないだろ
う。人は無条件で愛されても、それでもなお成功に駆り立てられるであろう
か。「駆り立てられる」という言葉の意味を理解している人ならば「そうで
ないことを願う」と答えるだろう。

　しかし駆り立てられないということが、成功しないことを意味するのでは
ない。そしてこれが第四の、そして最後の答えである。競争と同様にここに
も二律背反は存在しない。なぜなら条件つきの承認は普通有効では**なく**、よ
り高いレベルの成果を出すという限られた目標に達することさえもないから
である。それが効果を持つのは、せいぜい一部の人、一部の課題、そして一
部の条件下に限られる。

　そうではないと考える人は多くの誤った想定を行う。手始めに言えること
は、自分が基本的に有能であると信じるように育てられた人は、何かを達成
する必要性を感じないと思い込んでいることである。私はかつてある人が、
「人間の本性は必要最小限のことしかしないところにある」として、このよ
うな考えを擁護するのを聞いたことがある。この思い込みは一部の研究に
よってだけでなく、動機づけを研究する心理学のすべての分野の研究によっ
て否定されている。[16] 普通の状況では、幸福で満ち足りた人に、自分自身や

世界のことをもっと学んだり、誇りに思っている仕事をしようとしたりする
のを**止めさせる**ことは難しい。可能な限りすることを少なくしようとするの
は逸脱であり、どこかに問題がある証拠である。もしかしたら脅かされてい
ると感じ、そのために害を少なくしようとする方策に頼っているのかもしれ
ない。あるいは報酬や罰が、その個人が取り組んでいることへの興味を失わ
せていたり、ある特定の課題が無意味で退屈であると思っていたりするのか
もしれない（おそらくそれは正しい判断であろう）。

　例えば子どもが学校で「最小限のこと」しかしないとしよう。これは、先
に見たように、セルフ・ハンディキャッピングの例なのかもしれない（その
子は自分が愚かであると感じさせられており、**実際**にやれば成功するだろう
と自分自身に言い聞かせるために、努力をするのを止めるのである）。ある
いは、外部からの動機づけの結果かもしれない。つまり、その子は良い成績
を狙っており、すでに知っているものだけをやるほうが、良い点数を取りや
すいのである。またはその子は、意味のあることを学ぶのではなく、退屈な
ワークシートを完成させたり、つまらない教科書の1つの章を読んだりする
ことが要求されているのかもしれない。それ以外でも、その子が許される限
りで最小限のことしかしない理由の説明をすることができることは間違いな
い。そしてそれらの説明のいずれもが、その子の学校や家庭での状況に何か
問題があることを示している。その子の反応が「人間の本性」の必然的な結
果であると見なすことを簡単に正当化することはできない。

　すでに指摘したように、無条件の愛情を受けている子どもは、無条件の**自
己**受容をすることができる。しかし注意すべきは、肯定的な自己認識と傲慢
な自己満足とを混同することである。自分自身への信頼の核と、自分が良い
人間であるという基底的確信を持つ人は、座して何もしないということには
ならない。無条件の自尊心が怠惰を生み、高い目標を掲げるためには、それ
に達することに失敗して自分のことをつまらないと感じる必要がある、とい
うことを示す証拠は全くない。反対に、自分が何をしたかにかかわらず愛さ
れることを知っている人は、結果としてかなりのことを成し遂げることが多
い。条件なしに受け入れられることが、健全な自信、危険を冒し新たなこと

に挑戦しても安心であるという感覚を高めるのを助ける。深く満足した状態から、あることを成し遂げようとする勇気が生まれる。

　以上のことは、条件つきの受容の考えを弁護しようとする人が持つ、別の密接に関連する 1 組の想定につながる。そのような人は、絶え間ない自己への疑念という、不安に満ちたエネルギーが物事を成し遂げるには必要であり、失敗への不安が人々に向上への動機を与えると考える。しかしやはりこの見解は、私たちが動機づけと学習について知っていることとは全く一致しない。親は子どもが失敗から立ち直って**ほしい**と思うかもしれないが、だからといって子どもが立ち直るわけではない。それよりも予想される結果は、他の条件が同じであれば、子どもが将来、類似の課題であまり成功できなくなるだろうということである。この予想は、自己充足予言として機能するかもしれない。子どもは失敗によって能力がないと感じ無力感さえ抱くが、それが正しいことを証明するような形で行動する結果となる。同時に、より簡単な課題を選び、自分のしていることへの関心を減らしてしまう。[17] 失敗したときに熱心に取り組み、もっと懸命に頑張ろうとする例外的な子どもでさえも、そのようにするのは、学ぶことを楽しむためというよりも、自分自身がより価値のある人間だと感じたいという、不安に満ちて脅迫的な圧力のためかもしれない。だとすれば、子どもは今日読んでいるものはどうにか理解できるとしても、明日には読み**たい**と思わないかもしれない。

　これは考えてみれば非常に単純で明白な真理である。失敗を恐れることは、成功を求めることとは全く異なることである。それどころか前者は後者の妨げとなる。すでに見たように、条件つきの子育てと条件つきの自尊心は精神的に不健康であることの十分な証拠がある。ここで付け加えるべきは、これらが実際問題としても有用でないということである。2 人の研究者が指摘したように、これらは「問題に焦点が当てられた対処ではなく、感情に焦点が当てられた対処と自己の修復」につながる。言い換えれば、〔心理的な〕失敗の結果への対応に気が取られてしまい、成功するために必要なことをする時間とエネルギーがなくなるのである。

　このような実際的問題とは別に、この 2 人の研究者はさらに次のように述

べる。自分自身に自信を感じるのは、成功によってその権利を獲得したとき
だけであると思うように子どもを育てるべきであるとする考えが示唆してい
るのは、「一部の子どもが低い自尊心を持つのは当然のことであり、良い成
績を取ったり……スポーツが得意であったりというように、社会的に望ま
しいとされる形で成果を出せない子どもが、自分は人間として価値を持たな
いと考えるのは正しい」[18]ということである。

これは、子どもが耳にする他の有害なメッセージと同様に、マスメディア
や子どもが住んでいる社会全体からはもちろん、教師、コーチ、仲間からも
聞かされるものである。しかしながら、「うまくしなさい」── あるいは
もっと悪い場合には「人よりもうまく良くしなさい」── という圧力が、多
くの場合に家庭から始まるという事実を見逃すことはできない。いずれにし
ても、子どもの親である私たちは、これらの圧力に抗し、条件つきの承認の
メッセージを疑い、子どもがどんなことになっても愛されていると感じるこ
とを保証する責任がある。

【原註】

1) Luthar and Becker

2) Fromm, p.xvi.

3) Luthar and D'Avanzo. この著者は、郊外と都心の貧しい地域の高校に通う 500 人に近い若者を対象とした研究を行ったが、このようなデータにもかかわらず、教師は郊外の高校の生徒の方が良好であると考えていると指摘している。著者の推測は「都心の学校では問題行動と見なされるものが、郊外の教師から見れば創造的な自己表現と受け止められ、そのためより寛大に考えられる」（p.861）ではないかというものである。

4) Norem-Hebeisen and Johnson. 引用文は p.420 から。

5) コメディアンの George Carlin は、決めゼリフの一つで次のように言う。「子どもの成績によって自分の価値を確かめなければならない空っぽな人間とは何なのか？……見てみたいバンパー・スティッカーは "私の自慢の子どもは自尊心に満ちていて、取るに足らない学校の成績を車の後ろで見せびらかす必要はない" だ」。

6) 現在までの研究結果は、幼稚園の始期を遅らせることが望ましいと明らかにしてはいない。勉強面での有利さと思われるものの大部分は見せかけであって、始期を遅らせること自体よりも、そのようにする親を持つ子どもの社会経済的地位（SES: socioeconomic status）の影響が大きい。言い換えれば、裕福で高学歴の親の子どもは、いつから学校に行くかにかかわらず良い成績を取るのである。そして始期を遅らせることによる実際の有利さも 2、3 年の間に消えてしまう。そしてデータは 1 年遅らせることの社会的側面の利点も示していない。もし何かあるとすれば、後に現れる不利益が示唆されている（詳細と参考文献については Marshall を参照）。入園を遅らせようと思う親が現れるのは、幼稚園が勉強をますます重んじるようになったためである。この傾向は乳幼児教育の専門家からは非難されているが、もっと多くの子どもが入園を遅らせるようになると、学業成績を重視する傾向はますます強まることになり、悪循環を招く（Cosden et al., p.210）。

7) 伝統的な評価に替わるものについてのより詳しい議論など、以下の内容の根

拠となる調査結果は、私が 1999 年に刊行した *The Schools Our Children Deserve* で取り上げている。またより限られた形では、www.alfiekohn.org/teaching/articles.htm で見られる成績についての論文がある。

8) Ames and Archer

9) Grolnick and Ryan

10) これらの研究は各々、Gottfried et al. 1994 と Dornbusch et al. 1988 である。バーモント州の 5 年生の子どもと親についての研究によると、良い成績に褒美をあげ、悪い成績に罰を与えると「学校の成績が低下し、学力試験の得点も下がる」とともに、「学校で学ぶことへの動機、喜び、そして粘り強さが下がる」（Ginsburg and Bronstein）；引用文は p.1470 から）。しかし、本書で取り上げた 2 つの研究とは異なり、子育ての方法がこのような問題の**原因である**かどうかは明らかでない。子どもが別の理由で勉強についての困難を抱えているために、親が賄賂と脅しの方法に頼る可能性もある。しかしいずれにしても、このような方法が状況を良くすることはないと言える。

11) Borek. *Angela's Ashes* の著者である Frank McCourt は、自分が 18 年間名門高校で教えていて、「私の子どもは学校を楽しんでいますか？」と親から尋ねられたのは、ただ 1 回だけだったと述べている。他の質問は、試験の成績や大学入試や勉強の仕方についてであったという（Merrow, p.102 に引用）。

12) 「非現実的な水準」：Harter 1999, p.282.「親をがっかりさせる」：Lilian Katz との 1997 年の私信。失敗への不安：Elliot and Thrash.

13) Grolnick, p.98.

14) 私は、拙著 *No Contest: The Case Against Competition*（Kohn 1992）で、競争的ではない遊び方、学び方そして働き方について述べた。

15) Schimel et al., p.50. 条件つきの受容や条件つきの自尊心という考えを擁護する、その他の理論家の引用については Crocker and Wolfe, p.614 を参照。

16) 多数の研究は、子どもが世界を理解し、今できることを越えて挑戦しようとする性向を生まれつき備えているということを確認している。より一般的に言えば、できるだけすることを少なくしようとするのが自然であるという考え方は、有機体は常に休息状態を求めるという「緊張低減」あるいは恒常

性モデルの名残である。現代の心理学でこのモデルほど徹底的に反駁された
ものも少ない。興味のある読者は、Gordon Allport の著作や、有能感を得る
こと（Robert White）、自己決定すること（Richard de Charms, Edward Deci な
ど）、好奇心を満足させること（D.E.Berlyne）、あるいは様々な形で可能性を
「現実化」すること（Abraham Maslow）を求める人間の根本的衝動に関する
研究を調べてみるとよい。

17)　失敗が将来の失敗を予測させることを示す多くの研究の中の1つは、
Parsons and Ruble を参照。失敗によって、その後より易しい課題を選ぶよう
になることや内発的動機づけが低下することについては、Wigfield; Harter
1992; Deci and Ryan の多様な出版物を参照。

18)　Crocker and Wolfe, p.614, p.617.

第6章

何が親を
押し止めるのか

CHAPTER 6　何が親を押し止めるのか

　本書のここまでのすべての内容から、1つの非常に大き
な疑問が出てくる。それはどうして親がそのようにするの
かである。これまで述べてきたように、条件つきで、統制
に基礎を置く子育てが有害であって、さらに重要なことに
は、〔これが私の意見であるだけではなく〕科学的研究や実社会での経験も
それが問題であることを示しているのであれば、どうしてそれほど広く行わ
れるのか。言い方を変えれば、私たちの多くがより良い親になることを押し
止めているものは何なのか。

　おそらく読者はここで、取るべき別の方法についてもっと知りたいであろ
う。しかし子どもに対してこのように言い、このようにしなさいという具体
的な提案が受け入れられ、実際の影響力を持つためには、親が大変長い間、
それとは違った形の子育てをするように思わされてきた原因を明らかにしな
ければならない。していることをやり直すためには、自分たちが考えている
ことを再考しなければならない。そしてそれは、伝統的で条件つきの子育て
のスタイルの原因を明らかにしなければならないことを意味する。この段階
を飛ばしてしまえば、どんな新しい考えでも、それを拒否する理由づけを思
いつくだけになってしまうだろう。またたとえ新しい考えを試みても、一度
困難な状況にぶつかれば、すぐになじみのある方法に戻ってしまうであろう。

　現状のような子育てを行っている理由は、大きく4つの種類に分けられ
る。つまり、親が見聞きすること、親が信じること、親が感じること、そし
てこれらすべての結果として親が恐れることである。この区別はそれほど厳
密ではなく、説明自体の重なる部分がある。それでも先ず、表面的には正し
いと見える親の振る舞いに影響を与えるものを検討することで、現在の子育
てを理解することができる。そうすれば次に、それらの影響の背後にある思
想や文化的規範を見ていくことができる。そして最後に、親の要求と不安
──その大部分は**親**自身の育てられ方によるのであるが──が、自分自身の

子どもとの関わり方にどのような影響を与えるのか、に注意を向けることができる。

子育てについて親が見たり聞かされたりすること

　子どもに対して言っていることが、自分の親から言われていたことと全く同じ——ときには声の調子も全く同じ——ことに、どこかの時点で気づいて驚いた経験のない人は少ないだろう。私はこれを「どうしてお母さんが私の声帯に入ってきたの？」と言っている。これがまさに、親が現状のように子どもに対応するのはなぜか、に対する最も明白な説明である。親は誰かが子育てをするのを見て、どのように子どもを育てればよいのかを学ぶのである。そこから具体的なきまり（家では走ってはいけない。夕食が終わるまではデザートを食べてはいけない）や、特定の言い方（「何度言ったらわかるの？」「そうしなさい。でも後から泣かないでね」）までも学び取るかもしれない。しかしより重要なことは、何が親の役割なのか、つまり母親や父親は子どもに対してどうすることが求められているのか、についての全般的な理解を引き継ぐことである。

　この学習過程に無意識であればあるほど、一定の形の子育てのあり方が意味を持つのかどうかを疑うことなく、それを再生産することになる。一歩引いて、自分たちの新しい家族の中ではどのような価値観やしきたりを持つべきなのか、どれが無意味なのか、さらにはどれが害をもたらすのかを決めるには、努力と鋭い思考と、さらには勇気が必要である。そうでなければ、自分たちが書くことに関わっていない台本のままに動くことになってしまう。私たちはロバート・フロストの詩に登場する、周囲と交わらない隣人のように、「自分の父親の言ったことをそのまま受け入れてしまう」ために「暗闇の中で動く」ことになるのである。要するに親は、「どうして子どもに対してそうするのですか」という問いに対して、肩をすくめて「さあ、**自分が**そのように育てられてきた」と答えるのではなく、理由を提示することができるようになるべきである。

　多くの親が別の道を選択するのを一層難しくしているのは、親自身の親（そして義理の親）が影響を持ち続け、子どもにどのように対応すべきかについて、はっきりとした評価や意見を与えていることがあるためである。また友人や見知らぬ他人でさえ、意見を言いたがることもしばしばで、それに加えて、新聞のコラムニスト、トーク番組司会者、しつけ本の著者も同様である。さらに小児科医も、医学的資格があるというだけで、心理的問題についての偏見や思いつきが真剣に受け止められるのである。私は最近、ある（母親でもある）小児科医からメールを受け取った。報酬と罰のしつけの破壊的な効果について読んだ彼女は、以下のように書いていた。

　　自分が〔医学を〕学んでいたときには全く教えられなかったことに不満を感じました。私達は標準的な行動主義やタイムアウト等々を教えられ、心の底ではどこかおかしいようだと感じていましたが、それがどうしてなのかは、はっきりと分かりませんでした。乳児期から診ている子どもの親が、5歳になった子どもたちを連れて来ましたが、「そのような方法は全然効果がない」と言っていました。その後しばらくは、子どもの行動を修正するための別の方法を使えばよいと考えていました。〔しかし読み進んでいくと〕自分たちがそんなに恐ろしい方法の子育てを気に入っていたことが信じられなくなりました。

　もし医者、近所の人や家族から受け取る助言が、様々な種類の意見を反映しているとすれば、これらの断片的な知恵はお互いに対立して、おそらく相殺されることになるだろう。そうすればあまり影響を受けなくてもすむ（もちろん、身内からの影響が大きくなければ、であるが）。しかし多様な人からの意見は、実際にはそれほど多様ではない。例外はいろいろとあるが、概して親が受け取る助言は1つの方向に向けられている。そしてそれがまさに、疑う必要があると私が述べている方向である。

　例えば親になったばかりの人がしばしば言うのは、赤ちゃんが泣いたときすぐに抱き上げると悪い影響を与えると、祖父母が注意するということである。しかしこれは現在の研究では誤りである。また子どもが自分自身に関わ

る事柄についての決定に参加することが許されている場合、親は「子どもの意のままにされている」と警告を受ける。

友人や近所の人も、その人柄によって、その言い方がはっきりとしたものであったり、さりげないものであったりはするが、やはり、子どもがきまりを破ったら厳格に対処すべきであると考えていることが多い。より厳しいしつけや「限界を決める」ことで問題は解決されると考えているのである。公の場では、他人から発せられる批判も感じ取ることがあるかもしれないが、それは甘すぎることに対してであって、厳しすぎることにではない。それ以外の人は皆自分の考えを表に出さないとしても、その人々が自分自身の子どもをどのように育てているのかを見ることで、親は大きく影響を受ける。特に毎日どこへ行っても、基本的に同じ子育ての仕方をしているのを見るときにそうである。伝統的な方法が広く見られることだけで、それほどの多くの親がしているのであれば、間違いであるはずはないと思ってしまうだろう。

しつけの本の著者のほとんども、先に指摘したように、この一面的なあり方を修正する力にはならない。そのため、専門家に助言を求めても、自分たちの考えが正しいと改めて確認するだけであろう。もしそうではなくて、専門家──そして私たちの周囲の人──が、親の考えを疑い、親のしていることが子どもへの無条件の愛情に基づいていると確信できるかと問い、罰や報酬は非生産的で不要であることに気づかせるならば、自分のしていることを再考できるだろう。しかし実際には、一度でもそのようなことを考える機会はほとんど与えられないのである。

親の多くがあまり望ましくない形で子どもと接するのは、親が見聞きすることが原因であると言うことは、一定の説得力がある。しかしこれは問いを一段階手前に戻すことにすぎない。つまり、次のような問いが出される。「分かった。自分たちは周囲の人から影響を受けている。でもその人たちは、どうして**自分**の子どもをそのように育てているのだろうか。何がそれほど多くの親に、この方法を選ばせ、そして奨めさせているのか」。

最悪の種類のしつけが本来備えている性格が、その答えの一部となるだろう。最も思慮深い人でさえも、理屈に合わないことをしてしまうことがあ

る。第一に、悪いしつけは簡単である。子どもの良くない行いに対して、子どもを不快に感じさせるように対応することに疑問を投げかける人はほとんどいない。「一方的に行う」戦略は、何も考えなくてよい。他方で「ともにする」戦略は、親に多くのことを求める。そしてもちろん、親が後者についてなじみがなければ、他にする方法がないという理由だけで前者を続ける。

　第二に、悪いしつけは「効果的」である。「効果的」というのは、賄賂や脅しなどの強要によって当面は、子どもを大人に従わせることができる状況が数多くあるということである。「今すぐにゲームの電源を切らなければ、土曜日のパーティーに行けないと思いなさい」と言うことで、ゲームを止めさせることに成功するだろう。それに対して、そのような戦略に何度も頼ることによって蓄積する否定的効果は、必ずしもすぐには目に見えてこない。そのため、悪いしつけをくり返すのを躊躇させるマイナス面を見ることができないのである。

子育てについて親が考えていること

　子育ての伝統的な方法にすぐ目に見える効果があること、つまりその表面的な魅力によって〔そのような方法を取る理由について〕多くのことが説明される。また周囲の人々の影響力によってそのような方法を取るとも説明できる。しかし同時に、人々にこのような方法を受け入れやすくさせる、広く共有されている考えや価値観についても考慮する必要がある。

子どもをどのように見なすか

　今の社会は本当に子どもに優しい社会なのか。当然ながらすべての親は自分の子どもを愛している。しかしどれだけ多くの親が、他人の子どものことは徹底的に軽蔑しているかを見て驚くことが多い。これに親でない人を加えれば、今の社会の文化が子どもを全体として格別に支援しようとはしておらず、特定の子どもについても、その子が可愛かったり行儀が良かったりしな

い限り、十分な愛情を示さないことがますます明らかになる。もし社会的な愛情があるとしても、それはせいぜい条件つきである。実際、アメリカの成人を対象とした調査は一貫して、「十代の若者に対してだけでなく、幼い子どもに対する驚くべきレベルの敵対心」とある新聞記事が呼んだものを示している。今の社会のかなり多くの人が、すべての年齢の子どもを嫌い、子どもが粗雑で、怠け者で、無責任で、基本的価値意識を欠いていると思っている。[1]

　政治家や企業人は大々的に「世界的クラス」の学校を要求するが、それは試験で高得点を得たり、十分な技能を持った労働者となるための準備をしたりすることを意味しており、その学校に通う子どもたちのニーズを満たすことではない。確かに2人の社会科学者が指摘するように、「十分な収入がある親は、子どもに多額を費やし、私たちの社会が子ども中心的であるという印象を与える」。それは子どもたちが、広告会社やエンターテインメント企業から標的にされることが目立つ様子によって強められる印象である。しかし、この科学者たちは次のように続ける。

　　　子どもへの公的支出はわずかであることが多く、常に賛否の論議がなされる。そしてそれが表しているのは、子どもはそれ自体としては人間としての価値を持たず、ただ将来成長して大人になることで価値を持つ、という奇妙な考えである。……子どもが〔アメリカの〕最も貴重な天然資源であるとする甘い神話は、他人の子どもへの敵意と、他人の子どもを支援しようとしない態度によって、誤りであることが示される。[2]

　（最近の）どの年を見ても、アメリカには自分の家がない子どもが130万人以上いる。幼い子どもの22～26％が貧困層に区分されるが、これは他のどの先進国よりもはるかに高い数値である。[3] アメリカ人はこれらの統計数値の背後にある実際の苦しみに耐え続けている。これらの統計は大人の子どもに対する態度を如実に表しており、それは「今の子ども」について不平を述べる人の数の多さも同様である。

　問題の核心はここにある。子どもが全体としてあまり尊重されていなけれ
ば、一般の親だけでなく、基本的には善良な親であっても、自分自身の子ど
もを尊重する気持を持たず対応するようになるだろう。そして親自身が子ど
もについての悲観的な見方をしている限り、第1章で述べたように、どの子
に対しても、そして自分自身の子どもに対しても、無条件の愛情を与えるこ
とをしなくなるだろう。子どもたちがそれにつけ込んで、可能な限り罰を避
けることを心配するためである。親が子どもを信頼しなければ、正常な範囲
を越えて子どもを統制しようとする。絶対的な服従を求める権威主義的な親
が、子ども、あるいは人間全体は、望ましくない性質をもっているのだと考
える傾向にあるのは偶然ではない。300人以上の親を対象にした研究は、人
間の本性について否定的な見解を持つ人は、子どもに対して非常に統制的に
なりやすいことを明らかにしている。[4)]

親は子どもがどのように扱われていると考えているか

　子どもは走り回ることは許されず、不必要に制限を受け、怒鳴られ、脅さ
れ、いじめられると私は先に述べた。しかしながら、私のような見方は一般
的ではない。より広く見られるのは、罰に頼る子育ての害悪を無視し、その
代わりにたまに見られる自由放任主義に焦点を当て、場合によっては、ある
世代全体が甘やかされていると宣言するまでになることである。似たような
警告が、おそらく歴史を通して**各々の**世代について発せられるのは示唆的で
あり、ある意味で面白いことでもある。

　しかしこのように事実を歪めて描くことは、重大な結果をもたらす。今の
子どもが収拾のつかない状態にあるとする印象を与えることは、親は子ども
を甘やかすことを止め、伝統的なしつけに回帰するべきであるという助言へ
の地均しである。（十分に統制されていない子どもについての）叙述
（*description*）を認める親は、（より強い統制という）処方（*prescription*）
を受け入れやすい。

　全く同じことが、親が子どもを人生の逆境から守ろうとすることに躍起に

なり過ぎているため、今の子どもはあまりに気楽に生きているという批判にも当てはまる。この主張は、何らかの証拠に基づくというよりは、お気に入りのエピソードに根拠を持つことが多い。これが広く語られるのは、真実だからではなく、十分に子どもを支えたり、成長を促したりしない旧式の子育てを正当化するのに都合がよいからである。さらに問題をこのように定式化することで、親が直面する問題のより深層にある原因を追及するよりも、親と子どもを非難することにつながる。[5]

　無視され、放っておかれ、大人との意味のある交流が奪われている子どもがいる事実は、今の社会が子ども中心であったり、子どもに甘い文化を持っていたりするという証拠にはならず、子どもが人生の中で満たされない思いを抱くことがあまりにも少ないことも意味しない。実際には、子どもは非常に不満を感じているが、それは主に、子ども自身からの見方が大人によって真剣に顧みられないからである。子どもがどのようにして他人を困らせたり、良くない行いをしたりするようになるかに気づかない親は、自分の子どもが求めているものにも気づかないことが多い。それは、一層しつけを強化するべきという主張につながるものではなく、大人が子どもとより多くの時間をともに過ごし、より導きを与え、一層の尊重の気持ちをもって対応するようにという主張に結びつくものである。

競争に価値を置く

　競争はアメリカの国教であると言われる。職場、遊び、学校、そして家庭の中でさえも、ナンバー・ワンであれという絶えざる命令が、他の目標や価値をしばしば覆い隠してしまう。だとすれば多くの親が、我が子に友だちより勝るようにさせようとして、そのために条件つきの子育ての手法を使うのは驚くことではない。

　さらに親は子どもと持つ関係を、ゼロ・サムの観点から見るようになるであろう。数多くのしつけの本が述べるのは、子どもとの戦いに親が如何に勝つか、子どもより如何に上手く策略を用いるか、そして子どもに親の要求に

如何に従わせるかであり、その結果として親を勝利に導くということである。もちろん本当の問題は、子どもを打ち負かすべき敵と見なすことを本当に親が望んでいるのかである。親子関係がどうしていつもこのように敵対的なのかを考えるならば、この関係が超競争社会の兆候の1つであることを理解しなければならない。子どもの統制を最も行いやすく、そして子どもに最大の害を与えることになる親は、自らが勝つことを必要としている親である。

子どもの能力の評価を誤る

　子どもに厳しく当たることは、親が子どものできることのすべては認めず、子どもを独自の見方を持つ存在と見なさないことを示しているように見える。しかしそれとは別の、より重要な意味で、伝統的しつけに頼る親は、子どもが1人でできることを**過大**評価する傾向がある。そのような親が理解していない――あるいは単に無視している――のは、一定の年齢以下の子どもには、きれいに食べたり、公共の場で静かにしたりすることを要求することができないことである。大人や年長の子どもに自分の行動の責任を取らせることはできるが、それと同じように自分の行動の責任を持たせることが合理的であると言えるだけの能力を、幼い子どもは持っていない。

　研究によって確認されているのは、「良くない行いをする子どもであっても、高い能力と強い責任感が備わっているはずである」と考える親は、子どもに対して怒り、子どもを責めて罰する傾向が強いことである。そのような親は、不適切であると見なす子どもの行動に苛立ち、事実上、幼い子どもを幼い子どもであるという理由で罰するのである。そのような姿を見ていて心が痛むことがある。対照的に、子どもの発達上の限界を理解している親は、同じような行為に対して「物静かな説明と道理を説くこと」を選ぶ。[6] そういう親は自分たちの仕事は教えることであり、同時に、ある程度は我慢することであることを知っている。

　以上のことから、子どもを叱りつけ、強制的な手段に頼る親がそのように

するのは、子どもの振る舞いに関して非現実的なほど高い期待を抱いていることが1つの原因であるかもしれない。同様に、非現実的な期待は知的能力の領域でも現れることがある。5歳の子どもに正しい綴りで書くことを強要するのは、子どもが言語を段階的に習得する一定の方法を理解していないことを示していることがある。そしてそれは書くことを、子どもにとっての不快な体験にしてしまう結果となる。概して、子どもに「高い基準」を掲げていることを誇りとしている親の多くは、実際には子どもに過大な期待をしており、その期待が叶えられないとき、様々な統制の手法を使うことで、状況を悪化させるのである。

服従を強制する

　ある文化の中で人々が子どもに、（自分自身で考えるのではなく）伝統的な規範や権威に従うことをより強く求めるほど、体罰に頼ることがより多くなることを研究は明らかにしている。アメリカでは自立と自己決定が評価され、それが行きすぎることさえあるとしばしば言われる。しかしその場合でもまた、個人や下位文化によっては服従に価値を置き続けている場合もある。これが当てはまる家族であれば、その親は子どもの活動を制限し、子どもを従わせるために厳格なしつけをするのである。[7]

報復が正義であるとみなす

　ある個人が、たとえ幼い子どもであっても、何か悪いことをしたら、その見返りとしてその個人に対して同じことを行うべきだと多くの人が信じている。「犯罪者をその罪に対する見返りとして苦しませるという考えは、未開社会の"血の復讐"に遡ることができる」[8]。それはまた、愛情を含めてすべてのものは勝ち取られるべきであるとする、人間関係の経済学的モデルとも関係する（本書 pp.10-11 を参照）。罰が有効なのかどうか、望ましい教訓を与えるのかどうか、あるいは罰が子どもの価値観や行動に対して何らかの建

設的な効果を持つのかどうかは関係ない。多くの親が罰を与え続けるのは、それを道徳的命令だと見なしているからである。実際、子どもの良くない行いに対して、不快な結果を強制しない方法で対処しようとすると、世の中の潮流に逆らって進まなければならないことになる。

宗教的信念に影響される

　宗教的信念と子育ての哲学の間に一対一の対応はない。様々な信仰を持つ人、そして全く宗教を信じない人も、様々なやり方で子どもに対応している。しかし、権威主義的な子育てが、一定の宗教的信仰体系に深く根付いていることは否定できない。「子どもの意思を破壊することは、何世代にもわたって説教者から親に与えられた中心的課題であった。説教者のしつけの根拠は聖書に基づくものであるが、それは自己意思を悪と見なし、罪深いものであるとする信念の反映であった」。[9] このイデオロギーは、最終的には人間の本性についての悲観的見解に結びつくが、アメリカへの最初の移住者が上陸する時代よりも前から、ジェームス・ドブソン（1936年〜）やその他の原理主義者たちによる現代の著作に至るまで、主張され続けてきた。時として**愛情**という言葉は、子どもを服従させる恐ろしい行為を正当化するために用いられる。[10]

　さらに、宗教的な人の多くは、無条件的愛情の考えを自らの信仰の特徴と同じものと捉えるであろうが、キリスト教やユダヤ教の聖典によれば、これらの宗教の神は究極の**条件つき**の愛を与えていると言うことができる。旧約聖書も新約聖書も、十分に敬虔である人には途方もない報酬を繰り返し約束し、そうでない人には恐ろしい罰を与える。神があなたを愛するのは、あなたが神を愛するときであり、その限りだけである。あるいはその他の様々な基準を満たしているときである。言われた通りにしなさい、そうすればあなたは金持ちになり、敵が死ぬのを見られるだろう。信仰を捨てるならば、あなたは様々な報いを受けるであろう。聖書はこれらについて嗜虐的とも言えるほど詳細に描写している。[11] そして当然ながら、一部の信者にとっては死

後の祝福や呪いの方がより意味を持ってくる。そうであれば、一定の宗教的伝統が、条件つきの子育てと統制に基づく子育ての両方に関わりを持っていると言うのも誇張ではない。

二分法的思考をする

　問題の多い子育ての方法に頼るよう、親を強く駆り立てる信念体系を１つ選ぶとするならば、それは子どもを育てるには２つの道しかないと考える傾向であろう。これか、あるいはあれかしか選べず、一方の選択肢に明らかな魅力がなければ、もう１つを選ぶしかないという考えである（それは必ず何らかの統制が含まれる）。

　最も一般的な誤った二分法は以下の通りである。「子どもに厳しく当たり、子どもがしたいと思うことをさせてはならない」。ここでは事実上伝統的なしつけが、自由放任主義と対置されているのである。私は子どもに罰を与える、さもなければ子どものしたい放題に「させてしまう」。私は子どもに厳しい制限を与える、さもなければ全然制限を与えないというわけである。子どもが何か不適切なことをしたら、ほとんどの親は、何もしないということはなく、**何らかの行動**を取る必要を感じる。そのため、親の選択肢が罰だけであれば、それが「既定値」となってしまうことになる。

　逆説的なことに、無視することと罰することは実際には対立するものではない。どちらも子どもが必要とするような、生産的で丁寧な導きを決して与えないという面では共通しているのである。そのため、子どもに罰を与え、**同時に**子どもを無視することを交互にする親がいるのも当然である。１つの選択肢に問題が起これば、他方に変えるのである。ある母親は「私が子どもに我慢できなくなるまでは放任的で、今度は権威主義的になってしまい、自分自身に耐えられなくなります」と告白している。[12] 他方別の家族では、両親が別々の役割を担っている。１人が罰を与える役で、もう１人が放任的であり、あたかも２つの間違った戦略が一緒になって１つの生産的な方策になるかのようである。

　仮にこの2つからどうしても1つを選ぶとしても、これまでの証拠からは、罰が無視よりもましであるかどうかはまったく明らかでない。[13] しかし実際には選ぶ必要は**ない**のである。別の選択肢があるからである。凍えるような低い気温が気に入らないからといって、煮え立つような暑さに我慢しなければならないということにはならない。そしてついでながら、これはもう1つの人為的に作られた選択肢にも当てはまる。それは「子どもが良くないことをしたときに罰を与える（あるいは叱責する）のではなく、良いことをしたときに報酬を与える（あるいは褒める）ようにせよ」である。ここでの問題は、報酬と罰が実際にはコインの両面に過ぎないことである。そしてこのコインはたいした価値を持たない。しかし幸いなことに、これら2通りの飴とムチによる操作に代わるものがあるのである。

　理論上は、2つだけの選択肢からではなく3つから選ぶ方が良いであろう。しかしここでも注意が必要である。しつけや他の問題について論じている多くの人は、自らの考えを、両極の間の合理的な「中道」であると位置づけることで、よりもっともらしいものに見せようとしている。これを「ゴルディロックス戦略」と呼ぼう*1。ある1つの方法は極端であり、別の方法は反対方向に極端であり、第三の私の方法がまさに正しいというものである。しかし「ある1つの」方法は、何らかの形で非常に懲罰的で力に基づく子育てであり、「別の」方法は、非常に甘く何でも認めてしまう無視の一類型であることが多い。

　抽象的には、ほとんどの人は両極端の間にあるものが良いと思うであろう。また私も問題によっては「第三の道」を提唱することがある。しかし単に誰かの提案が戯画化された両極端の間にあるというだけで、それを受け入れようとしてはならない。さらに著者によっては、疑わしい前提に基づく問いから始める人もいる。例えば「親はどのくらい子どもを統制すべきであるか？」である。以下から1つ選びなさい。（a）常にそして過度に、（b）全

＊1　ゴルディロックスはイギリス童話の主人公の少女の名前。3匹の熊の家に入り、「熱すぎず、冷たすぎず、ちょうど良い」お粥を食べたりする。ここから「適度な状態」を示す表現として用いられる。

くしない、（c）理想的な程度に。これはこの著者が版権を取っている5つの
ポイントからなるプログラムに示されている。明らかに正しいとされる答え
を選ぶよりも、この問題の提示のされ方に疑問を持ち、統制の考え方自体へ
の代替案を考えるのがよいであろう。

　実際に「合理的な中道」の選択肢が、その利点を点検するとき、全然合理
的ではないこともある。しつけの領域での1つの具体例は、ダイアナ・バウ
ムリントの図式であり、これは多くの実践家とともに研究者によって採用さ
れている。バウムリントは一方に「権威主義的」、他方に「自由放任主義的」
を置き、その中間に「権威のある」（つまりちょうど正しい）を位置づける。
実際には、厳格さと思いやりの混合と見なされるこのお気に入りの方法も、
「権威主義的」よりは程度が低いにしても、かなり伝統的で統制本位である。
それどころかバウムリントの研究を注意深く読むと、そこで示されている提
案、特に「厳格な統制」[14]の支持が何を意味するのかについての疑問がわい
てくる。

　より大きな問題は、親がある方法を受け入れようと感じるのは、子育てに
ついての議論の組み立てられ方によるところが大きいということである。と
りわけ、ある一定の方法、あるいは2つの方法を拒否することは、示された
代替案を必然的に受け入れることになると信じるためである。しかしながら
親は、子どもを育てる方法には他にも数多くの選択肢があることを知り、
様々なイデオロギーの妥当性を疑うことで、自由に新しい方向を探し求める
ことができ、常識を越えてより多くの知恵を得られるのである。

親 が 何 を 感 じ て い る か

　私たちの親はどのように子育てをすべきかを私たちに教え、子どもとの話
し方や過ごし方を実例によって示してくれた。しかし同時に自分たちが生ま
れた家庭で経験したことが、将来の親としての自分たちに影響を与え、どの
ような父母になるかを左右することになるが、それは私たちが親に倣って行
う一つ一つの子育ての具体的な方法に留まるものではない。子どもを育てる

ことは、料理や大工仕事のように技術を獲得して行うものというだけではない。子育てにまつわる心理的な力が、問題をより複雑にするのである。そしてそのような力の多くは、私たちが気づかないまま作用する。

　率直に言って、私はこの問題に深入りすることに躊躇を感じる。そのような議論は、人の「内なる子ども」などへの深刻な言及にあふれており、不安で落ち着かない気持ちにさせるためである。しかしそれを避けることはできない。親自身の育てられ方がどのようにその内面の構造を形成するかを振り返ることなくして、より良い親になることを押し止めているものについて語るのは無意味であるからである。育てられ方は、自分の子どもに何をするかだけではなく、何をしないかにも影響を与える。また子育ての責任をパートナーとどのように分担するか、男の子と女の子に違った方法で対応するかどうかも左右する。親の日常的な振る舞いが、子どもに対する基本的な尊重あるいは軽蔑を伝えるかどうかを決めることにもなる。怒りや悲しみの原因が何であり、その感情をどう表現するかにも関係する。

　確かに、親として行ってしまう悪い選択を説明するのに、複雑な心理的説明は必ずしも必要ではない。時として子どもがあまりに多くのことを要求するために我慢できなくなることもある。子どもはうるさく、乱雑で、自己中心的である。本書の冒頭で述べたように、子育ては意気地なしには向いておらず、他の子どもよりも育てにくい子どももいる。しかしそれでも、1人の子どもだけで手一杯であっても、その子の親が愛情の撤回の手法や、その他の統制の手段を用いる十分な理由にはならない。実際、かなりの数の研究は、人の子育てのスタイルは「自分自身の子どもと直接触れ合う機会を持つ前に、すでに定まっている」ことを示している。子育てのスタイルは本人のずっと以前の経験に深い根を持っているのである。[15]

　ある男性が私のサイトにメッセージを書いたが、その一節は以下のようであった。「私は列車事故の見物人のように、友人たちが、彼らが幼いときに自らを傷つけた親と同じ振る舞いをしているのを見ている。これは見ていて心地よいものではない」。これに付け加えるならば、どうしてこのようなことが起こるのかの原因を探ることは、簡単なことではないのである。この男

性が語っている友人たちも、自分自身の子どもを、自らと同じように不幸にしようと意識的に決めているのではないであろう。何か別の理由がこの世代間の繰り返しを説明するはずである。親に非常に批判的である人が、それにもかかわらず、自分が逃げてきた（あるいは逃げたと**思っていた**）家庭と奇妙に似た家庭を築く結果になってしまう、不思議で非論理的で、悲劇的でさえある事実には、何か理由があるはずである。

　1つの説明がアリス・ミラーによって与えられている。つまり「多くの人は、子ども時代に受けてきた残酷な行為や態度を受け継ぐ。それによって親を理想化し続けることができる」。[16)] ミラーの前提は、人には、親が自分にしたことはすべて子どもである自分のためであり、愛情から行われたと信じたいという強力で無意識的な欲求があるということである。親の行為が完全には善意でないとか、的確なものでなかったという可能性を考えることさえも、私たちの多くにとっては恐ろしいことである。そのため、その疑いを払拭するために、親がしたことと同じことを、自分の子どもにするのである。

　この問題を理解する別の視点が、愛着理論として知られる分野を主導したイギリスの精神分析家であるジョン・ボウルビー（1907 ～ 1990 年）によって示されている。ボウルビーは、共感的な親を持っていなければ、自分自身がそのような親になることは困難であると主張した。同じことが条件つきの愛情にも言えるであろう。獲得していないものを与えることはできない。子どものときに条件つきでしか受け入れられなかった人は、（自らの子どもを含めて）他人をそのような形で受け入れるようになるであろう。実際に、それが正しいとする証拠を私たちは持っている（本書 p.16 を参照）。そのような親は愛情を、割り当てられるべき希少財と考えるように学んでいる。自分がそうであったように、子どもは厳格に統制される必要があると見なすのである。

　一般的に、基本的な情緒的欲求が満たされないとき、その欲求は成長するにつれて消えてしまうことはない。むしろその欲求を満たそうと努力し続けるのであり、それは間接的で回りくどい方法になることが多い。その努力がしばしば求めるのは、自分が本当は賢かったり、魅力的であったり、愛され

るべき存在であったりすることを証明するために、徹底して、そして絶え間なく自分自身に焦点を当てることである。さらに、親に**自分**に対する関心を持ってほしいと思う子どもは、そのような親と情緒的に結びつくことができない。親は自らが持っていないものを手に入れようとするのに忙しいのである。そして、2人のカナダの研究者が示したように、もっぱら自分自身の欲求と目標のことを考える親は、子どもや家族全体の欲求に関心を払う親に比べて、自分の子どもに対して受容的でなく、子どもに懲罰的で統制的な方法で接することが多い。習慣的に自分の欲求を最優先させる親は、自分の子どもの良くない行いが意図的なものであり、特定の状況の中で生じるものではなく、子どもの生まれつきの性質や性格に根ざすものと考えやすい。[17)]

　そのような親の子どもは、親を幸福にし、親を安心させ、力があるように感じさせることが自らのすべきことであると感じる状況に置かれるだろう。場合によっては、親が、配偶者であるもう一方の親から（あるいは自分自身から）得られないものを提供したり、大人のような友人としての関係を持ったりするよう暗黙裡に促される。子どもは、親にとっての友人、あるいは親にさえもなるよう圧力をかけられることもある。このようなことはすべて、誰も気づかないうちに起こるのである。しかし子どもが親の望むような存在になる方法を見つけることができるかどうかによらず、子どもの発達は歪むであろう。なぜなら親の欲求が主役となるからである。

親 が 何 を 恐 れ る の か

　親に影響を与える感情と考えと行動（その影響には、個人的なものと文化的なもの、意識されるものと意識されないものがある）をすべて合わせて考えるとき、それらが、親を怖がらせることによって、子育てのあり方の一部を左右することが分かるだろう。他の人よりも不安がより強く、理性的でない人もいるであろうが、親の抱いている不安によって、子どもがここで述べているような仕方で扱われる理由を明らかにすることができる。

親として適格ではないという不安

率直に言って、親になったばかりの人が今後のことに不安を感じないことを私は心配する。妻と私は、アドレナリン（と陣痛促進剤）の投与による出産の後には、不安が近づいてきたことをはっきりと憶えている。保険の期間が過ぎた後病院の外で立って、眠っている新生児をベビーシートに横たえ、あたかもヘッドライトに照らされた鹿のようにブルブル震えながら考えた。「何かを間違えたに違いない。私たちは子どもの面倒をどのように見たら良いのか分からない」（私たちが連れて帰るのは単に赤ちゃんだけではなく、その子が将来3歳、8歳そして14歳になることに気づいていたら、不安はさらに強くなっていただろう）。

誰も悪い親になろうとはしない。親は皆子どもを愛し、何よりも子どもを安心させ幸せにしようとする。しかし物事が予定通り進まず、密かに（あるいは公然と）親としてすべきことができるかどうか疑問を抱くとき、無力感を抱き、混乱し、不満を感じることもある。どうしてよいか分からない不安の先には、いくつかの方向があるが、いずれも問題を持っている。そのような親は、安心を与えてはくれるが望ましくない助言にだまされやすい（「どうしていいのか分からないから、お義母さんの話を聞いてみよう。お義母さんは自信のある様子で、子どもが泣いてもそのまま放っておくようにと話していた」とか「この専門家の言う通りにして、子どもが私の言った通りにする度に、金の星のご褒美をあげよう」）。

またある親は、能力がないこと[18]への不安から、子どものすべての要求に屈するようになる。もちろんこれは、子どもの欲求を満たし、問題解決のためにともにすることとは全く異なることである。他方で別の親は、絶対的な自信を持ち、完璧に子どもを支配しているふりをすることで、自分への疑いを覆い隠してしまう。しばらく経つと、子どもを効果的に統制し、常に権威ある正真正銘の親としての役割が大変心地よいものになり、それが1つの役割にすぎないこと、さらにその役割を引き受けた理由を忘れてしまう。そのような親は、疑問を差し挟む余地を持たず、保留条件もつかない厳しい規則

を子どもに強制する。それはあたかも、自分は本当によく分かった上で行動しているのだと、自分を含めたすべての人に納得させようとしているかのようである。

無力であることへの不安

　生まれたときすべての人は完全に無力であり、他の人に依存していた。無意識のレベルで、大人という薄い保護膜が破られると、時間が後戻りして再び無力の状態になってしまうことを恐れる人がいる。そのような人は、その不安を鎮めるために、大人として無力では**ない**ふりをする。統制力を持たないことが恐ろしいので、常に自身を統制していると信じる必要があるのである。

　しかしながらこれは、他人を統制し、頂点に立って勝ち誇り、子どもとの意見の不一致でさえも勝たなければならない戦いと見なしたいという欲求へと転換しやすい。そのような人は、少しでも妥協したり、自分の考えを変えたり、誤りを認めたり、毅然と行動できなかったりすることで、すべてを失うことになると恐れるのである。

　これはとりわけ、親の言葉が絶対であるような、伝統的家族で育った人に当てはまる。その経験は、2人の研究者が表現したように、子どもが「他人との葛藤の状況で自分の欲求や願いを聞き入れてくれる人はいない」ことを学ぶようにさせる。これが生み出す無力感は決して消え去ることがなく、その結果、後年になって、自分自身の子どもを統制することによって、ある程度の統制権を得ようとするのである。[19] そのため逆説的ではあるが、「自らのことを力が欠けていると見なす人が、威圧的な統制という方法を用いることが最も多い」[20] のである。

　他の誰かの意のままにされることの恐怖を振り払うために、力があるように見せたり振る舞ったりしたいという欲求を中心として、自らの生活を営む人がいる。そのような人が他人を統制しようとするとき、その関心の対象は自分の子どもに限らない。他の大人たちよりも優れていることを誇示しなけ

ればならないとも感じるのである。しかし、子どもを対象にする方が簡単で、社会的にも受け入れられやすい。ノーマン・クンクは、包括的教育*² や非強制的実践についてのワークショップを主催しているが、「"行動上の問題" と呼ばれるものは、子どもの正当な抵抗が見られる状況であることが多い。子どもよりも親が力を持っているため、行動上の問題と呼ぶようになったに過ぎない」と指摘している（自分の配偶者に「行動上の問題」があると言うことは許されないだろう）。[21]

　特に虐待傾向にある親は「自分自身を、子どもの悪意に満ちた意図の標的にされた犠牲者である」と見なす傾向にある。しかし、行動と考えとのどちらが先なのであろうか。おそらくは自分自身を犠牲者と見なすこと、あるいは子どもがどれだけ「操作的」であるかを語ることによって、「自分の否定的な対応を正当化するために、子どもも同様に否定的な動機を持っていると言うのである」。[22]

　決して虐待をしない親でさえも、統制への欲求や統制を失うことへの不安によって動かされることもある。あたかも夜の間に誰かが侵入し、無力な赤ちゃんを、自分自身の意思を持った幼児とすり替えたかのように、子どもが変化することを知るのは、ほとんどの親にとって不安を感じるものである。あどけない赤ちゃんであった存在が、今では自分のしたいことを持ち、親の要求を拒否する度胸を備えるようになった。親は子どもよりも優位に立つ方法を考えようとする誘惑に抵抗できるだろうか。赤ちゃんに対して一方的に行うことから、子ども**とともに**することへと移行できるだろうか。これらはすべての親が合格するテストではない（親はおよそ 10 年後、子どもの自律への欲求が新たに高まるときに、再びテストされるだろう。より成長し、賢くなり、親への依存度が下がっている子どもに服従を求めることは一層難しい）。

　親は不安から、自らの態度を頑として変えないようにすることがあるが、

＊2　inclusive education. 障害の有無にかかわらず、個別のニーズに対応し、ともに教育を行うこと。

これは大きな誤りである。ある日の夜、私の3歳の息子が、ゲームを止めて服を脱ぐようにと、繰り返し私が求めたにもかかわらず、何もしなかったり、言うことをいい加減に聞いたりして抵抗した。時間が過ぎていき、私は息子に、自分でシャツを脱ぐか、私に脱がせてもらうかの選択肢を示した。息子は返事をしなかったので、私が脱がせて、2階に連れていった。息子は声を上げて、辛い様子で慰めようもないほど泣き、自分で脱ぎたかったとべそをかいた。私は息子に（私としては、優しく、そして諭すように）、そのようにする機会があったのに自分がそれを利用しなかったことを伝えた。しかし息子は泣いていた。私は、息子はまだ3歳なのだと自分に言い聞かせた。

　その後息子はもう一度1階に戻って、自分で脱ぐことができるよう、もう一度服を着せてくれるよう頼んできた。ダメ、もう遅いと私は言った。私はその先のことを考えており、また脱がなければならない服や冷めてしまう風呂のことを考えていた。しかし息子は先のことを考えたり、次のことをしたりすることはできなかった。ここで手詰まりの状態になったのであるが、私は、息子と同じように自分自身も理屈に合っていないことに気づいた。私が自分の望むようにするよう主張することは、2人を不満足にするだけでなく、時間の無駄遣いなのであった。そのため息子の望むようにした。1階に降り、息子にシャツを着せ、息子がシャツを脱ぎ、2人で2階へ行き、息子は風呂に入った。私が息子を統制することを諦めようとしなかった結果、息子の笑みが戻り、2人の関係が修復されるのに1、2時間かかったのである。

評価されることへの不安

　親の中には、他の人々 —— 友人や親戚だけではなく、「彼ら」と呼ばれる名前を持たない、どこにでもいる評価者 —— が、自分の子どもについて、そして自分の子育ての能力についてどう思うかを恐れて暮らしている人がいる。この不安は、上述のような、親としての適性がないという不安と、親の力に欠けるという不安を伴うときに、とりわけ打撃を与えることになる。しかし比較的心理的に安定している親でさえも、誰かがどこかで「おやまあ、

あの母親は自分が**何を**しているか分かっていないね。ちょっと子どもを見て
ごらん」と考えているかもしれない可能性があることに、不安を感じること
がある。

　子どもに対してすることのどれほどの部分が、他の大人からどう見られる
だろうかという親の不安によって影響を受けるか考えてみよう。ある大人が
自分の子どもに何かを渡してくれると、親は「ありがとうと言える？」と声
高に言う。表向きは赤ちゃんに話しかけているが、赤ちゃんがありがとうと
言えないことは明らかであり、この場面でお礼を言うことを学ぶには幼すぎ
るかもしれない。親が実際にしているのは、子どもを通して大人に話しかけ
ることであり、**私たちは**丁寧な対応と子どもの正しい育て方を知っている
と、先方にはっきりと示すことである。

　先に述べたように、私たちの文化では、子どもの統制が過剰であることよ
りも過小であることで親を非難する。そして子どもについて、「行儀が良い」
ことを、好奇心があることなど以上に評価する。そのため、評価されること
への親の不安を、そのような判断基準と結びつけて考えるならば、次のよう
な当然の事実を確認することになる。つまり、公の場に出たときに親は、強
制的な戦略に頼ることが非常に多くなり、子どもを統制しようとする欲求に
心を奪われることになるのである。[23]他の多くの不安にもあてはまるように、
これは1つの自己充足予言を構成することになる。そのため、他の人がどう
考えるだろうかと心配して子どもをさらに厳しく縛ろうとすることで、親は
誰にも見られたくないと思う子どもの行動の類型をさらに増やすことになる
のである。

子どもの安全についての不安

　子どものことを思うすべての親は子どものことを心配している。特に新聞
に、善良な人に襲いかかる事件の恐ろしい記事があふれているときはそうで
ある。どのような場合に心配が適切であるのか、不安材料が誇張されている
のはどういう場合なのか、そして親の対応が、合理的な予防と息が詰まるよ

うな過保護との境界線を移動するのがいつなのかを判断することが難しいということを、私は親になってはじめて気づいた。

　それでもなお、子どもに対する度が過ぎた統制を、そうしないと恐るべきことが起こると言って正当化する親がいることは明らかである。私は子どものために状況に留意したり、子どもの人生で起きることに注意したり、年齢に相応しい限度を定めたりすることに問題があると言うのではない。これらのことに意味があるのは当然であるが、私が述べたいのは、第3章で触れたような種類の統制についてであり、それによって親は、子どもを守るという口実で、子どもが行うことを決定する機会をほとんど与えないのである（これ以上に悪いのは、親が**物**の安全、つまり所有物の安全を心配して子どもを過度に統制することである）。これは直ちに親と子どもとの関係とともに、子どもの自信にも悪影響を与える。

子どもを甘やかすことへの不安

　早くからトイレットトレーニングをしようとする親がいるのは、おしめを替えるのにうんざりしたからというだけではない。同様に、未就学の子に字を学ばせようとドリル練習をさせるのは、子どもに書かれた文字のすばらしさを教えたいという願いによるだけではない。私は親が幼児によちよち歩きをさせようとし、這うことを叱り、もう階段を歩いて上がれるよと強く言うのを見てきた。幼い手にフォークを持たせ、「大きな子のように食べなさい」と命令しているのを見たこともある。

　早ければ早いほど良いという考えは、遅くなることへの不安によるであろうが、この不安は、子どもは「甘やかして」はいけないという信念を反映している。もう乳離れの時期だ、トイレットトレーニングの時期だ、歩き、話し、自分でより多くのことができるようにさせる時期だ。親は、子どもが幼すぎると思われるような行動を取ると不安に思う。でもそれはどうしてだろうか。私の友人の1人は長い目で見て、「子どもが中学生になっても、まだハイハイをしていたり、紙パンツを穿いたりすると本当に思うかい？　どう

して急かすのだろうか？」と言っていた（中学生と言えば、思春期を迎えた子どもの親が、最後に**その**子をより早く育つように急かすのはいつだろうか。化粧をしたり、仲間だけのパーティーに参加したり、性的な行動が積極的になったり、運転免許を取ったりすることを急かすことはしないだろう）。

　ゆっくり育てることを積極的に受け入れることが最もよくできるのは、発達上の障害を持った子の親であろう。そのような親は最悪の不安に立ち向かい、それを切り抜けていく。しかし、そのような子どもの親だけではなく、すべての子どもの親が、焦ることなく子どもに自らのペースで進むことを認めることが重要である。4歳の子どもを抱っこするのが大変骨の折れることであるという事実と、その年の子どもはもう抱っこ**してはいけない**のではないかと思って抱っこをしないという判断とは全く別のことである。より一般的に言えば、子どもは何であれ独力でできることであれば、常に自分でしなければならないと考えるべきではないのである。

　最近、私の9歳の娘は、娘の年齢よりもっと下の子どもを対象にしたテレビ番組を楽しんでいる。私は最初心配になった。しかし最後には私はいくつかのことに気づいた。第一には、日中娘は十分過ぎるほどの知的刺激を受けており、家では気楽な娯楽を楽しむ権利があるということである（大人がくだらないコメディー番組や手軽な推理小説を楽しんでもよいのであれば、小学校4年生が小さい子ども向けの番組を見てもいいだろう）。第二には、娘と一緒にその番組を見ていたときに、娘は自分なりに高度な方法で、話の展開を予測したり、矛盾点を批判したり、登場人物の行動についての別の可能性を考えたり、様々な効果を生み出す技術的な工夫を理解しようとしたりしていた。[24] 第三に、そしてこれが最も重要であるが、「レベルの低い」テレビ番組を見る（あるいは本を読む）ことで、娘がばかになることはない。本当の危険はもっと早く成長するようにと急かすことにあるのだ。

　甘やかすことへの不安は、自分の子どもが取り残されるのではないかという不安と密接に関わっている。この事実によって、「生後2日目の赤ちゃんが知っておくべきこと」といったような、有害で不安をかき立てる本が広く受け入れられている理由が分かる。部屋の中にいる他の子どもを見て、誰が

何をできているかを知ろうとする親を目にするたびに、私は、デザートが出されるとすぐに、相手の方が大きくないことを確認しようとして横目で見る兄弟の姿を思い浮かべる。比較することへの衝動は、他の子どもが自分自身の子どもよりも進んでいるのではないかという不安に基づくが、この不安は競争に熱中する私たちの社会の独特のものとして生み出される。子ども時代が競争であるかのように振る舞う人は間違いなく、自分の子どもに多くの非生産的な圧力をかける。

自由放任主義への不安

　自分の子どもが友だちより劣っていることへの不安が、成功をねらっての不健全な圧力を与えることと結びついているのと全く同様に、自由放任主義への不安は、不健全な過剰統制をもたらすことがある。すでに見たように、現在の文化で最も深刻な問題の原因となっているのは、自由放任主義それ自体ではなく、自由放任主義への不安である。この不安はしつけの本によってかき立てられることが多い。例えばトマス・ゴードンはかつて次のように指摘した。「第一に、しつけの本は自由放任主義を悪の元凶であると誤って捉えている。そしてそれを打ち負かすために親ができる唯一のことは、強力な親の権威を行使することであると思い込ませるように脅かすのである。つまり、厳しくして、きまりを定め、それを積極的に適用し、限界を決め、体罰を行い、服従を要求することである」。[25]

　子育てについての考え方や不安と、実際の子育ての仕方が実際に結びついていることには確証がある。例えば、愛情を与えすぎることで赤ちゃんが甘やかされてしまうと考える母親は、あまり子どもにとって支持的でない状況を実際に作る傾向にある。[26] しかしより年長の子どもについても、それ以外の方法はすべて自由放任的になると恐れて、独裁的な命令を強要したり、条件つきでしか受容しなかったりする親による害悪がどのくらい大きいかを正確に知ることはほとんどできない。このような不安から親を解き放つことが、子どもを愛する親になることへの重要なステップである。親にはその力は備

わっているのである。

　私の経験では、本当に立派な親を際立たせるのは、自分が〔子どもに〕していることと、〔子どものときに〕自分がされたこととの関係についての難しい問いを正面から受け止めることである。子どもとの対立に対処するためにより良い方法があるのではないかと指摘されたとき、そのような親は、「自分の親がそのようにしてきて、今の自分はそれでまともに育った」と言い訳めいた答えをしたい誘惑に打ち勝つ。子育ての技量を高めようとするならば、自らの親のしたことの何が正しく、その方法をどのような方向でより良くしていくことができるかを知るために、心を開いて不愉快なものも見ることが必要である。もちろん幸福なことに親から尊重されて育ってきた人は、自分の子どもにも同様のことをしてよい。そうでない人は、自分が育てられたようにでは**なく**、このように育てられたかったと思うような方法で子どもを育てるよう決意すべきである。

　ここまで、報復と宗教、競争と服従などに関する考え方を取り上げてきたが、私の意図はそれらの考えに反駁することではなく、それらに光を当てることで、自分の子育ての方法に影響を与えているかどうかを振り返ることにある。そして私の目的は、非常に個人的な事柄に関しては、より限定的にならざるを得ない。読者は他の本の著者からの助言も読んだことがあるであろうが、本を読むだけで意味のある変容を遂げることはほとんど期待できない。洞察が変化に向かう第一歩であるというフロイトの考えが正しいことを願うばかりである。頭だけではなく感性のレベルでも本当に理解したとしても、自分の子どもに違った方法で接することができるためには不十分であるかもしれない。しかしおそらくそれが必要なのだ。

　結論としては次のようになる。以下の問いに答える用意がない限り、親が子どもに示す長期的目標を実現することは難しい。つまり**「自分がたった今子どもにしたことは、子どもにとっての最大の利益のためではなく、自分の欲求、自分の不安、そして自分の生育歴に関係しているのではないか」**。この問いに対する答えとして、断固として「いいえ」と言える人もいるかもし

れない。そうではなくても今後、「はい」よりも「いいえ」が多くなればよい。しかし親はこれを自ら進んで問い続けなければならない。自分の行動の原因となり得るもの —— もちろんそれは本章で挙げたものに限らないが —— を自覚することができるならば、私たちはより良い親になるための具体的な考え方へと進んでいけるのである。

【原註】

1) 例えば、世論調査会社であるパブリック・アジェンダ社が1997年と1999年に実施した「今日の子ども」という調査を参照（1999年の報告の詳細については www.publicagenda.org/specials/kids/kids.htm）。1997年の報告の新聞の要約は、ニューヨーク・タイムズ（1997年6月26日付）に掲載された。

2) Grubb and Lazerson, pp.56, 85.

3) これらの統計数値は各々、コロンビア大学子ども貧困研究所とアーバン・インスティテュートに拠る。

4) Clayton

5) 例えば、子どもの宿題の大部分を子どもに代わってしてしまう親は、批判者の格好の標的となる。しかしより重要な問題は、その宿題のどれくらいが、誰かにとってする価値を持っているかである。親が子どもの状況を良くするために関与しすぎていたり、神経を使いすぎたりしているかどうかにだけ議論を限定するならば、それ以上に害をもたらしている、伝統的な教育方法に疑問を持てなくなる（Kohn 1999bを参照）。親子を取り巻く社会的構造は無批判に受け入れられ、批判はもっぱら個人に向けられる。同様に、子どもが友だちからいじめられているときに、親がどの程度口を出すのがよいかについて悩む度に、このようないじめを知らず知らずのうちに促す（あるいは、少なくとも止めることができない）ような学校の性格について考えることができなくなっている。

6) Dix et al. 引用文は pp.1387 と 1374。

7) 多文化での証拠：Peterson et al. 服従としつけの関係：Luster et al.; Gerris et al.

8) Holt, p.21Holt. は続ける。今日では復讐は「懲罰という、より威厳のある名で行われているが、これは文字通りには"返済"を意味する。罪を犯した人に与えられる苦しみが、どのくらい犯罪を償うものになるのかは、それを被害者と社会に与えられる報復による満足感という視点から見るのでなければ、まったく明らかではない。しかしそれは正義なのだろうか？」

9) Greven, p.65.

10) 例えば、あるキリスト教の牧師は、18か月の息子が、駐車場で自分と手を

つなぐのを嫌がって、親の権威に「反抗的に挑戦してきた」ことを述べている。この後「繰り返しその子を叩いて（叩く合間には言い聞かせとたっぷりの愛情表現をしたが）、子どもに、お父さんがいつも勝ち、しかも完全に勝つことを悟らせた」。このような方法が「愛のある矯正」とされているのである（Larry Tomczak の本は Greven, p.69 に引用されている）。

11)　例えば、レビ記 26 章：申命記 28 章：箴言 1 章：ローマ人への手紙 1 章を参照。

12)　Gordon 1989, p.xxvi に引用。

13)　これらの用語が、調査の指標としてどのように定義・解釈されるかによって判断は大きく異なる。例えば、子どもが悪いことをしたときに、対応するのが面倒であると思う親と、注意を払い良く考えて口出しを最小限にする親との区別はすべきであろう。いずれにしても、ある研究では、子どもが罰を与えられた程度が、その子が 8 年後にどのくらい攻撃的で反社会的になるかを、非常に正確に予測する。しかし無視はそうではない（Cohen et al.）。

14)　Baumrind は、家族関係の互恵的モデルを強く支持しており、無条件の愛情は子どもを「利己的で過度な要求をする存在」にすると考えていることはすでに見た（本書 p.18 原註 3 を参照）。Baumrind はまた、家族の「構造」には、外的動機づけと、自らが強く支持する「条件つきの強化」が必要であると見なす。さらに体罰に賛成し、罰への批判を「非現実的」であると退け、子どもに服従を強制するのに力を用いない親を「決断力がない」と述べる（Baumrind 1996）。

　残念なことに、Bumrind が「権威ある」子育てが最も効果的であることを示すために引用している論文は、その主張を支えるものではない。その独自の発見は、温かさと「断固とした統制」（あるいは「強制」）とを結びつけることが最適であることを証明したものと解釈されている。しかしそのデータを詳細に調べた別の研究者（Lewis 1981）は、「権威ある」子育てがもたらす子どもへの肯定的結果は、断固とした統制とは実際には全く関係していないことを見出した。温かく、統制的でない親を持つ子どもは、温かく統制的である親の子どもと同様に、良好な状態にあった。Lewis が示唆するのは、

おそらく、Baumrind（と多くの研究者）が、構造や予測可能性を生み出すために必要であると考えた伝統的な意味での統制が、実際には必要ないということである。

　同様に Baumrind は、単に混乱しているだけの「自由放任的」な親と、意識して民主的な子育てをする親との違いを曖昧にしているようである。後者の親の子どもには何も問題はない。そのことは、他の心理学者の言葉を借りれば、「Baumrind の実際のデータは子ども中心の子育てを強く支持しているようである」（Crain, p.18）。Baumrind はそのような子育てに個人的に反対をしているため、非常にそれとは異なった印象を与えているのであるが。

　Baumrind の定式を用いたその後の研究は、この見解を支持しているようである。十代の若者を対象とした大規模な研究（Lamborn et al. 1991）は、「権威ある」子育てと言われるものの利点を確かに見出した。しかしここでは、この言葉は、親が子どもの生活を意識し、生活に関わっているものとして定義されており、親が少しでも罰を与えたり統制的であったりするものではない。別の研究（Strage and Brandt）も同様に、親が子どもに支持的であると同時に厳しくなければならないと主張するのに Baumrind を引用している。しかし子どもが幼いときに厳しく接するのは、望ましい結果には結びつかず、むしろ逆の関係があることが明らかになった。対照的に、親がどの程度子どもを援助するか、そしてまた子どもの独立をどのくらい励ますかが、同様の望ましい結果と強い正の関係がある。

15）　Grusec and Mammone, p.60.; また Hastings and Rubin を参照。Barber et al. は「心理的統制の最も強力な源は、親自身の心理的状態である」と述べている。

16）　Miller, p.41.

17）　Hastings and Grusec 1998. しかし、誰の欲求が実際に優先されているのかを判断するのが常に簡単であるとは限らない。子どものためにすべてを犠牲にすることを誇示し、自分の生活が子どもを中心となっているように見える親は、実際にはむしろ自己愛が強いのかもしれない。そこから分かるのは、そのような親は子どもに対して具体的で、確固とした期待を持ち、過度に統制的になる傾向があることである。あらゆることがまさにそうでなければなら

ない。親の計画から外れたものはあってはならない。そのような家族は過剰なまでに子ども中心であるかのように見えるが、実際には親自身の必要を満たすために子どもが利用されているにすぎない。

18) これは、子育てをするだけの能力がないという不安かもしれない。しかし自分の不完全さへのより広い不安の兆候であるかもしれない。親の失敗への不安が、愛情の撤回を行うことと関係していることを思い出して欲しい（本書 p.105 を参照。）

19) Grusec and Mammone, p.62.

20) Bugental et al., p.1298.

21) この引用文は、Kunc の発表の中でも用いられているが、www.normemma.com/hmsvouts.htm にも掲載されている。

22) 虐待をする親は自らのことを犠牲者であると見る：Bugental et al., p.1298. 実際にその後の研究（Bugental and Happaney を参照）によると、自分の悪意に満ちた動機を**幼児**の責任に帰する親もいる。親が自らを無力であると感じ、怒りを持って子どもを虐待するという悪循環につながるのである。否定的な動機を子どもに求めること：Lieberman, p.64.

23) Hastings and Grusec 1998, p.477；また Grusec et al. による Hastings の研究の要約を参照。

24) 一部の人が考えるように、テレビを見ることが本来的に精神をだめにするのではない。**何を**見るかに加えて、**どのように**見るかが大切である。これは私が "Television and Children: ReViewing the Evidence" 1998）という文章で展開した主張である。

25) Gordon 1989, p.214.

26) Luster et al., p.143 を参照。

第**7**章

無条件の子育ての
諸原則

CHAPTER 7　無条件の子育ての諸原則

　はじめにお断りをしておくのがいいだろう。これから述べることは、「良い子どもを育てる」ための段階ごとの処方箋ではない。第一に、他の親に**彼らの**子どもを育てるための、決定的で間違いのない助言をしようとするならば、私自身が完璧に近い親でなければならないだろうが、実際にはそうではない。第二には、いずれにしても私は、処方箋を与えるような方法が賢明であるとは思っていない。非常に具体的な助言（子どもが x と言ったら、あなたは y という場所に立って、z の口調で以下の文を話しなさい……」）は親と子どもの双方にとって失礼である。子育ては、ホームシアターを組み立てたり、キャセロールを調理したりするような、専門家の指示に忠実に従うだけでよいものではない。すべての家庭に当てはまる一律の方法は存在せず、無数の状況に対応できる方法もない。実際に、そのような方法を提供していると自称する本は、奇跡をもたらすような対策を必死になって探している父母からは熱心に探し求められているが、有益であるよりも害悪になることが多い。

　私は本章とそれ以降の章で、いくつかの緩やかな原則、つまり伝統的子育てに代わる方法をどのように作り出すかを考える方法を提示する。その原則は、専門家の研究調査、その他の思慮深い助言者の知見の集積、私自身の経験、そして他の家庭の観察に基づく。読者は各々の原則が理に適っていると思われるかどうか、もしそうであれば、自分自身の子育てにどのように適用できるかを判断してほしい。率直に言って、私がここで示す助言は、他の多くの本で述べられるものよりも、困難ではあるがやりがいがある。子どもが無条件に愛されていると感じるようにすることは、単に子どもを愛すること以上に困難である。子どもの様々な面を考えて対応することは、子どもの外面的な行動だけを見ること以上に難しい。子どもと一緒に問題解決をし、正しいことをしなければならない道理を示す（もちろん子どもが自分自身の道理を考え出すのを助ける）ことは、飴とムチで子どもを統制する以上に難し

い。「ともにする」ことは「一方的にする」よりも、親に多くのことを求めるのである。

　奇妙なことに、「ともにする」考えは〔「一方的にする」考えよりも〕ずっと厳しい基準で評価されることが多い。ある研究者は、幼い子どもが止めるように言われた後でも、良くないことをすることが普通であって、そのために親は、子どもに言い聞かせることには効果がないとの結論を得ると観察している。しかし同時に、体罰を含む罰も、普通あまり効果的ではないとも指摘している。実際、ある研究で対象となった幼児の中の半分が、親が最初にどのような対応をしたかには関係なく、2時間以内に再び悪いことをし、その日が終わるまでには5分の4がそうしている。「言い聞かせる場合と違っているのは……、体罰に効果がないときでも、親はその有効性を疑わないことである」[1] (それどころか、このような場合には、子どもには**より多くの伝統的しつけ**が必要であると見なされるのが通例である)

　私自身のものであれ、他の誰かのものであれ、効果的であることが保証されているような特別な対処法はない。しかし子どもに親の意思を強要しようとすることは、反抗心を伴った一時的な服従以上のものを生み出すには効果的で**ない**ことは確かである（実際には第3章で見たように、そのような服従さえ生み出さないことが多い）。ここで私が述べるものは、成功する確率がずっと高く、子どもの健全な発達や子どもと親の関係に与える危険性が大変低いものである。

　しかしながら、伝統的な方法から別のものへの移行は、目標の移行が伴わなければならない。とりわけ親が主に問うべきは「どのようにして子どもに言うことを聞かせようか？」ではなく「**子どもは何を求めており、私はその求めにどのようにしたら応えられるのか？**」であるべきである。私の経験では、親にとってどちらの問いをより大切にしているかを知ることだけで、家庭内で起こることの大部分を予測することが可能である。必ずしもその親が導き出す答えを知る必要はない。つまり、（前者の場合は）子どもを従わせるのにどのような方策を取るのか、（後者の場合は）子どもが何を必要としていると考えるのかである。大切なのは〔答えの内容ではなく〕問いであ

る。

　子どもの欲求を第一に考え、その欲求が満たされるように子どもと協力するためには、**子どものことを真剣に考える**姿勢を持たなければならない。子どもを、その感情・望み・問いかけが尊重されなければならない人間として扱うことである。子どもの望みはいつも受け入れられる訳ではないが、必ず考慮に価するものと考え、頭から無視してはならない。そして子どもを、独自の視点、（親とは全く異なる）非常に現実的な不安と懸念、（単に「かわいい」だけではなく）独自の論理を備えた人格として見ることが重要である。

　私がある種のしつけの専門家と、彼らが提示する無神経な助言を恐れを持って見るのは、彼らは子どもを尊重しておらず、場合によっては子どものことが**好き**でさえないかもしれないからである。私は他の親を見るときも、これと同じ基準を当てはめる。私は他の親が私と同じ選択をしたり、同じ方策を取ったりするかどうかではなく、行動や言葉の内容、その言い方により、子どもを真剣に考えていることが明らかになっているかどうかに、より関心がある。

　次章以下の3つの章で、そのようにするための提案を、3つの具体的な側面から行う。つまり、無条件の愛情を示すこと、子どもに自分で決定する機会をより多く与えること、そして子どもの視点から物事がどのように見えるのかを想像することである。その前に本章では、13の主導的指針を提案したい。各々の項目が示す実際的な意味は、その簡潔な表現が示唆する以上に、親にとって意外なものであり、同時に困難な課題となるであろう。

　それは以下の通りである。

1　反省的であれ
2　要求を再考せよ
3　長期的な目標に注目せよ
4　関係を第一に考えよ
5　行動だけではなく、見方を変えよ
6　尊重せよ
7　取り繕うな

8　話すより、尋ねよ

9　子どもの年齢を考えよ

10　子どもに対して、事実と一致する最も良い動機を想定せよ

11　不必要にダメと言うな

12　厳格であるな

13　子どもを急かすな

1　反省的であれ

　私の妻はいらいらしているときに、多くの親が直面する矛盾を的確に指摘したことがある。妻は「子どもに自分の言うことを聞かせるときに、私自身が嫌なことをしないようにするには、どうしたらいいのか分からない」と言ったのである。この問題の簡単な解決法はないが、親が決してしてはいけない対応が1つある。それは親がしていることをすべて正当化して、親である自分がしたいと思わないようなものはないと思うことである。確かにそうすれば矛盾はなくなる。同様に、親が決めたきまりは、その理由が明確に説明できなくても、何らかの形で子どもの最上の利益となると、自らを納得させようとする親もいる。

　最良の親は内省的で、進んで困難な時間を耐える。私は罪悪感や無能感に駆られるのがよいと言うのではない。過度に自分を批判する（あるいは非生産的な方法で批判する）人はいる。しかしほとんどの親にとっては、今日よりも明日により良い親となるために、子どもに対して行ったことを振り返るために、より多くの時間を費やすことが非常に有益なこととなる。

　自分の子育てのスタイルを選ぶ動機が何かを考えてみるとよい。親として向上できる可能性を高めるのは、自分自身に対してできるだけ正直であることである。つまり親自身の欲求や経験が、子どもに対する感じ方（自分を苛立たせるものはどのようなことで、それはなぜか、といったこと）にどう影響を与えているかをより良く理解することである。例えば子どものある性格に過剰反応をして怒る親は、その子どもの性格が、最も嫌だと思っている自

分自身の性格と同じである場合が多い。デンマークの詩人で科学者であった
ピート・ハイン（1905〜1996年）が言うように「最も許すことのできない
他人の間違いは、自分自身のものと同じ間違いである」。

　以上をまとめるならば、自分の動機について正直であれということである。自分にとって嫌な部分を見ないで、平気のままでいようとしてはならない。そして、自分でも意識しないうちに、子どもに接する方法が統制的な方向に向かっているかもしれない兆候に、常に留意すべきである。

2　要求を再考せよ

　親を強く動揺させるような可能性が1つある。それは、親が要求することに子どもが従わないとき、問題は子どもにではなく、親が要求する内容それ自体にあるのかもしれないということである。この可能性を提示している親向けの本がほとんどないのは驚くべきことである。そのような本の大多数は、親が子どもにしてほしいと考えることを議論の出発点とし、子どもを従わせる技法を提供している。ほとんどの場合、その技法は「正の強化」や「（従わなかったときの）対価」、つまり賄賂か脅迫である。ときには、子どもに対してより思慮深く、子どもを尊重する方法が示される。しかし、親が要求を再考するように促されることはまず皆無である。

　例えば最近刊行されたある本は、子どもの思いに一層敏感になり、親と子の両方にためになる話し合いの技術を身につけることが重要であると述べている。この考え方自体は有用であり、このような方法は全体的には新鮮で思いやりを感じさせるものである。しかし、子どもにベッドの用意をさせたり、野菜を食べさせたりするにはどうすればよいかと尋ねた親に対して回答するにあたって、この本の著者は、このような目標自体が問題をはらんでいる可能性を考慮したようには思えない。子どもに十分に健康的な食事を与えようとするときに、何かを食べるように強制することが必要であろうか。そして、この世の中で唯一子ども自身のものである場所が、親の基準に従って管理されなければならないだろうか。比較的進歩的な本でさえも、子どもに

親の望むことをさせるには**どうすればよいか**についてだけ述べており、そもそもそのようにさせる**べきかどうか**については触れていない。

　ある場合には、親の要求が、その年齢の子どもに期待するのに合理的ではないという問題がある（すぐ後で詳しく述べる）。しかし子どもが何かをすることができるときでも、それをすべきかどうかを考えてみる価値はある。子どもにピアノの練習をさせるにはどうすればよいかを知りたいと思う親がいる。しかしより重要な問いは、「子どもにとって生活全体が大変辛いものであるならば、どうしてピアノのレッスンをさせなければならないのか」である。それは子どものためか、それとも親のためか。結果として子どもは音楽を嫌いになってしまうことはないのか。同様のことは他の多くの事柄についても言える。

　もちろん、子どもにするように求めるものの中には、明らかに理に適っている**ものもある。とはいえ、何がそれに当てはまるかについては意見が分かれるであろう。しかし私が特に主張したい点は、子どもが言われた通りにするための方法を探す前に、何よりも、親の要求の価値と必要性を再考する時間を取ることである。

3　長期的な目標に注目せよ

　私は本書の冒頭で、長い目でみたときに子どもに何を求めるかを考え、そして子育ての方法次第では、親の長期的目標の生就を実際には妨げる可能性があることを考慮するように促した。ここではその方法についてより詳細に検討するが、親が定めた各々の目標に対して、子育ての方法が合致しているかを考えるのが適当であろう。

　例えば子どもに、(a) 倫理的で、(b) 健康的な人間関係を保つことができ、(c) 知的好奇心を持ち、(d) 基本的に自分自身に満足を感じている人になってほしいと考えているとしよう。そうすると次の課題は、これらの各々の目標が、タイムアウトのような愛情の撤回の方法を用いたり、親の望む行動を選択的に強化したり、（これとぴったり同じ表現ではないにしても）

「私があなたの親だから」と言ったりすることによって、達成されやすくなるかどうかを問うことである。実際に、親が日常的に子どもにすることはすべて、親の最終的な目標に照らして評価されるべきである。

　このような振り返りは、必ずしも体系的になされるとは限らない。より広い意味では、親は常に自分が追い求めているものを念頭におくべきである。人は日々の生活の細々としたこと、言い争いや不満に心を奪われ、大切な問題を後回しにしてしまいがちである。しかし心配することはないのであって、親がより広い目標を視野に入れておき、今、この瞬間に子どもを従わせることにだけではなく、それを超えたより意味のある事柄に集中していれば、より良い子育ての方法を用いることができ、良い結果が得られるだろう。[2] そして最低限、親は大局的な視野を持たなければならない。子どもが今日チョコレートミルクをこぼそうが、癇癪をおこそうが、宿題をするのを忘れようが問題ではない。子どもがきちんとして、責任を果たし、共感力のある人に成長するように親が助けるかどうかが重要なのである。

4　関係を第一に考えよ

　最も高い目標の 1 つとして、親が子どもと築く関係の重要性はいくら強調してもしすぎることはない。少し前に私の友人のダニーは、父親として過ごした年月から学んだことを次のように要約して話した。「正しいということは必ずしも大切なことじゃない」。実際、親が部屋に入ってきて子どもが不自然な態度を取るならば〔親子関係がうまく行っていないことを示すものであって〕、親が正しいかどうかはほとんど問題ではない。

　純粋に実際的な意味で、子どもが親に十分な安心感を抱いていて、間違ったことをした理由を説明できるときには、良くない行いにより対処しやすくなり、問題も解決しやすくなる。子どもは困ったときに親の元に来て、助言を求めるだろう。自分が親と一緒に時間を過ごすかどうかを選べるときには、親とより長く一緒に**過ごしたい**と思うであろう。さらに、子どもが親を信頼できると分かっているときは、親が、これは本当に大切なのだよと子ど

もに伝えたら、子どもは親の言う通りにするだろう。

　もちろん、安定的で愛情に満ちた関係は、もっぱらそれがある目的のために有用であるという理由だけで正しいとされるものではない。それ自体が目的なのである。だからこそ、赤ちゃんを一晩通して眠らせようとしたり、幼児におまるを使えるようにさせようとしたり、子どもにマナーを守らせようとしたりすることで、この親子関係を悪化させるだけの価値があるかどうかを考えるべきである。正しいことをするために、親が毅然とした態度を取り、その結果子どもが親に対して不満を感じることが必要な場面もあるだろう。しかし、統制的な方法に頼る前に、子どもに不満を感じさせる前に、そして何より親の愛情に条件をつけると見なされることをする前に、それによって親子関係を悪化させる危険を冒す価値があることを必ず確かめるべきである。[3]

5　行動だけではなく、見方を変えよ

　無条件に子どもを愛する親がそうでない親と違うのは、罰を与えるといった外面的な行動だけではない。状況の**見方**も違うのである。子どもが何か不適切なことをしたときに、条件つきで愛する親は、それをきまりに対する違反とみなし、違反には当然ながらその「代償」が伴うと考える。しかし無条件で愛する親は同じ行為を、ともに解決すべき問題、そして子どもを苦しませるのではなく教える好機であるとみなす。ここでもまた、単に「一方的にする」ことに対して「ともにする」ことを選ぶという問題だけではなく、子どもの行いをどのように捉えるのかによって、それに対する対応が決まるという問題が出てくる。さらに、子どもの行動を「教育の機会」と見ることで、子どもを巻き込んで問題解決ができるようになり、その方が一層効果的であることが多い。

6　尊重せよ

　子どもを真剣に受け入れるという言葉で私が意図することの1つは、子どもを尊重する気持ちを持って対応することである。私の価値判断では、すべての人が尊重されるに値する。子ども自身が尊重されるならば、子どもは（親を含めた）他人を一層尊重するようになると私は確信している。子どもを愛していることが明らかな親も、常に子どもを尊重しているとは限らない。嫌みなことを言ったり冷笑的であったりする親もいる。子どもの求めを無視し、怒りの気持ちを否定し、不安を些細なものとみなす。他の大人に対しては決してしないようなやり方で子どもを妨げるが、子どもに妨げられると激怒する。そして子どもについて、ばかにするように話す。例えば、「娘は今気まぐれを起こしているだけです」「そんなことをしたら知らんぷりするだけです」。

　子どもに尊重の気持ちで接することは、以上のようなことをしないように努めることを意味するが、同時に、子どもが私たちよりも良く知っている事柄があると認めることでもある。それは単に、どの恐竜が肉食であったかを知っているだけではない。トマス・ゴードンは巧みに次のように述べた。「子どもは眠くなるときやおなかが空くときがいつなのかについては親よりもよく知っている。また友だちの性質、自分の願いや目標、様々な教師からの扱われ方についてもよく知っている。さらに、自分の身体の内部の衝動や欲求、誰を愛し誰を愛さないか、何を大切にして、何を大切にしないかについてもよく知っている」。[4] いずれにしても、親の方が成熟しているからといって、常に子どもについて、子ども自身よりも深く理解していると想定することができない場合もある。

　そのため、親が一方的に、子どもが何を経験し、何を経験していないのかを決めつけるのは、子どもを尊重していないことになる。それは例えば、子どもが弟のことが嫌いだと怒って言ったときに「どうしてそんなことを言うの？　もちろん言わないよね！」と大声で言って応えることである。このような反応は、状況を改善することができないことに加えて、条件つきの受容

と理解されるかもしれない。自分の感情は大切ではなく、そのような感情を持つのは悪いことであり、お母さんが怒ってもいいと言ってくれたことに怒るときだけ愛される、と子どもは信じるようになるだろう。

7　取り繕うな

　親が、子どもの親というよりも友だちになろうとして非難される場合がある。親と友だちの混同は、適切ではなく、子どもの利益にもならないことは認める。しかし親が友だち以上のものでなければならないとしても、子どもとともにいる人間であることを止めてはならない。親は父親や母親としての役割を強調するあまり、自らの人間らしさ（そして子どもとの人間的関わり）を見失ってはならない。

　親が子どもに、自らの生活の詳細をすべて明かすべきであると私は思わない。子どもが十分成長するまでは話さないこともあり、子どもに最後まで決して話さないこともある。しかし親が子どもと関わる中で失っている、取り繕わない真実性という次元がある。この真実性が欠けていると子どもは鋭く感じるものである。たとえ子どもが親との関わりの中で欠けているもの、あるいはどこか完全でないものが何なのかを、明確には特定はできないとしてもである。

　生身の人間は、自らの欲求、することが楽しいこと、したくないことを持っている。子どもはそのことを知らされるべきである。生身の人間はときには、動揺したり、集中できなかったり、疲れたりすることがある。どうすればいいか分からないこともある。考えなく話してしまい、後で悔やむこともある。親は実際以上に能力のあるふりをすべきではない。そして失敗したときは、それを認めるべきである。「昨夜話したことを考えてみたんだけれど、お父さんの言ったことは間違っていたと思うよ」。私が勧めたいのは、子どもに何かについて、最低月2回は謝るようにすることである。どうして月2回かは私も分からないが、ちょうど良い感じなのである（子育ての本の具体的な助言のほとんどはこれと同じように恣意的なものである。少なくと

も私はそう認める）。

　謝ることには2つの理由がある。第一には、それが強力な手本になることである。先に述べたように、子どもが悪いと思っていないのに、ごめんなさいと言うのを**強制する**ことは無意味である。子どもに謝るという考えを教えるためにより効果的な方法は、謝り方を子どもに**示す**ことである。第二には、謝ることで親は完璧な台座から引きずり下ろされ、親も間違えるものだということを子どもに伝えるのである。実際には、親が間違えたり、親に過失があったりする場面のあることを（親自身に対しても他人に対しても）認めても、そのことで面目を失ったり、親として救いがたいほど不適格であると感じたりすることはないことを子どもは知る。

　謝ることがこれほど重要である理由は、ほとんどの親がそうしない理由でもある。なんと言っても、親の台座、つまり疑問を差し挟む余地のない権威の座に立つことが、安心感を与えるのだ。ごめんなさいと言うことは、親を脆弱な存在にすることであるが、多くの親にとって簡単ではない。それは、親自身が子どものときに経験した極度の無力感が1つの原因である。

　それ以上に多くの親が恐れるのは、子どもと混じりけがなく温かい関係を結ぼうとすることが、子どもを統制する能力を損なう可能性である。条件つきの子育てのほとんどは、この2つの目的が対立したとき、結びつきよりも統制の方が優先される傾向にあるという事実に基因する。これは、親が子どもから距離を置くためのちょっとした方法にも認めることができる。例えば、子どもが代名詞の使い方を理解するようになったずっと後でも、自分のことを三人称で呼ぶ（「お母さんは行かなければなりません」）ことである。

　親が自らの限界について率直であっても、子どもに自分の思うことを正直に話しても、子どもが親を尊敬することには変わりない。さらに、親は大人としての特権と知恵を持つにもかかわらず、子どもと同様に大変苦労しながら、世の中で生き、正しいことを行い、人々の要求をバランスよく満たし、学び続けようとしている人間にすぎないことを子どもが悟ったとしても、同様である。実際に、親が子どもに本当の姿を見せるほど、子どもは親に本当の尊敬心を抱くのである。

8　話すより、尋ねよ

　子どもに指示を出す（たとえそれが良い方法であっても）よりも、子ども
の考えていることや、異議申し立てや感じていることを聞き出すことの方が
生産的である。もし子どもが悪いことを行ったとして言ってきかせても、親
の望む結果が得られないとしたら、それはさらに厳しいしつけを必要として
いるためではない。おそらくもっぱら話しているのが親だからであろう。そ
して親が自分の意見を子どもに分からせることだけを考えて、子どもの意見
を十分に聞かないからであろう。優れた親であるための条件は、言い聞かせ
るよりも聞く姿勢を持つことである。

　オンタリオ州のある父親が手紙で書いてきたのは、4歳の娘が学校からお
菓子の袋を持って帰った日のことであった。

　　　娘はお菓子を居間の床に投げ捨て、それを散らかしてしまいました。私はお
　　菓子を袋に戻してテーブルに置くよう言いました。娘は言うことを聞きませ
　　ん。最初に思ったのは、それが親としての権威への挑戦だということです。娘
　　は私に「刃向かった」のです。だとすれば罰が待っています。そうしなければ
　　今後娘は私の言うことをきかないでしょう。〔しかしそうするのではなく〕「ど
　　うしてお菓子を片付けたくないの？」と私は尋ねました。娘は「だってお菓子
　　を食べたいから」を答えました。このあと問題は解消しました。私はただ「お
　　菓子を袋に戻してからでも食べられるよ。お父さんはただ居間をきれいにして
　　おきたいんだ」と言うだけで十分でした。娘はすぐにお菓子を袋に入れ、テー
　　ブルの上に置きました。

　原則として、親が最優先すべきは、問題の根源を理解すること、そして子
どもが何を必要としているのかを知ることである。例えば、2歳や3歳の子
どもは赤ちゃんから人になるという険しい移行期に差し掛かっており、よく
癇癪を起こす。子どもは自由と独立の魅力、つまり新しいことができる力と
格闘しながら同時に、自分の意思の行使が不本意ながら制約される状況に立

ち向かおうとしているのである。子どもは与えられるよりも広い自律性、と
きには自分で処理できる以上の自律性を求める。しかし同時に子どもは親か
ら離れる（そして親と対峙する）状況を恐れる。このように動揺する状態の
子どもにとって、単に限度を定め統制を続ける親はまったく無用である。

　問題のある行動をする原因が、子どもや状況の特性にあることがある。子
どもが幼くてその理由を説明できない —— ある場合には理解すらできない
—— とき、親は子どもに起きていることを理解するのに役立つような手がか
りをかき集めなければならない。私の息子のエイサが 3 歳のとき、機嫌を悪
くし親にべったりしてくることがあったが、私たちはそれが、エイサが生ま
れてからずっと面倒を見てくれていたベビーシッターがいなくなったことに
関係しているのではないかと判断した。ベビーシッターがいなくなって悲し
んでいるだけではなく、心のどこかでお父さんやお母さんもある日突然いな
くなるのではないかと不安に感じていたのである。このようなときに、駄々
をこねるなと言っても役に立たず、子どもに不満を感じさせるだけであろう。

　子どもが**十分**成長して、どうして自分が不満であったり怒ったりしている
のかを説明できるようになったときには、問題は、子どもが不満や怒りを抱
いてもよいという安心感を持っているかどうかになる。親のすべきことは、
そのような安心感を醸成し、親の判断を差し挟まず子どもの言うことを聴
き、子どもが、自分のしたことを話しても問題にされず、感じていることを
言っても責められないと確信できるようにすることである。私がこのように
言うのは、自分が相対主義者で、人間がするすべてのことは等しく妥当で、
善悪の判断ができないと信じるからではない。むしろ私は現実主義者であっ
て、問題を解決するためにはその根源を知らなければならず、同時に人から
評価されることを恐がる人は、それを自由に語ることが少ないため、問題の
根源を理解するのに必要な情報を与えてくれないと考えるからである。その
ような理由で、この信条 ——「話すより、尋ねよ」—— は、良い親だけでは
なく、より良い配偶者、友人、上司、教師になるための有効な助言である。

　他方で、尋ねるといってもすべての形が同じように生産的なのではない。
修辞疑問は、良く考えられた相手の反応を求めることを本当に意図しておら

ず、有害ではないとしても無意味である。例えば「他人がおまえに話しているときに、どうしてその人を見られないのだ？」。それ以上に悪いのは、正解が1つしかない問いである。このような問いの目的は、子どもに自分を振り返らせることではなく、親が求めている正解を推測させることである。例えば「妹とぶつかったとき何と言えばいいか分かるかい？」。バーバラ・コロローソは自身の本の中で、同様の「たいして役にも立たない」いくつかの質問を列挙した上で、何かを尋ねる前に「それを尋ねるのはどうしてか？」を問うのがよいと述べている。自分の動機を明らかにすることで、それが尋ねる価値を持つかどうかが分かる。[5] 例えば、ある問いが有益なものになる可能性が最も高いのは、子どもがどう答えるかはっきりとは分からない場合、そして複数の答えを受け入れられる場合である。

　ときには話すことも尋ねることもしない方がいいこともある。多くの場合に、親として何か言わなければならないと感じるために、困ったことになる。そのとき一番良いのは黙っていることなのである。心理学者のアリシア・リーバーマンは、子どもがとても悲しんでいるとき、「黙ってただそばにいることが、子どもの体験を尊重することになる。（もし子どもが許せば）抱きしめたり手を握ったりすることで、言葉よりずっと良く親の気持ちを伝えることができる。このような状況で言葉を用いるのは全く適切ではない。言葉は後から掛ければよいのである」と指摘している。[6]

　当然であるが、いつ話しかけて、いつ黙っていればよいのかについての決まった秘訣はない。子どもの不幸や怒りや不適切な振る舞いに対処する際に、話しすぎることもあり、逆に話し足りないこともあり、そして大して助けとならないようなことを言う場合も多い。しかし一般的には、「話すよりも尋ねよ」という処方は有益な道しるべとなる。とりわけ親がより敏感で支持的になれるような形で行われる場合は、そうである。

9　子どもの年齢を考えよ

　本書でも他の本でもそうであるが、子育ての助言はすべて、子どもの年齢

の違いに応じて適用されるのが当然であろう。子どもに対する対処法は、成長につれて変わらなければならないからである。例えば赤ちゃんが、好ましくない物を手にとっていて、それを親に取り上げられて泣いたとき、別のゲームやおもちゃで赤ちゃんの気を紛らわせるのは良い。しかしより年長の子どもには、そのように気を紛らわせるのは効果がないばかりか、子どもを傷つけることにさえなる。それはちょうど、**あなた**が何か嫌だったことを夫に話しているのに、夫が話題を変えようとする状況と同じである。

　すでに述べたように、統制的な親は、子どもに対して非現実的な高い期待を抱きやすい。そうするのは、その期待がどれほど非現実的であるのかを理解していないことが1つの理由である。[7] 例えばそのような親は、幼児がすると言ったことができかかったことで、その子を罰する。あるいは就学前の子どもに、家族での長い夕食の間ずっと静かに座っていることを要求する。実際には、幼い子どもは、約束をしたことに伴う義務ということが理解できない。幼い子どもが自分で言った通りにしなかったことに責任を持たせるのは、乳幼児の専門家が好む用語で言えば、「発達的に不適切」なのである。同様に、子どもに長い間じっとしていることを求めることも非現実的である。体を動かしたり、声を上げたり、電池で動くおもちゃのスイッチを切り忘れたり、親から見れば些細な周囲の変化に気を取られたりすることは、子どもにとって自然なことである。親は、子どもができるレベルに合わせた期待をしなければならない。

10　子どもに対して、事実と一致する最も良い動機を想定せよ

　この一文は、教育家のネル・ノディングズ（1929年〜）[8] のものであるが、私が出会った助言の中で、最も賢明なものの1つである。これは2つの事実に基づいている。1つは、子どもがなぜそのように行動するのかについて、親は確かなことが分からないということ。もう1つは、その理由について親がどう考えるかが、自己充足予言となることである。子どもの不適切な行動の動機が、問題を起こしてやろうとか、それをした後どのように逃げようと

かといった悪意に満ちた欲求であると親が見なすならば、あるいはそのような行動を、生まれつきの問題児であることのせいにするならば、その子はまさに親が心配しているようになるだろう。子どもは親が自分の動機についてどう考えているかによって、自らの動機を理屈づけ、それに従って行動することがある。「お父さんは僕が単に悪い子で、いつも監視していなければならないと思っているんだね。いいよ。お父さんが思うとおりになってやるよ」。

　私のワークショップでは時折、参加者に子ども時代に悪いことをしたり、悪いことをして叱られたりしたことを思い出すように促すことがある。その際、できるだけその出来事についての詳細を想起するように頼むのである。つまり、大人から何を言われたか、何をされたか、そして結果としてどうなったかである。いつも私は驚くのだが、人々の記憶が非常に鮮明であり、数十年前ではなく数週間前に起きたかのようである。これによって、子どもの視点から罰がどのように感じられるのか、罰の害悪がどれほど大きく、有益なことはどれほど少ないかを確認することができる。しかし同時に驚くのは、実際には子どもが悪いことをしていないのに、教師や親がすべての事実を理解していないまま、悪いことをしたと思い込んでしまったと大変しばしば語られることである。これは覚えておくべき大切な教訓である。たとえそれが、自分たちの子どもが大きくなってある日、ワークショップで**自分たち**のことをそのように話さないことを願うだけであっても。

　子どもがあることをしたのは、その子が愚かであること、他人に害を及ぼしたいと思っていること、あるいは性格が悪いことなどが原因であるに違いないと、はっきりと口に出して言わないとしても、親がそのように考えていること自体が問題なのである。子どもの行動の原因がどこにあるのかを、言葉として表現することだけが問題なのではなく、頭の中で考えていることが重要なのである。子どもについて冷淡な言葉は決して口にはしないかもしれないが、子どもの動機についての親の思いが、親の子どもに対応する仕方に影響を与えることは間違いない。それらの考えが否定的であればあるほど、子どもを不必要に統制しようとする傾向が強くなる。

　幸いなことには親は、そのような悪循環の代わりに「好循環」を生み出す

こともできる。子どもに問題があるという明らかな証拠がなければ、今起きたことについて、善意による解釈ができるかもしれないと考えてはどうであろうか。子どもの意図的な攻撃的行為であると見えたものは、実際には偶発的だったかもしれない。盗みであるかのように見えたことは、全然そうではなかったかもしれない。子どもが良い価値観を持つようにするには、子どもが最初からそのような価値観によって動機づけられているかのように対応することが有効である。子どもは自分自身にとって最善であるものを信じ、親の期待に応えるようになる。

　子どもの行動について、できる限り良い動機があると考えることが意味を持つのは、何にもまして未熟さと関係する。いたずらはしばしば、単に器用さが足りなかったり、教えられていなかったりすること、何かを探りたいと無邪気に思うこと、ある物を手にとってそれに何かしたときにどうなるかが予測できないことによって説明される。親が子どもに「一体どうしておまえはそんなことをするのか？　頭が鈍いのか？」といった修辞疑問文を投げつけるとき、私は子どもが「僕は鈍くはない。僕は**3歳**だよ！」と答えるのを想像してしまう。同様に、何回も床に落ちたスプーンを親が拾うのに飽き飽きしていたとしても、次のことを知っておくことは大切である。つまり、1歳児が高い椅子からスプーンを落とし続けるのは、それくらいの年齢の子どもは物を落とすことを楽しむからであって、「親が決める限度を試す」ためではなく、ましてや母親に辛い思いをさせようとしているからでは絶対にないということである。子どもの行為が親に嫌な思いをさせるからといって、それが子どもの意思であるわけではない。

　そうだとすれば、それに代わる「好循環」はどのように回していけばいいのであろうか。大きな石を拾って、今にも投げようとしている5歳の男の子を考えてみよう。「近くに立っていた教師がさりげなく"石を貸して"と言い、石を男の子の頭にくっつけて、石が友だちの頭に当たるかもしれないことを伝えた。そして石を男の子に返して"注意して持っていてね"と言った」。乳幼児教育の専門家であるキャサリン・ルイスは、日本のある学校で起きたこの逸話を紹介した後で、その教師が「男の子に石を置くようにも言

わず、その子が石を投げようと行動したことにも触れていない」ことに驚いたとコメントしている。

　その代わり教師は、問題は子どもの事実判断にあったと示唆している。つまり、その子は、石が他人を傷つけるかもしれないことを十分に深くは考えていなかったということである。同時に教師の行動は、その子が自分の行動を統制できることも示唆している。結局、教師は石をその子に返すのである。反対に、もし教師が石を取り上げたり、その子を罰したりしたならば、その男の子は自分が信用されていない、あるいは自制心がないと思われていると考えたかもしれない。また石を投げないのは、そうすると罰せられるからということだけを考えて、他人を傷つける危険があるから投げないようにしようとは考えないであろう。

　ルイスは「もしその男の子が、仲間外れにされた12歳の子どもであり、本当に級友を傷つけようとしていたならば、教師が石を返したことに対して、その子はただその教師がバカであると考えたであろう」9) とは認めている。同様に、悪意を持って友だちを蹴った子どもに対して、本当は傷つけるつもりはなかったのだねと言うことは、稚拙で不誠実であろう。10) そのためノディングズの助言は、**事実と一致する限りでの**最良の動機を子どもは持っていると考えるということである。親には事実がはっきりと分からない場合も数多くあるが、親の基本的方針は、疑わしきは罰せずの原則を採用することであるべきである。

　この助言は特に幼い子どもにとって重要である。幼い子どもの表面的な問題行動は、そのほとんどが年齢によるものである（この場合は、子どもにとって肯定的に考えることがおそらく正確である）。また子どもの自己感覚はまだ形成途上である（そのため、良い方向であれ悪い方向であれ、親の考えが子どもにより多くの影響を与える）。しかしながら、年長の子どもであっても、親が最初から、「おまえはその子を怒らせるようなことをしたにちがいない」などと、子どもを責めてはならない。そうではなく、子どもに

共感をし、子どもがどうしてそのように行動したのかを理解するよう努める必要がある。

11　不必要にダメと言うな

　今日の親が十分に子どもの要求を拒否できないという見方は、自由放任主義が蔓延して、大人がきちんと統制できないために子どもが甘やかされているとする、より一般的な見解の一部である。この見方についてはすでに論じたが、毅然とした態度を取るという具体的な問題を取り上げることも意味があるだろう。

　実際にはほとんどの親は常に子どもにダメと言い続けている。いくつかの実態調査では、特に幼い子どもは文字通り数分に一度は、自分のしたいことをするのを止められたり、したくないことをさせられたりする[11]（もしそれが信じられないと思うなら、丸一日、自分の家で起きることを記録してみるといい）。もちろん責任感のある親は、そのような干渉を全くしないわけにはいかない。しかし過剰に子どもに口出ししているかどうかを自問してみる価値はある。

　例えば子どもの安全が脅かされる場合は、どれほど子どもの不満を引き起こそうとも、親は干渉しなければならない。しかしそのような場合でも、状況がいつもはっきりしているとは限らない。子どもの年齢を考慮に入れよという原則とも関わるが、子どもは成長するにつれて、危険を予期し避けることに長けるようになることを知っておくことが重要である（もちろん、子どもが必要な支援を与えられ、信頼と尊重の気持ちを持って対応されるなら、そのような力を一層つけやすくなるだろう）。このことから、親が設ける多くの制限は、次第に不必要になり、逆に子どもを縛るものとなることが分かる。そして次には当然ながら、口出しをしなければならないと感じたときに、**どのようにして**そうするかという問題が出てくる。優しくか、それとも乱暴に？　共感的に、それとも軽蔑するようにか？　説明をするか、それともしないか？

　子どもが幼いときでも、したがることが本当に危険かどうかについては議論の余地があることが多い。時として親は、他の理由でダメというのを正当化するために、安全を持ち出すこともある。実際には極めて安全であることを子どもにさせなかったり、普段の生活から外れたことを子どもがしたいと言うときに、反射的にそれはダメと言ったりするかもしれない。親は単に自分自身にとって面倒であるというだけで、子どもがあることをするのを許さないことがある。例えば幼稚園に行っている子どもが、大きな工作をしたいと言うとき、その子が片付けられないほどの混乱状態に陥ることは目に見える。その場合ダメと言ってもよいであろうか。また6歳の子どもが、自分と親が動物になる「ごっこ遊び」をもっとやりたいと言う。親はその時に急ぎの用事はないが、そのような遊びには飽き飽きしていて、どちらかと言えば自分一人でくつろぎたいと思っている。この場合はどうであろうか。あるいは、10歳の子どもがテレビを見ながら、親にお菓子を持ってきてと頼む。親としては、これを正当な要求であると考えて、互いに良いことをしなければならないという1つの見本として、お菓子を持っていくか、それとも自分で取りなさいと言うべきか。またついでながら、子どもがベッドにではなく床に寝るのを許すべきか。夕食時に椅子に後ろ向きに座るのはどうか。

　これらは子どもの必要を満たすという問題ではない。これらは子どもがしたいと思うことであり、前もって親の正しい対応を決めておくことはできない。それでも、私が提案したいのは、可能である場合には常に子どものしたいことを認めることである。これが原則的対応方針であるべきで、子どもがしたいと言うことを認め**なかったり**、干渉したり、させなかったりするには、十分な理由が必要である。もちろん、十分な理由とは何かという疑問が出てくるが、このように考えるのが、問題の構図を定めるために理に適ったやり方である。特に、親が子どものほとんどの要求を拒否することが通例であるときにはそうである（単に認めるか、そうでなければ拒否するかの二者択一ではなく、ともに解決を探り合う方法については後に詳しく述べる）。

　子どもにあまりにもしばしば、もしくは不必要にはダメと言わないよう留意すべきであるからといって、**親自身**の都合や望みがどうでもよいというこ

とではない。それは大切である。しかしそのことで、子どもに理由なく制約を加えたり、物事に挑戦しようとするのを禁じたりするようになってはならない。そのように考えてみれば、子育ての全プロセスは本当に不自由なものである。特にそれをきちんとしようとするときはそうである。自分の自由時間を少しでも手放したくないのであれば、あるいは家を静かできれいな状態にしておきたいのであれば、子どもを持つ代わりに熱帯魚を飼うことを考えた方が良いだろう。

　子どもを一定の欠乏状態に置くことが、それ自体として望ましいと主張する親もいる。つまり「子どもは欲求不満に慣れなければならない。人生では自分の望むことが全部できるわけではないと学ぶのがよい」ということである。これは、そのような親が子どもの要求を拒否することを合理化する1つの言い方であるように見えることがある。親の都合ではなく、他の理由を述べた方がもっともらしいからである。しかし、この主張を真に受ける人は、親が可能な限り「いいよ」と言っている家庭の中でさえ、子どもがどれほど多く欲求不満を感じているかを観察してみるとよい。制約に対処することを学び、自分の望むことがすべて手に入るわけではないという現実に立ち向かう機会は、十分すぎるほどある。「いいよ」と言えるのにダメと言って、そのような機会を増やすような親を、子どもは必要としてはいない。さらに、「現実世界」の様々な困難に対処するよう子どもに最も良く準備させるのは、成功と喜びを経験することである。幼いときにわざと不幸な体験をさせられたからといって、将来の不幸により適切に対処できるようにはならない。

　子どもに自分の能力を感じさせ、自分の世界を探究することを楽しませ、（たとえ期待通りに進まなくても）新しい可能性に挑戦させたりしたいと思うことに加えて、親が子どもの求めを拒否するのを制限すべき、実際上の理由がある。それは、際限なく禁止を強制し続けることは非常に難しいということである。これは1つの矛盾を生み出す。一方で、親は一歩退いて、子どもに最終的には思い通りさせるようにしなければならないと感じるかもしれない。その結果、いざ制限を設けなければならないときに、子どもからきちんと受け止められないようになる。他方で、親が自分の考えを見直すのを拒

んで、子どもの求めを受け入れなければ、その結果として、子どもとの対立状態で多くの時間を過ごすことになるかもしれないが、それは皆にとって非常に不快な体験となる。私の助言は、「闘う価値があるときだけ闘え」である。

　もちろん、親が「いいよ」とか「ダメ」という回数だけが問題ではない。ある状況では、どちらも賢明でないことがある。子どもがするほとんどの要求を拒否することが習慣になってしまうのと全く同様に、すべての望みに屈してしまうことになるのも簡単である。「分かった。ずっとお菓子を食べ続けていいよ」というように。12) 時として親の怠惰から黙認することもある。子どもが欲しいものを与える方がずっと簡単であり、それは特に、際限ないように見える子どもの要求への対応について、無力感を抱き、混乱し、いらだちを感じているときにそうである。

　最も重要なのは、親の決定の理由である。そしてまたどの程度の指導を与え、子どもの決定を支持し、子どもと寄り添おうとするかも大切である。これらは、単にイエス**あるいは**ノーと答えるよりも、ずっと困難なものである。これは注意深い子育てとでも呼べるものであって、その反対は機械的な子育てである。注意深い子育てをするには、十分に子どもを見守り、忍耐心を蓄えておくことが必要である。場合によっては、親自身の育てられ方に疑問を持つことが求められる。

　親は、とりわけ負担が重すぎると感じているときは、手に余るすべての子どもからの要求に注意深く対応できず、さらに対応ができることについても、その帰結を十分に考えることもできないことは明らかである。しかし一度にそれができないとしても、できる限りそのようにするように努力はすべきである。まとめると以下のようになる。どうしても必要があるのでなければ、ダメと言ってはいけない。そして自分が子どもに言うことすべてについて、その理由を考えるべきである。

12　厳格であるな

　（ラルフ・ウォルド・エマーソンの言葉をもじると）愚かな一貫性は、効果のない子育ての特質である。[*1]特別な場合には規則は適用しない。たまには寝る時間を忘れる。ある状況では、居間で食べてもいいことにする。子どもには、本当はそのようなことは例外であり、いつもできるわけではないことをはっきりさせる。しかし前例を作ることを心配して、柔軟で臨機応変であることを止めてはいけない。

　問題行動にどう対応するかについても、これと同様のことを考えるべきである。ある行動は、文脈の中で、つまり具体的な状況や原因の結果として、理解されなければならない。子どもが一日学校を休んだり、**親自身**が今夕は子どもを許す気持ちにあまりなれなかったりしても、大目に見るべきである。それ以上に、心に留めておくべきなのは、融通が利かないことにもっとも不満を持ち、弁護士のように必死になって情状酌量の余地を言い立てるのは、罰を用いる親の子どもであるということである。反対に注目すべきことは、何かあったときに、それを罰するべき逸脱行為ではなく、ともに解決すべき問題であると親が見なすならば、子どもは皆ストレスが少なくなり、自分を守ろうともしなくなることである。また一律の判断の基準を定める（「これがあれば、あれという報いが必ずある」）ことにあまり固執しなくなるのである。罰を与えないことで、親は子ども一人一人に異なった対応をしても、ひいきであるという怒りが込められた文句を言われなくてすむようになる。兄弟姉妹を画一的に扱うことが、必ずしも公平な対応ではなく、どの罰が与えられるのかということに誰も意識を集中させていないとき、柔軟に応じることが大変簡単になる。

　一般的に子どもは、生活の中で一定の予測可能性があるときによりよく振る舞える、という多くの観察者の意見に私も同意する。しかしこれは行きす

[*1]　元の表現は「愚かな一貫性は狭量な精神が化けたもの（Foolish consistency is the hobgoblin of little minds）」（"Self-Reliance" 1841 年）

ぎることが多い。より正確には、子どもは予測可能性以上のものへの欲求も持っているという事実を見過ごしやすいのである。子どもが過度に統制されたり、尊重の気持ちなく扱われたり、条件つきでしか愛されなかったりする家族のように、不快であることが予測できる環境にあれば、その予測可能性に価値はない。問題なのは、単に子どもが何を予期すべきか分かっているかどうかだけではなく、子どもが予期するようになるものが意味を持つかどうかである。

　最後に、状況や子どもによる違いに加えて、両親の間の違いという問題がある。母親と父親でスナック菓子や夜更かしへの許容度が違うとき、子どもは素早くどちらに頼むかを決め、さらにはどのようにして互いに競わせるかを思いつく。しかしここでもまた、育児本で一般的に求められているような父母間の一貫性は、行きすぎたものになったり、間違って適用されたりすることがある。これは「統一戦線の維持」と呼べるであろう。しかしアリス・ミラーが指摘したように、子どもには、2人の巨人が一緒になって自分に対峙しているように感じられる。[13] さらに、子どもが親も意見が一致しないことがあるのを知ることは健全であって、親も人間であることを示すのに役に立つ。またそのことで親は子どもに対して、人が意見の違いを互いに尊重し合いながら解決する方法、あるいは場合によっては、ただ不一致を認め合うようになる方法を示すことができる。両親が子どもの前ではすべての点について同一の立場を取るべきだと思っているならば、それ自体が本来的に不誠実であることはもちろんであるが、このような重要な人生の教訓は学べないであろう。

13　子どもを急かすな

　私は以前は、この助言を幼い子どもを持つ親に対して、ほとんど冗談として話していた。多くの時間を持てることが望ましいとしても、いつも予定を管理できるわけではないのは明らかである。しかし、この時間管理の問題に加えて、〔時間を作るために〕できるだけ多くのことを、できるだけ多くの

場面ですることで、子どもへの強制に頼らなければならないと感じるような状況を避けることが重要であると、真剣に考えるようになった。親は、公共の場にいるときや、時間が足りなくなる場合に、子どもを一層統制するようになる。公共の場で時間がない場合は非常に難しいことになる。

　くつろげる時間があれば、（もしいれば配偶者も一緒に）座って、子どもを急かす可能性を減らすために、どこで自らの予定を変えることができるかを考えてみてほしい。例えば15分早く起きてみたら？　土曜日に八百屋に行ったら？　入浴の時間を変えたら？　急かさなければならない状況を避けるのは思ったより簡単であることが多い。その目的は、子どもが急かされているとは感じず、子どもであることを楽しめるようにすることである。

　他の利点もある。予定を再調整することで、挑戦的であったり反抗的な態度を取っている子どもに対して、脅し文句を浴びせたり、親の意思を押しつけたりするのではなく、じっと待つことができるようになる。子どもがしなければならないと親が決めたことを子どもがしようとしなければ、次のように言える。「ごめんね。でもコートを着なくちゃいけないよ。外はとても寒いし、しばらくは歩くからね。でも少し待ちたいのだったら、それでいいよ。用意ができたら言ってね」（私自身、最後の一文は非常によく言っている）。親が一歩退いて子どもに少し時間を与えれば、子どもは理解するのが通例である。しかし理解しておくべきは、親が子どもに従うべき場面を選ぶのを許したとしても、親の意思を子どもに押しつけていることには変わらず、そのためこの手法を常に使うべきではないということである。本章の第二の原則〔要求を再考せよ〕と考え合わせて、子どもに従うのを求めるのは、その要求が本当に妥協の余地のないものであるのかどうか、そしてそれはどうしてなのかを真剣に検討した後であるべきである。

　親が少し急いでいるような場合でも、数分を惜しんで、何時間も無駄にしてしまわないことが大切である。幼い子どもを急かすのは無駄骨である。そのため、最初に少し時間を費やして、その後のもっと長い時間を確保することが有効であることが多い。私の2歳の息子は、ある日の午後スーパーに行く途中で眠ってしまった。もし私がショッピングカートに息子をドスンと入

れ通路を走ったら、息子は惨めな思いをしたであろう（そして子どもの惨め
さは周りに伝染するものだ）。実際には私は息子をそっと起こし、そしてあ
まり時間がなかったのであるが、数分間スーパーの中で息子と静かに座り、
息子が興味を持つと分かっていたものを指し示していた。それはだんだんと
息子を目覚めさせようとするためであった。その結果私はかなり早く、そし
て面倒なこともなく、買い物をどうにか終えることができた。

　以上の議論全体の基調として、より一般的な論点が存在している。それ
は、子どもの行動を変えようとするよりも、環境を変える方が理に適ってい
ることが多いということである。時間について言えることは、空間について
も当てはまる。幼児が庭から出ないようにするために門に鍵を掛けること
は、恐怖心や言い聞かせに頼って、道に迷い出ないようにさせる以上に、は
るかに有効である。一般的には、問題を回避するために、親のできることを
せよということである。子どもが（例えば、レストランで）じっと座ってい
られないと予想するならば、本やおもちゃなどの気晴らしになるものを持参
するのがよく、行儀良くする責任を子どもに負わせるべきではない。

　最後に、「急いではいけない」には別の意味もあることをどうしても指摘
しておきたい。この言葉は、ゆっくりとして子どもとの時間を味わうことの
大切さを確認するものとしても理解できる。私たちの最初の子どもが生まれ
たとき、「子どもはすぐに大きくなるよ」と言っていた隣の人に、うんちの
ついたおむつを投げつけたい衝動に駆られた。「そんなわけはない！」と私
たちは言った。

　でもその人の言葉は正しかった。

【原註】

1) 統計数値は Straus 2004 から。Robert Larzelere らによる 1996 年の研究を引用している。引用文は、Straus 2001, p.210 から。

2) 例えば、ある調査で母親が、4 歳の子どもにあまり面白くない作業（プラスティックのフォークとスプーンを分ける）をさせるようにと言われた。同じ部屋にはおもちゃがあって、子どもはそれに気を取られていた。母親の半数は、子どもが自分たちだけになったときにその作業を続けていられるかどうかを確認するために、ある時点で部屋から出るように伝えられるだろうと言われていた。そう言われたグループの母親は、子どもがより長い時間にわたって、親がいないところで、言われた通りにさせることを目的として、（今、ここでのことだけに関心を集中させている）他の母親に比べて、子どもに説き聞かせ、様々な方法で説明をし、より寛容な子どもとの関係を持っていた。そしてそのような母親の行動に効果があったのである。母親がまだ部屋にいるときの結果から見ても、母親が、長い時間にわたる目標を念頭に置いて考えた様々な種類の戦略を用いるならば、より多くの子どもが課題に取り組み続けたのであった（Kuczynski 1984）。

3) ある研究者グループは次のように述べている。親が最も優先すべきことは、子どもとの間の問題に対する「状況特定的な解決策」を探すことではなく、子どもとの関係についての自らの考え方や感じ方について、より深い洞察を得ることである（Gerris et al., p.845）。次の段階は、言うまでもなく、その洞察を用いて、親子関係を維持し強化しようとすることである。これが優先的に行うべきことであって、子どもに言うことを聞かせようとすることはその次になってもよい。

4) Gordon 1975, p.228.

5) Coloroso, pp.62-63.

6) Lieberman, p.49.

7) ここで私が焦点を当てているのは、子どもの年齢を考えないことだけによる非現実的な期待である。しかし多くの子どもは、親の求めることすべてに対応する能力を制約するような、特別な必要性や限界を持っている。そのよう

な場合に親の要求を押しつけることは、年齢の場合と同じように的外れであるばかりか、残酷でさえもある。伝統的なしつけの方法が特に非生産的となる子どもの直面する問題に関する優れた分析については、Greene を参照。

8) 例えば、Noddings, p.25 を参照。Noddings は、この考えは哲学者の Martin Buber の「確証」という概念から得られたものであると指摘している。

9) Lewis 1995, pp.132-33.

10) しかし、Marilyn Watson が指摘するように、そのような場合でさえも、その子は実際に与えた損害よりも軽いものを意図していたのかもしれない。Watson はまた、無実の推定に根拠がない場合であっても、そのように推定することで、親が抱いている肯定的イメージに応えようとする刺激を子どもに与えるだろう、と述べている（2004 年 6 月の私信）。

11) 例えば、Dumas and LaFreniere, p.9 で引用されている研究を参照。

12) 「だめ…だめ…だめ…だめ…だめ…まあいいと思うよ」は、先に述べたもう1 つの不健康な型——親がすべてのことを認めておいて、その後突然爆発する「いいよ…いいよ…いいよ…いいよ…いいよ…だめ!!!」（罰が与えられる）——の鏡像である。

13) Miller, pp.88-89. Gordon 1975, pp.21-22, 257-59 も参照。

第**8**章

条件のつかない愛情

CHAPTER 8 条件のつかない愛情

　　無条件の受容は確かに望ましいかもしれないが、それは可能なのか。この根本的な疑問に答える前に、私たちが問うているのが何なのかを明らかにしたい。ここでの問題は人が**自ら**を無条件で受け入れられるか、つまり本当に無条件の自尊心を持てるかどうかではない（本書 pp.49-50 原註 21 を参照）。ここで私たちが知りたいのは、親が、条件をつけることなく、子どもの存在それ自体を受け入れ愛することができると考えることが、現実的なのかどうかである。

　私はこれに対する答えは明らかにイエスであると考える。多くの親もそう思うだろう。しかし日常的な場面で、子どもが決して親の愛情を疑うことがないように、子どもと接することが可能だろうか。時にはダメと言って子どもに不満を感じさせなければならないことは銘記すべきである。子どもにしびれを切らしたり、怒ったりすることさえあるだろう。そして子どもは、親の一時的な気分と、その背後にある隠れた感情を区別できないことが多い。そうであれば、子どもが常に無条件に愛されていると確実に感じられるようできるだろうか。

　おそらくはできない。しかし私たちの目標は、その理想にできる限り近づくことであるべきである。何と言っても、完璧な幸福というものもまた届かない目標であろう。それは普通、ある論者が述べているように、大人は子どもが持っていると思い、子どもは大人が持っていると考える空想上の状態である。しかしそうであっても、人は今以上に幸福になろうと努力してはいけないということにはならない（またそうあるべきでもない）。[1] 同じことは、親切であることや知恵を持つことなどの、完全には実現しない資質についても当てはまる。

　多くの親が子どもをただ条件つきで受容しているように思われるが、たとえそうであっても、その害が少なくなったり、より許容できるものになった

りはしない。留意すべきは、ここでの主張が子どもを甘やかしたり、子どもを放っておいたりするような子育ての方法ではないということである。無条件の子育ては子どもの生活に積極的な役割を果たし、子どもを守り、子どもが善悪の区別を学ぶことに役立つ。簡単に言えば、無条件に愛する親に少しでも近づくための努力を**すべきか**どうかが問題なのではない。また親がそう**できる**かどうかについてもほとんど疑問はない。常に改善の余地があるからといって、親が今行っていること以上に、より良くできるようにはなれないわけではない。親はできるのであり、またそうすべきなのだ。問題は「どのようにして」である。

無条件の子育てをするためには

　第一の段階はただ、無条件の子育てをめぐる一連の課題を意識しておくことである。無条件の子育てについてより深く考え、自分が子どもに言ったりしたりすることを、条件つきの愛情と解釈することが妥当かどうか（そして、もしそうであればどうしてなのか）を振り返れば、自分の行動を変えようとすることが多くなる。次のように話す親を考えてみよう。「息子のことをどうしたらいいのか考えています。息子は、部屋を片付けるように言うと、悪態をついて、戸をバタンと閉めてしまいます。数分待って落ち着かせるべきでしょうか。どのくらい厳しくすべきでしょうか。これまでは思ったこともなかったのですが、今は、私たちが息子にしようと考えていることによって、息子は怒っているときの自分が親から愛されていないと感じるようになるのではと考えています」。私が言いたいのは、この親が最終的に、この状況にどのように対処することにしても、このような可能性に思い至るだけでも、正しい方向への第一歩になるということである。

　第二には、1つの非常に具体的な問いを自らに発する習慣を身につける必要がある。つまり「たった今私が子どもに言ったこと、あるいは子どもにしたことが、自分自身に対してされたものであったら、**私は**無条件で愛されていると感じただろうか」という問いである。このように想像上の逆転をする

ことはそれほど難しいことではないが、日常的にそのようにすることで、ま
さに親は変容できるのである。この問いに対する答えが明らかに「いいえ」
であれば、親は自分を振り返るべきである。親が今行ったことは、二度とす
べきではないのである。子どもに謝罪をする気持ちになってもよい。しかし
反対にこの問いをしなければ、自分のすることを正当化し続けることになり
がちである。実際に、自分の子どもへの言動が否定的な影響を与えたことに
気づいても、子どもが過敏なのだと自分に言い訳をする親もいる。ひとたび
「**自分**であればどう感じただろうか」と問えば、自らの責任を逃れることは
より難しくなるだろう。

　子どもが生まれたらすぐに、自分の子育てのスタイルについて、とりわけ
物事が上手く行かないときにどのように対応するかについて考えるべきであ
る。赤ちゃんが泣き止まなくても、きれいにしたばかりのおむつを汚して
も、なかなか寝ない子であってさえも、愛され受け入れられていると感じら
れるようにできると請け負えるだろうか。中にはすぐに、子どもがおとなし
く言うことを聞くときだけ、手助けをしたり優しくしたりする「晴天の親」
となる人もいる。しかし無条件の愛情は、子どもが親を困らせる状態にある
ときに最も大事になるのである。

　子どもが成長すると、また別の方法で親の忍耐心を試すようになる。親は
どういうことが起こるかを予測する必要があるだろうか。子どもはときに憎
たらしいことを言ったりする。親がしてはいけないということをわざわざす
るが、そのことは特に、自らが心理的課題を抱えているために、子どもに絶
対的服従を要求する親を怒らせる。子どもはあからさまに一方の親の方を好
きだという態度を取るが、自分がそうではない方の親になったら、子どもに
温かい気持ちは感じないだろう。子どもは親の最も弱い所を見極め、そこを
自らが有利になるように利用する。このようなことがあったとしても、子ど
もを受け入れ続けなければならないだけではなく、受け入れていることを**子
どもに伝え続けなければならない**。

　換言すれば、子どものしていることに満足していないときでさえも、子ど
もを愛していることを何らかの形で伝えなければならないのである。しか

し、この〔子どもの行動への評価と親の愛情のあり方とを〕区別をするように
という助言はあまり深く考えられないことがある。実際にそれを理解する
ことは、子どもはなおさらであるが、大人にとっても難しいことが多い。
「おまえを受け入れるが、おまえの行為は受け入れない」と言うとしても、
子どものすることの大半が親の気に入らない場合には、説得力がない。子ど
もは「親が愛していると言っている"自分"とは何だろう。親から聞くのは
非難ばかりなのに」と不思議に思うだろう。トマス・ゴードンが指摘したよ
うに「子どもがしたり言ったりすることの多くを受け入れられないものと見
なす親は、子どもの中に、自分が人間としても受け入れられないのだという
根強い感情を芽生えさせてしまうであろう」。[2] このことは親がときどき思い
出したように、「**おまえ**を愛しているよ。ただおまえのすることのほとんど
すべてが気に入らないだけだ」と慰めても変わらない。
　少なくとも、言葉で愛情を伝えることが、思い通りに罰を与えたり、それ
以外の形で統制的であったりすることの免罪符にはならないと自覚する必要
はある。子どもに対して一方的にするような干渉はやはり悪いものであり、
愛しているなどと魔法の言葉をかけたとしても、条件つきの受容を伝える可
能性がやはり高い。

できるだけ少なくするべきこと

　そうだとすれば、子どもが親を不快にさせたり、不適切なことをしたりす
るとき、親はどうすればよいのであろうか。たとえ親が子どものしたことを
是認できず、そのことを子どもに伝えたいときであっても、親としての対応
は大局的な状況を考慮に入れるべきである。それは何よりも、子どもが愛さ
れており、同時に愛されるに値すると感じられるようにするという原則を持
つことである。その目標は、条件つきの子育てに踏み込むことを避けること
である。その方法は以下の通りである。

非難の回数を減らす

　口を閉ざして、言いたい小言を飲み込むことである。1つには、否定的な反応を頻繁に行うことは非生産的である。子どもが、親を喜ばせることが不可能だと感じれば、そうしようと努力しなくなるだけである。子どもに反対したり禁止したりする場面を制限することで、本当にそう言わなければならない場合の「ダメ」という言葉が、より意味を持つようになる（本書 p.171を参照）。しかし中心的な問題は、過度な非難や否認は、子どもに自分には価値がないと思わせるということである。

個々の非難の範囲を限定する

　特定の行為についての問題だけに限定し（「今妹に話しかけた口調は本当に乱暴だったよ」）、その子自身に問題がある（「おまえは人に対して本当に意地悪だね」）かのように言うべきではない。

個々の非難の強さを低くする

　問題となるのは、何回否定的な反応をするかだけではなく、非難するごとに**どのくらい**否定的に対応するかでもある。言いたいことは伝わるようにした上で、できるだけ穏やかに話すのがよい。ささいな感情が大きな力を持つ。親が言うことの影響力は、親であるというだけで持っている力のために何倍にもなるのである。子どもが親を無視しているように見えるときでさえも、親の言うことを認めるとき以上に、否定的な対応に込められる感情を吸収し、より深く影響を受けるのである。それどころか、親の対応が強硬でない場合にこそ、与える影響は結果として大きくなることもある。言う内容だけではなく、仕草や表情や口調にも気をつけるべきである。これらは親が意識する以上に、より多くの否定的評価を伝え、無条件の愛情はあまり伝えないことが多い。

非難に代わる対応を探す

　比喩的に言えば、テレビの音量を下げることだけではなく、別の放送局に換えることも意味があるだろう。子どもが不注意であったり、人を傷つけたり、不快にさせたりするとき、これを教育の好機と捉えるようにしたらどうか。「一体どうしたのだ。それをしてはいけないと言ったよね」、あるいは「あなたがそんなことをしてお母さんはがっかりした」と言うのではなく、子どもが自らの行為が及ぼす影響を確かめ、どれほど他人の気持ちを傷つけ、他人が生きていくのをより辛くしたかを悟るように促してみることである。

　単に親が見た事実を言う（「おまえがジェレミーにそのことを言ったら、少し悲しそうだったね」）ことや、質問をする（「今度イライラしたら、人を押し退けるではなく何ができると思う？」）だけであれば、はっきりと否定的な評価をする必要はないだろう。もちろんこれでうまく行くとは限らないが、その後子どもがより良く振る舞おうとする姿勢を持つ可能性を、大幅に高くする。さらに必要な場合、子どもが関係を改善したり、回復したり、修復したり、新しくしたり、整理したり、謝ったりする方法について考えるよう促すならば、その可能性はもっと高まる。

　子どもが良くないことをしたとき、親の対応の目的は子どもに気分を悪くさせたり、その特定の行動を押さえつけたりすることであってはならない、というのは自明のようであるが、親が忘れていることもある。親が目標とすべきことは、子どもの考え方、感じ方を内面から変え、他人に意地悪な行いをしようとは**思わない**ような人間になるよう支援することである。そしてもちろん、もう1つの目標は、そのようにする過程で、子どもとの関係を損なわないようにすることである。

　親が干渉をしても、それが絶対に、条件つきの受容を伝えるものにならないようにする1つの非常に具体的な方法は、子どもへの恨みの気持ちを決して抱かないようにすることである。「親であれ」という要求は普通、子どもを統制して、毅然とした態度を取るようにということを意味している。しか

し私はこの言葉を、「ああそうなんだね。おまえがやらなければならないことをしないなら、デザートをあげないよ。悪しからず」といった、子どもじみた交換条件を出したい誘惑を克服しなければならないという意味で用いたい。実は多くの本が交換条件を出すような親の対応を奨励している（もちろん「ああそうなんだ」とか「悪しからず」という言葉はないが）。しかし一度それについて考えてみれば、このような対応がどれほど子どものためにならないかが明らかになる。

　私が覚えているのは、ある日私の2歳の息子が、自分がおもちゃで遊ぼうと思って、それで遊んでいた6歳の姉を待つのに飽きてしまったことである。息子はおもちゃを姉から奪い取ったが、姉は怒って抵抗した。姉が息子を払いのけ、再びおもちゃを手にした時、次のように言った。「エイサがおもちゃを取ろうとしたから、もう絶対にあげたくない」。姉は弟に教訓を与え、自分が悪いことをしたのだから、その罰としておもちゃで遊ぶ順番が来ないようにするべきだと教えようとしたのである。問題は、「親は子どもに対して、6歳の子どもがするのと同じように対応をしたいと考えるか」である。しつけとして通用しているもののほとんどは、報復の反応であり、単に子どもに仕返しをしたという満足感を与えるものにすぎない。

　親になることは、一定の義務を負うことであり、それを果たすことは必ずしも簡単ではない。私の妻がいつも言っているのは、子どもたちのために用意した夕食が残っているときにはとりわけそうであるが、親にできるのは、（可能なときは常に子どもの好みを考えながら）栄養のある食事を用意し、後は最善を願うことだけだということである。それはただ**できる**だけではなく、たとえ食事が何度もくず入れに捨てられることになっても、続けなければ**ならない**ことでもある。

　無条件の愛情についても同様である。たとえその努力が認められず、報われないとしても、親は最善を尽くして無条件に愛しつづけなければならない。子どもは愛情の撤回と非常に似たような方法で、親に対して振る舞うこともある。子どもが裏切られたり邪魔されたりしたと感じるときは、親にとっては些細なことのように見えることをめぐって、「向こうへ行け！」「お

母さんなんか嫌いだ！」と吐き出すかもしれない。しかし親がすべきこと
は、冷静を保ち、子どもと同じように反応はせず、子どもの振る舞いが一時
的な不満の表現であると理解することである。子どもが心から親を愛さない
ことはない。胸が痛むことであるが、虐待を受けた子どもでも、虐待をする
親を愛し続けるのである。親子の間にある非対称関係を決して忘れてはなら
ない。親子関係は対等な力を持つ2人の大人の関係ではない。親が子どもへ
の愛情の撤回を少しでも示すと、「お母さん嫌い！」という子どもの叫びが
親に対して持つ（あるいは持つはずの）影響よりもはるかに大きな影響を子
どもに与えるのである。

できるだけ多くするべきこと

　親は条件つきの愛情を伝えるものになる言動は何であれ、減らさなければ
ならないが、同時に、無条件の受容を伝えることができる振る舞いを多くす
るようにしなければならない。ここでの最初の問いは、あまりにも当たり前
すぎて、多くの親が考えてみようともしないものである。それは「子どもと
一緒にいるとき、自分の気持ちは普通どのようなものだろうか」である。も
ちろん、どのような状況でも明るい微笑みを決して曇らせることのない人に
は、このようなことは問題にならないであろう。そのような人は一日中子ど
もと家にいて、子どもからの絶え間ない要求に心を乱されることなく、個々
の求めに忍耐強く対応できる。しかしそのように常に満足している親を、羨
ましさと信じられない思いを交錯させて見る人についてはどうだろうか。自
らの意思だけで、一層快活で忍耐強い人間になることはできない。しかし子
どもに対してできるだけ肯定的に反応することは可能であり、またそうすべ
きである。気質や能力の違いを固定したものと見なして、生まれつきこのよ
うな人もおり、別の人はあのように生まれついていると考えるのではなく、
すべての人が同じような地点に達するために、どのくらい多くの努力をすべ
きか、という観点から考える方がより有益であろう。私の義理の弟は空間認
識能力が高く、注意を払わなくても初めて行った場所で道を見つけることが

できる。反対に私は、自分の場所を確認するのに相当の努力をしなければな
らず、実際に慣れない所に行くとまさにそうしている。感情の状態も同じこ
とである。生まれつき楽観的であったり寛大であったりしない親は、少なく
とも子どもといるときには、そのようにするように努める義務がある。親の
努力の結果によって、子どもが愛されていると感じるかどうか、あるいはど
のように愛されていると感じるかが決定される。親が子どもの姿を見るのを
喜んでいると子どもが知っているのであれば、無条件の受容がどのようなも
のであるのかについて伝える第一歩となる。反対に子どもが親からの否定的
判断——不機嫌な気分（子どもは誤って自分が悪いのだと思うかもしれな
い）、軽蔑の眼差し、苛立ちを示す深いため息——を感じることが多いなら
ば、それは無条件の愛情のようでは**ない**と感じられるだろう。

　もちろんより重要な問題は、もっと分別を持ってほしいと親が考えていて
も（何度も同じことを言っているはずだ）、子どもがきちんと振る舞わない
ときに、親の愛情をどう伝えることができるかである。このようなとき、子
どもが「限界を試している」と考えるのが普通である。これはしつけの場面
では非常に広く使われている言葉で、親がより多くの、より厳しい限界を定
めることを正当化するものとして頻繁に用いられている。子どもが試してい
るという考えは、時として子どもを罰することを合理化する。しかし私が個
人的に考えているのは、良くない行いをすることで子どもが試しているの
は、親の限界とはまったく別のものではないかということである。それは親
の愛の無条件性である。おそらく子どもは、受け入れられないように振る舞
うことによって、親が自分を受け入れるのを止めるかどうかを見ているので
ある。

　親の反応は、そのような子どもの挑戦に対する断固とした拒否でなければ
ならない。「おまえが何をしようと、親である私がどれだけがっかりしても、
おまえを愛することを決して、決して、決して止めることはない」と安心さ
せるべきである。これを言葉で言うだけではなく、態度でも伝える必要があ
る。無条件で愛する親は、子どもが自分たちにとってどれだけ大切であるか
について、安心させる言葉を日常的に伝えている。子どもがあまり望ましく

ない行動をしたときも、そのような親はその行動が一時的であり、その子らしくないと判断する。つまり親が知り、愛している子どもの姿を本当には表してはいないと考えるのである（ちなみに、親の愛情の無条件性を強調することは、広く行われる助言のように、叱るよりも褒めるように奨めることとはまったく異なっている。肯定的評価は否定的評価を打ち消さない。なぜならば問題は評価すること自体にあるからである。これについては以下で述べる）。

　無条件の受容という考え方の枠組みなど、これらの主張は教師にも関係する。マリリン・ワトソンは、教師が教室を「互いに助け合う共同体」に転換することを支援している教育心理学者であるが、生徒が信頼され受け入れられていると感じることが、どれほど重要であるかを強調している。教師は以下のことをはっきりとさせるべきであるとワトソンは言う。つまり生徒の何らかの行動が悪いものであっても、教師は「非常に深い確信を生徒に与え続けることができる。それは教師が生徒のことを常に気遣っており、生徒が非常に悪いことをしたとしても、罰したり見捨てたりしないという確信である」。この姿勢が「生徒の最良の動機」を表現することにつながり、「償いという道徳的行為について考え、それを自ら行う機会を与えて支援することになる」。つまり、何か悪いことをした後で、それをどのように正すかを考えることである。ワトソンの以下のように結論づける。「教師が生徒たちのことを心配していると彼らに信じてもらいたければ、生徒に愛情を示すことが必要であり、その見返りとして、特定の形で振る舞ったり何かを行ったりすることを求めてはならない。それは、生徒に一定の行動を求めたり期待しなかったりするということではない。実際には求めるのであるが、教師の生徒への関心や愛情をそれとは結びつけないのである」。

　ワトソンは、子どもが他人に侮辱的であったり攻撃的であったりするときでも、教師がこのような姿勢を保ちやすくするには、子どもがそのように振る舞うのは**どうして**なのかを心に留めておくことが必要であると指摘する。つまり教師は、生徒が（情緒的な面で）必要としてはいるが、おそらく手に入れてはいないものは何かを考えるべきなのである。そうすれば教師は

「やっかいで攻撃的な外見に隠された傷つきやすい子ども」を見出す。[3]　親と同様に教師も、生徒の挑発を、教師の愛情が撤回されるかどうかを試すための行動だと見なすようにするとよい。

　ある教師はとりわけ反抗的な生徒に対応するために、その生徒のそばに座って、次のように話した。「私が君を本当に、本当に好きだということを知っているかい？　このようなことをし続けてもいいけれど、私の気持ちは変わらない。君は私に自分のことを嫌いにさせようとしているようだけれど、それは意味がないよ。決して嫌いにはならない」。この教師は、「すぐにとは言わないけれど、その後しばらくして、その生徒の問題を起こすような行動は減り始めました」[4]とつけ加えた。ここから言えることは、無条件の受容はすべての子どもに与えられるべきものであるだけでなく、子どもがより良い人間になることを促すための非常に効果的な方法であるということである（もちろん、何があろうと子どもを愛していると確信させるとき、親や教師は本心からそう思うことが重要である。書物からの一節を空虚に繰り返すほど悪いことはない）。

脅 迫 を 越 え て

　親の承認は自分たちの手で自ら勝ち取らなければならないという考えを、黙示的に、そしてしばしば無意識的に子どもに与えないようにするのは、必ずしも簡単ではない。しかしながら皮肉なことには、より高圧的な方法、つまり子どもに服従させるために親の愛情を梃子として使う方法を手放すことの方がもっと難しいと感じる親もいる。（タイムアウトやその他の愛情の撤回の手法などの）罰と、（正の強化などの）報酬に頼ることで、子どもは自分が無条件に愛されているとはあまり感じないようになる。

　それでもなお、第6章で検討した様々な理由によって、このような習慣から脱するのは非常に難しい。以前煙草を吸っていた人が、常に煙草の火を付けようとすることを自制しなければならないのと同じように、親は条件つきの子育ての持つ力と、賄賂と脅しの表面的な有用性を常に経験している。こ

れらの手法の基礎となる行動主義心理学の様々な前提も、親を惑わすものになる。私はときに、私自身の子どもたちが、親の無条件の愛情の表現を、自分たちの良くない行いに対する報酬と見るようになるのではないかと考えることがある。

　もちろんそうではないと私は分かっている。すでに指摘したように、私自身の体験は、模範的な親の姿を見ることで私が学んだことを確認するものとなった。つまり、**罰と報酬は決して推奨されるものではなく、必要なものでもない**ということである。しかし多くの人は、このことを認める前に、「それに代わるものは何か」と問いがちである。この質問は見かけ以上に複雑である。何故なら、罰と報酬に代わる、1つの特定の手法はないからである。私が提案しているのは、これまでとはまったく異なる親子関係のあり方の創造である。言い換えると「代わるもの」は特定の技法ではなく、本書の後半で論じている内容をすべて含むのである。

　読者は気づいているように、多くのしつけの本は、罰を工夫し、報酬をより効果的に与える方法についての助言を提示しているが、その目的は子どもの主張を引っ込め、親に従わせることである。私はこのことを、ある日スーパーの中で考えた。私はある母親が子どもに向かって「もう一度このお店に来たいなら、**静かにしなさい！**」と怒鳴っているのを聞いたのである（言うまでもなく、母親自身の声は全然静かではなかった）。私が思ったのは、典型的なしつけの専門家であれば、この脅しは、若干は正当化できるかもしれないが、基本的には愚かなものであると指摘するだろうということである。1つには、再びこのスーパーに連れて来られることがないと思うことは、ほとんどの子どもにとってそれほど恐ろしいことではない。たとえ恐ろしいことであったとしても、母親が言うことをその通りに実行して、永久に子どもをその店に連れてこない可能性は実際にはない。特に、幼くて家に1人置いておくことができない子どもについては、親が望むかどうかにかかわらず連れて出るしかない。そこで専門家は次のように言う。「実際に実行可能な脅しだけをせよ」。

　しかし親にこのように助言するのは、子どもに対して、自分が勝つ自信が

なければ、放課後に同級生を殴りに行くと大っぴらには言わない方が良いと注意するようなものである。言い換えると、ここで問題にされているのは、道徳的に疑問のあること（そして非生産的であること）を、より上手くできるようにすることであって、そもそもそれをすべきかどうかではないのである。無条件で子どもを愛する親は、脅しや報酬**以外**のことをどのようにするかを知りたいのである。そのような親は子どもとの関係を敵対的なものとは考えない、目標とするのは、子どもとの争いを**避ける**ことであって、争いに勝つことではない。罰を与えることはこの目標を実現することをずっと難しくし、罰をより効果的に与える方法を教えられることで、そのことを理解するのが一層困難になる。

　愛情の撤回として分類できる罰のタイプを考えてみよう。子どもが適当でないことをしたときに無視し、黙ったままという対応をすることは、情緒面での一時的放棄の一種である。あたかも、子どもが親を喜ばせない限り、親は子どもの存在自体を忘れるかのようである。一般的な行動主義の考え方では、親の関心はまさに「強化因子」であり、それがないと、子どもは自分のしていることが何であれ止めると想定されている。これは子どもが何故そのように行動するのかについての、信じられないほど単純化された分析であり、親子関係への影響についてはもちろんのこと、行動の背後にある子どもの欲求を考えることができない。

　心理学者であった故ハーバート・ロベットはかつて、子どもが悪い行いをしたときに親が無視をすると、親は子どもに向かって「おまえがどうしてそうしたのか分からないし、そんなことはどうでもよい」と言っていることになると述べた。さらにつけ加えて次のようにも言う。子どもが怒りを表に出すのは単に「親の注意を引きたいから」だとして、それを無視する対応を正当化することは、「気づいてほしいと思うことが、不可思議な、あるいは愚かな欲求である」と示唆しているように思われる。それはあたかも、誰かが友人と外食に出る人を、単に「友だちと一緒にいたいという欲求」のためにそうしていると言って嘲るようなものである。[5]

　確かに、子どもが何度も1つの要求を繰り返すことがある。例えば、どう

して夕食の前にチョコレートケーキを食べてはいけないのかを子どもに説明することがあるだろう。子どもの気持ちを察するように微笑んで、そんなにおいしいものを食べないでいることは難しいねと言う。子どもは再び尋ね、親は再び食べてはいけない理由を説明する。子どもが本当に心から、今すぐにケーキを食べたいと言うのを何度も聞かされて、忍耐力の限界を感じるかもしれない。親は穏やかに、もう一度言っても同じことだからと諭し、夕食まで子どもが熱中できるような面白い活動をしたらどうかと言う。しかしケーキについての要求に終わりがないようであれば、それに応えるのを止めるのが適当ではないかと私は考える。しかしその理由は、子どもを黙らせる（あるいは行動主義者の冷酷な言葉では「行動を消滅させる」）ためではない。むしろ単にそれ以上親の言うべきことがないために、答えるのを止めるのである。忙しく、子どもの要求にうんざりしていることを考えれば、可能な限り愛情を込めてそのようにする。子どもがそこに存在しないかのようには振る舞わない。ちゃんと聞き、子どもの様子に気づき、子どものことを思っていることをはっきり示す。子どもはそれでも不満を感じるかもしれないが、基本的に愛されていないとは感じないだろう。

　あるいは愛情の撤回のもう1つのよく見られる形、つまりタイムアウトと呼ばれるものを考えてみよう。大事なことはそれを適切に行うことや、より巧妙に行うことではない。どのくらい長く子どもを1人にするのか、どこに閉じ込めるのか、子どものどのような行いに対してするのかが問題ではないのである。そうではなく、親は罰に頼らない方法にどのようなものがあるのかを議論すべきである。先に指摘したように、子どもが癇癪を起こしたとき、心地よく慰めの得られる場所に避難するという**選択肢**を子どもに与えることが非常に有効である。この選択については事前に話し合っておくべきである。それは子どもが自分の意に反して、閉じ込められたり1人にさせられたりはしないということを明確にするためである。子どもは静かな部屋で一息つくようにできる。そこで後から与えられる罰を心配することなく、気持ちを少しは発散させることもでき、好きな本を読んで数分過ごすこともできる。子どもが問題を起こしたときに親は、そのようにすることが必要かどう

かを優しく尋ねるべきである。しかしこのように言うことでさえも、親がすべき第二段階であって、第一段階は、子どもが何をしたのかを確認し、子どもに自分のしたことが他人に与える影響を伝え、許されないような振る舞い方もあることを説明し、ともに問題を解決することである。

　このような話し合いがすぐにできない状況の場合はどうすべきか。あるいは、子どもが大変興奮していておとなしくしていることができず、1人だけでしばらく時間を過ごしたらという提案も拒絶する場合はどうか。そのような場合の最終手段は、その問題が起きた環境や場所から子どもを引き離すことである。**しかし決して親から離してはならない**（「部屋で一緒に横になろう」）。このような対応は、親の意思を子どもに押しつけ、子どもがしたくないことをさせる結果になるかもしれない。そのため、特別な場合以外には避けるべきである。しかしそうする場合でも、親は注意を払って、親の愛情、親の関心、親の存在感を子どもから奪わないようにすべきである。

　また、**親自身**がタイムアウトを取ることは問題ないことも指摘しておきたい。親が忍耐の限界に来たときや、後悔しそうなことをしたり言ったりする心配があるときは、親が部屋に閉じこもり、冷静になることにも意味がある。もちろんこれは、親自身が気持ちを落ち着けるためのものであって、子どもから離れたり、子どもに親が気に入るように振る舞うことを求めたりするためではないことをはっきりさせる必要がある。

賄 賂 を 越 え て

　脅迫ではないもう1つの条件つきの子育て、つまり、子どもが親の言うことを聞いたり、親を喜ばせたりするときだけに、子どもが欲しいもの（あるいは楽しむもの）を与える子育てに関してはどうであろうか。これに代わる方法は、全く理由なく子どもに物を与え、ときには、何か楽しいことをする機会や、子どもが特に関心を持っている本やおもちゃなど、特別なご褒美やプレゼントを贈ることである。その理由は、ひとえに親が子どもを愛しているからである。これとは逆に、子どもが親の望むことをしたときにだけ報酬

として何かを与えることが、どれほど子どもを**愛していない**ことになるのか
を悟るのは、親を当惑させるものになる。そのような態度によって、親の愛
情自体が条件つきと見なされるようになる前に、非常に多くのものが子ども
の行動を条件として与えられるものになってしまう。

　もちろん、あまり理想的ではない理由で贈りものをすることもある。例え
ば、子どもと十分に一緒に過ごせないことに罪の意識を感じて、何か買い物
をする親がいる。そして過度に贈りものをしてしまうこともある。親は子ど
もに物をふんだんに与えようとは思わないであろう。特に、子ども部屋が溢
れかえるほど物で埋まっているときはそうである。[6]

　しかしここで強調したいのは、親が子どもに何かを与えるとき、それに条
件をつけてはいけないということである。贈り物は、行儀良くしたり良い成
績を取ったりすることを促すものとして与えられるべきではない。以前に、
地元の子ども劇場で上演した「オズの魔法使」の切符を買ったことがあっ
た。娘はこれが大好きだった。上演の前日、娘が何かのことで癇癪を起こし
たのであるが、私は、娘の態度が良くならなければ劇を見にいかないと言っ
て脅したい衝動を抑えなければならなかった。もしそのような衝動に負けて
しまえば、外出することを、愛情の表現ではなく統制の道具として利用する
ことになると自分に言い聞かせた。この２つを両立させることはできないの
である。

　多くの物で子どもを甘やかすことはできるが、多くの（無条件の）愛情で
子どもを甘やかすことは不可能である。ある著者が指摘しているように、甘
やかされていると表現したくなる子どもの問題は、「欲しいものは十分に
持っているが、必要としているものはほとんど持っていない」[7]ことである。
そうであるから、（子どもが必要としている）愛情を、制限なく、条件なし
に、そして理由なく与えるのがよい。気分や状況に関係なく、できる限り子
どもに注意を払うべきである。そして子どもと一緒にいることを嬉しく感
じ、何があっても子どものことを思っていると子どもに知らせるのがよい。
すでに述べたように、このような基本的姿勢は、子どもが何かしたことに対
して称賛を与えることとは全く異なるものである。

　しかしだからといって、子どもに対する感情が完全に安定的でいつも同じものでなければならないことにはならない。そのようにはできない。子どもは親を喜ばせ、怒らせ、戸惑わせる。親が涙を浮かべるのは、子どもが愛すべき存在であったり、傷つきやすい存在であったり、突然成長した姿を見せたりすることによる。子どもが腹立たしいことをして泣かされることもある。子どもに対して同時に矛盾した2つの感情を抱くこともある。そして親が感じることの多くは、表情や声によって表に現れる。親が常に喜んでいるわけではなく、子どもはそれを理解しているのである。そのために、多くの異なった方法で、**基本的に自分が受け入れられているのは当然のことである**と子どもに伝える努力をすべきである。基本的受容は、今日親がたまたま何を感じていて、子どもが何をするかにかかわりなく、その背後に存在する強固な核である。

　同様にまた私は、子どもの並外れた達成の成果を誇りに思ってはいけないということを言いたいのでもない。しかし奇妙に感じられるかもしれないが、無条件に愛する親は、子どもが成功しないときでさえも、同じように誇りに思うのである。これは、私が子どもを持つ以前には理解するのが難しかった逆説であり、今でも説明しづらい。子どもが何か素晴らしいことをしたら特別の喜びを感じることができる。しかしやはり、親の愛情がそのような結果に左右されないようにしなければならない。親がそのバランスを正しく取るならば、子どもは、成功したときにだけ自分に価値があると感じるように成長することはないであろう。そのような子どもは、失敗をしても自分自身が失敗作なのだと感じることはないのである。

　最も破壊的な称賛の形は、子どものすることをあからさまに強化しようとしてなされるものである。「子どもが良いことをしているとき」（これは「親の言うことに従っている」ことを意味する）に着目して、犬のビスケットのような言葉のご褒美を与えるのが良いと言われるとき、これは条件つきの愛情で子どもを操作しようとする計算づくの試みである。しかし称賛が、子どものしたことに対する喜びの自発的な反応にすぎず、一定の行動を「強化」

する意図がない場合はどうであろうか。[8]

これは確かに、親の動機の面からは間違いなく大きな前進である。しかしここでもまた、問題になるのは親の送るメッセージの内容ではなく、ましてやそれを送った理由でもない。子どもがどのように受け取るかが問題である。称賛という「肯定的評価」について最も注目しなければならない点は、それが「肯定的」であるということではない（もしそうであるならば、肯定的評価である称賛に代わるものは、否定的評価である批判しかないことになる）。そうではなく第一に考えるべきことは、それが「評価」であるという点である。どうして親は子どもの行為を評価し続け、行為を「なすべき仕事」にして、幸運であればそれを「良い」と認める必要を感じるのであろうか。この観点から見れば、親が本当に求めていなければならないのは、評価とならない形で肯定的に対応する方法である。

幸いなことに、子どもを励ますために子どもを評価することは必要ではない。称賛が広く見られる理由の一部は、評価と励ましという2つの異なる考え方を区別できていない点にある。子どもがしていることに注意を払い、その活動に興味を示すことは、励ましの1つの形である。実際に、この励ましの方が、子どもが素晴らしいことをした直後に親が言う言葉よりも重要である。**無条件の愛情と本当の強い関心が常に存在していれば、「良くやった！」という言葉は不要である。逆にこれらがなければ、「良くやった！」と言っても意味がない。**

しかしそれでもなお何を言えば良いのか分からなければ、他にもいくつか、無条件の子育てに合致する言い方がある（例として、本書 p.199 の表を参照）。1つの方法は何も言わないことである。子どもが何か親を助けるようなことをしたら親は褒めなければならないと考えている人がいる。そのような人は、密かに、あるいは無意識的に、子どもの素晴らしい行動が偶然の産物であると考えているからである。子どもが基本的に悪い存在であれば、良い人間になるためには特別な理由が与えられる（つまり褒め言葉をかけてもらう）ことが必要であり、そうでないと二度とそのようなことは起こらないと見なされる。しかしこのような冷笑的な想定に根拠がなければ、褒める

ことは不必要であろう。

　（「上手く描けた！」「よく飲んだ！」「よくよだれをたらした！」などと）常に評価をすることに慣れている人は、そのように言わないことに最初は違和感を抱くかもしれない。子どもを励ましていないかのように感じられるであろう。しかし私は、自分自身を含めた多くの親を観察する中で、褒めることは、子どもが聞くべきものというよりも、親が言わないではいられないものであると確信するようになった。そしてそのような場合はいつでも、親が自らのしていることを考え直すときである。

　何か言うのが適当であると親が感じる場合、自分の見たことをそのまま指摘し、（子どもがどう感じるべきかを親が伝えるのではなく）本人の感じ方に任せることができる。親が簡単で評価を含まない言い方をすることで、子どもは親が気づいていると知り、同時に、自分のしたことに自信を持つことができる。私の娘が2歳のとき、階段を自力で上がることにやっと成功した。もちろん私は大変嬉しかったが、娘に自分の評価を伝える必要は感じなかった。私はただ「できたね」と伝えた。そのことで娘は私が見ていて、心にかけていたことを知り、同時に自分自身のことを誇らしく思えたであろう。

　別の場面では、より詳しく言う方が良い場合もあるだろうが、その時も評価を交える必要はない。ただ、自分が観察したことについてのフィードバックをすればいいのである。子どもが思いやりや配慮を示す行動をしたら、親は優しく子どもに注意を促し、自らの行為が**相手の人**に与えた影響にを考えさせるといいだろう。これは、子どもの行為について**親が**どう感じたかによってなされる称賛とはまったく異なるものである。

　そして最後に、親が何か話すよりも望ましいのは、質問をすることである。子どもが自分のしたことについてどう考えるのかを尋ねることができるのに、親がわざわざそれをどう思ったのかを伝える必要があるだろうか。子どもに尋ねることで、ある行為が別の行為よりもより良いのはどうしてなのかについて、より有益な振り返りができるようになるだろう。他方で、子どもが書いたり、描いたり、作ったりしたものについての質問をすることは、

子どもが、自分が何をすることに成功したのか、そしてそれをどのようにして成し遂げたのかを考えるきっかけとなる。そのことでさらに上達し、課題それ自体への興味が深まる。銘記すべきは、褒めることはまさにこれとは逆の効果を持つと、これまでの研究が明らかにしていることである。つまり褒めることで子どもの関心の的は、自らの課題から親の反応へと移行するのだ。

　最近私は、地元の図書館が実施した創作活動に参加した。そこでは子どもが、モールとビーズで雪の形の輪を作っていた。私のそばに座っていた4、5歳くらいの男の子が、自分の作ったものを母親に見せたところ、母親はすぐに、それがとても素晴らしいと捲し立てた。そして、私がそのテーブルにいた母親以外の唯一の大人だったため、その子は雪の輪が私にもはっきり見えるように、突き出した。私は評価をする代わりに、その子にそれを気に入っているかどうか尋ねた。するとその子は「あまり好きじゃない」と答え

以下のようには言わないで……	このようにしてみよう
「おまえがそうするのを気に入った」	何も言わない（ただ見守る）
「うまく書けた！この絵が好きだよ！」	評価するのではなく事実を描写する：「おや、さっき描いた人間の足に何か新しいものができたね。指がある」
「手伝ってくれて本当に偉いね！」	子どもの行動が他の人に与える影響を述べる：「テーブルを片付けたね。料理をするとき、とてもやりやすくなったよ」
「とても素晴らしい作文が書けたね！」	より深く考えることを促す：「冒頭から読み手の注意を引く方法をどのように考え出したの？」
「分けてあげられて偉いね！」	評価よりも質問をする：「そうしなくてもいいのに、チョコレートケーキをデアドラに分けてあげようと思ったのはどうして？」

た。その理由を問うと、その子は説明を始めたが、その口調から、同じ材料から別のものを作れる可能性を考えることに心から関心を持っていることが伝わってきた。これはある種の向上心と思慮深さであるが、まさに、子どもに褒め言葉を浴びせることで失われてしまうものである。親が評価を下したとたんに、子どもは自分がしたことについて考えたり話したりしなくなる。

　この表で提案した対応はすべて、条件つきの承認のメッセージを伝えないようにするものである。つまり**親の基準**に達したり、**親の期待**に応えたりしたことに対して、上からの視線で褒めることをしないものである。同時にこれらは、子どもが必要とする承認・励まし・配慮を示すものでもある（もちろん何も言わないことは、それ自体としてはその目標を達成するものではないが、理想的には〔他の言い方と組み合わせて〕常にそれらのものを与え続けることができる）。

　以下は、私が必ずしも確信を持てない方法である。親の目標が何よりも、子どもを寛大な人間に育てることであるのならば、ある研究者は、子どもの性格が寛大であると信じるべきであると提案している。自分自身をどう考えるかが人の行動に影響を与えることから、子どもに自分の動機が生まれつきの寛大さであると信じさせる、というのがこの提案の発想である。子どもが自分自身のことを思いやりのある人間であって、何か得になるときにだけ良い行いをするような人間ではないと見なすようになることを求めている。ある研究によると、ある大人が寛大な行為をするのを子どもが真似たあと、大人は、「他人を助けたいと思っているから」そうしたのだと聞かされた子どもの方が、「そうすることが求められているから」そうしたと聞かされた子どもよりも、後になってからより寛大に振る舞う。[9]

　この方法は、単なる正の強化よりも効果的であることは疑いないが、操作的でないかどうかは分からない。ここでは、子どものしたことに対して本心から、自発的に反応してはいない。望まれる結果を生み出すために、（本当であるかどうか分からない）何かを意図的に言っているのである。それでも、ここでの一般原則は真剣に考える価値がある。つまり親は、特定の行動に焦点を当てる称賛、つまり、一定の状況の下でのみ愛されると子どもに感

じさせるような称賛を口にするのではなく、子どもたちが現在の姿と、将来なりたい姿を考えられるように促さなければならないのである。

　以上の議論は、褒めたりお礼を言ったりしてはいけないということを意味するのかと尋ねられることがしばしばある。私の答えは、それは以下の3点次第であるということである。つまり「なぜそれを言うのか」「誰に言うのか」そして「言うことの効果は何か」である。

なぜ

　「とても可愛いシャツ！」「来てくれて本当にありがとう」という言葉は、ただ相手を気遣い、気持ち良くさせることを意図しているのか。それとも誰かの今後の行動を統制するために、特定の行為への強化を与える1つの方法なのか。後者であれば、褒めることを、感謝の表現に代えても、実際には大きな違いはない。

誰に

　お礼の言葉や、称賛に非常に近い言い回しであっても、対等な立場の2人の大人の間で行われ、特にどちらかが他方に依存して、愛情や承認を求めているのではない場合には、あまり心配することはない。隣の人に車を貸してくれたことへのお礼を伝えたり、仲間の著者に本が面白かったと言ったりするとき、相手を操作しようとしているのではなく、仮にそうしようと思っても成功しないだろう。また相手への無条件の愛情が損なわれるという心配もない。そもそもそのような関係ではないからである。それに対して自分の子どもに話すときには、何を（そして、どのように、どうして）言うのかについて、十分に注意しなければならない。

効果

　称賛についてはあいまいな部分が多く、ある言い方が傷つけるものなのか、それとも無害なのかが、確実には明確にならない多くの場面がある。私ができる最善の助言は、その影響に注目することである。子どもに称賛と見なされるような言葉を習慣的に伝えているのであれば、子どもが日常的にそのような言葉を親に求めている——そして必要としている——かどうかを確認するとよい。そしてそのような種類の親の言葉の結果として、子どもの内発的動機づけ（ある行動を行おうとする主体的姿勢や、ある活動に対する興味）が減少したかどうかを確かめるようにするべきである。

　一言で言えば、私は子どもに肯定的なことを言わないようにと主張しているのではない。私が言いたいのは、単にある特定の言葉を使うかどうかではなく、親の言うことと子どもの受け止め方にどのような意味が込められているかを把握すべきであるということである。親が褒めるのは、自分の成し遂げたことを一緒に喜んでくれるためだと子どもが思っているのであれば、問題はない。しかし親の評価を自分に押しつけていると子どもが見なすのであれば、子どもが自分のことをどのような場合に、どうして誇りに感じるかという本能的判断を自由にすることができなくなる。子どもはすぐに、自分の行為の価値を、親からの承認が得られたかどうかという点から判断するようになり、その判断基準が後には、〔親以外の〕権威のある人からの承認になるだろう。

　このような条件つきの子育てから脱することは簡単ではない。一挙に止めてしまおうとするよりも、経過期間を作り、その間は評価を行い続けるが、**同時に**子どもの行動をありのままに表現し、行動について質問も行うのがよいだろう。表現と質問という新しい対応をすることに慣れてきたら、最終的には、子どもへの語りかけを評価から始めるという習慣から解放されることに気づくだろう。

　同時に、親として自分が何をしているのか、なぜそうしているのかを子ど

もと話し合うことも意味がある。もし子どもが、自分のしたことに対して
「良くできた！」という言葉を期待するように育てられているならば、その
ような褒め言葉が突然なくなってしまうことで、混乱を感じるかもしれな
い。肯定的な評価をされないことは、否定的評価と同じであると感じること
もあるだろう。そのためはっきりさせておくべきことは、親がしようとして
いるのは、肯定的に子どもを見るのを止めることではなく、**無条件**に肯定す
ることであるという点である。つまり、承認や愛情を、親が価値を認める子
どもの特定の行動に対してではなく、自由に示すということである（そして
実際にそうすべきである）。

　さらに、「話すより、尋ねよ」という助言ともつながるが、成長した子ど
もには、褒められることについての**子ども自身**の考えを話すよう促すとよ
い。その場合、単にそうして欲しいかどうかだけではなく、そのような褒め
言葉に頼るようになったと感じるかどうかを尋ねるべきである。あるいは、
褒めてもらった活動をどう考えるか（その活動を行うことに誰からも正の強
化が与えられないときに、活動は魅力的でなくなるか）、あるいは、親が別
の方法で励ますことについて、何か考えがあるかどうかを問うことも考えら
れる。

成 功 と 失 敗 に つ い て

　第5章で述べたように、多くの子どもが感じているのは、親の承認は単に
正しい行動だけにではなく、成功することにかかっているということであ
る。そのため親は、自分の家族の中にそのような心理的機制が作用していな
いかどうかを考えることが重要である。様々なことに関してきちんとするこ
との大切さについて子どもに何を話しているか、子どもが成功したとき、あ
るいは成功しなかったときにどう反応しているか、そして親の反応に子ども
はどのように応えるかについて、あたかも部外者が見るように客観的に振り
返るべきである。場合によっては、子どもに直裁に「あなたが良い成績を
取った［あるいはスポーツで好成績を収めた、または、親が友人に自慢でき

るようなことを成し遂げた〕ときは、そうでないときに比べて、お母さんが
あなたのことを一層愛しているように思える？」と尋ねるのも良いであろ
う。当然ながらこの質問は、子どもが親に対して本当に正直に話せると考え
ているとき、つまり、親が弁解をしたり怒ったりせずに子どもの言うことを
何でも聞いてくれることが分かっているときに限って有効である。

　多くの家族の問題の一部は、単に条件つきの愛情がどのようなものとして
存在するかだけではなく、子どもが成功することにどれほど重点が置かれて
いるかにある。数年もすれば、リトルリーグの試合で勝ったのは誰か、子ど
もが算数で何点を取ったかなどということは、誰も気にしなくなる（あるい
は忘れてしまう）であろう。しかし親の愛情を勝ち取らなければならないと
子どもに感じさせたことの心理的影響はずっと残り、次第に悪化するだろ
う。親は自らの行動と動機を見直すべきである。鏡を見て、子どもを過度に
圧迫することがあるかどうかを自問しなければならない。そして子どものし
たことが重要なのは、それが親である自分に影響を与えるからだと考えてい
るかどうかも振り返るべきである。「私はただ子どもに幸福になってほしい」
という言葉には直ちに同意する親であっても、時には、自分の考えと全く異
なる行動を取ることもある。

　言葉の通常の意味で成功を収めている（あるいは収めた）人々が、実際に
は惨めな生活を送る場合があることは、私たちはよく知っている。また決し
て成功しそうにない印象を与えていた人が、結果として成功した事例も知っ
ている。優秀で成功した大人の多くはかつては平凡な学生であり、逆に将来
を嘱望されていた人の多くが、途中で燃え尽きてしまう。ある研究者は 15
年以上にわたって、高校を優等生として卒業した人のその後の経歴を追い、
以下のように結論づけた。彼らのほとんどが「活躍できるのは学校しかな
い。彼らは創造的な革新をもたらしたり……特定の領域での素晴らしい指導
者になったりするような人間ではない」。[10] そしてたとえ実際に立派な指導者
になった場合でも、子どもが成功したときにだけ注意を向けた親に対しては
反抗していた。

　要するに、世間的な成功に幸せを求める人が常に幸福であるとは限らない

のである。親としての務めは、優等賞やお金や勝利のことだけを考えることがどのような意味合いを持つのかについて、子どもに注意を促し、子どもをそのような中毒状態に陥らせないことである。親は子どもが、そして自分自身が、本当に大切なことに意識を集中させるようにするべきである。つまり、子どもとの関係を強め、親の愛情は子どもがどのような成果を上げるかには全然関係しないことを明瞭に示すべきである。それは子ども時代に起こる無数の小さな勝利と失敗に対する親の対応を再考することを意味する。

これについては2つの結論が導かれる。第一には、子どもが失敗したり自分に能力がないと感じたりしているときこそ、親の失望ではなく愛情を必要としているときである。第二には、子どもが成功した場合、親の愛情が子どもの存在によってではなく、子どもの成功によって与えられ、さらにずっと成功し続けないと愛されなくなると子どもが感じるように、正の強化を行うのであれば、危険は依然として大きい。

子どもが優れた存在となるようにすることが親にとって重要だということに間違いないとしても、本当に思慮深く創造的な人は、自分がしていることを心から楽しむ傾向にあることを銘記しておくのがよい。一般的に人は、興味によってこそ優れた存在になれるのである。ここで興味というのは、取り組んでいる課題それ自体への興味であって、成功することや他人よりも優れていることへの興味ではない。

非常に多くの研究による証拠が示すのは、子どもに自分が**どれほどうまく**できているかについて意識を集中させるほど、取り組んでいる**事柄**から楽しみを感じることが少なくなるということである。[11] これはそれ自体として残念なことで、かなりのストレスの原因となることが多いが、同時に、子どもが最善を尽くすことを妨げる逆説的な効果も持つ。生徒が自分の行ったことの出来を心配するようにさせられると（このプロジェクトはどう評価されるのか？　基準に達しているのか？　どのくらい進歩しただろうか？）、学習はワクワクする時間ではなくつらい仕事になってしまう。勉強する内容は生徒が考えたいものではなくなり、他人よりもうまくしなければならないものになる。

　そうであれば、親は子どもに圧力をかけるのではなく、支援を行うべきである。つまり、優しい助言、励まし、子どもの成長の力への信頼、そして必要があるときには助力である。競争的な活動ではなく、他人に勝たなければならない形にはならないようにして、子どもが楽しみ学ぶ機会を与えるべきである。

　そして親は、過度に学業成績だけに関心を集中させることはやめて、子どもが学んでいる事柄への生き生きとした関心を持つべきである。「恐竜がどのように絶滅したかについて**おまえは**どう思う？」という質問は知的成長を促すが、「どうしてテストでBマイナスしか取れないの？」という質問はそうではない。子どもが課題作文を書いたら、その出来がどうかではなく、内容（そしてそれを書く過程）に焦点を当てるのがよい。親は「どのようにしてテーマを選んだの？　調べてみて何が分かった？　この大切な点を最後に回したのはどうして？　このテーマについて、書き始めたときから変わったことはある？」といったことを尋ねるのがいいだろう。

　繰り返すが、作文であれスキーであれ、トランペット演奏やコンピュータゲームであれ、子どもが成功するのを助ける最も効果的な（そして最も悪影響が少ない）方法は、子どもがしていること自体を好きにさせるためにできることは何でも行い、どのくらいうまくできたか（あるいはできそうか）はあまり気にしないで、子どもの活動内容への関心を示すことである。これは親が、より多く励まし、評価を減らし、そして常に子どもを愛さなければならないと言うことと同じである。

教師と親がともに

　（本書 pp.189-90 ページで触れたような）例外的に優れた教師は、生徒が必要とする無条件の支援を行うことができるが、残念なことに多くの教室ではそのようなことができる態勢が整っておらず、さらに言えば、前章で述べた原則も守られていない。多くの場合、学校の環境の特徴は様々な罰と報酬があることであり、巧妙な行動管理システムを備え、従う生徒を「評価」

し、そうでない生徒には罰を与える。子どもは集団の思いやりのある一員となったり、倫理的な事柄を決める主体となったり、批判的に考えられるようになったりすることは奨励されず、単に指示に従うように訓練される。最悪の場合には、学習の促進よりも秩序の強制の方が重視される。このような環境は、子どもにとっても、それ以外の人間にとっても健全なものではない。

　私がしばしば親から聞くのは、家庭では「子どもとともにする」よう努力しているが、毎朝子どもを送り出している先は「一方的に行う」学校であることに、ある時気づくということである（もちろんこれとは逆の状況で不満を感じている教師の話も聞く。「学校では一緒に問題解決ができるように民主的な学級会を開いているが、子どもが家に帰るとご褒美シールやタイムアウトによって親に統制されている！」）。親**そして**教師が一緒になって、子どもが善い人間となるのを支援することで最高の結果が出るのは明らかであり、さらに各々の努力を積極的に助け合えればなお良いであろう。

　親にとっての第一歩は、以下のような子どもの学校の様子を意識することである。

　・学校の主要な目的が、子どもの必要を満たすことなのか、それとも服従
　　を求めることなのか。
　・問題となる行動を解決すべき課題を見ているのか、それとも罰するべき
　　逸脱と見ているのか。
　・教師が、子ども自身の適切な決定を支援することを自らの仕事と考えて
　　いるのか、それともほとんどすべての決定は教師が行うものと考えてい
　　るのか。
　・生徒が互いに協力するよう促されているか、それともほとんどの課題が
　　一人で（あるいは友だちと競争して）解決することが求められているか。
　・もし**親が**その学校に通っていたり、教室に座っていたりするとしたら、
　　無条件に受け入れられていると感じるか。その場にいたいと思うか。

　親が学校について見聞きしたことで問題を感じたら、持っているだけの交

渉術を駆使して、子どもの教師に、自分のしていることを考え直してもらう
ようにすべきである。そのためには長期的な目標についての問いをするのが
よいであろう。教師も基本的には親と同じような目標を掲げているのであ
る。つまり生徒に、責任を持ち、思いやりがあり、道徳的で、好奇心を持
ち、生涯にわたって学ぶ人間になってほしいといったことである。親は教師
と共有できる目標を中心に話し、その目標に到達するために、責任を持って
意思決定ができる人間に育てられない伝統的訓練よりも、もっと良い方法が
ある可能性を示すとよい。

　子どもの教師に、「ともにする」教室を創るための参考になる論文や本、
ビデオを紹介する準備もしておくのもよい。[12] また少し調べて、他の教師が
そのような場を創るためにどのような取り組みをしているのかを話せるよう
にすることも考えられる。そのような教室を訪問する（あるいはそういう教
師と話す）ことを提案してもよいし、実際の学校での成功体験を紹介してい
る文章を読むよう勧めてもよい。学校が子どもに対して「一方的にする」場
所である必要はないことに気づくのは、親と教師双方にとって安心させられ
ることであろう。実際に、「飴とムチ」で統制することなく、生徒を大事にし、
魅力のある学習環境を創る方法を見つけている学校は全国にあるのである。

　しかし、親がどれだけ丁寧にしても、教師がその意見や助言を受け入れな
い場合は、行動を起こすことに伴う危険を冒しても構わないほど、状況が悪
いかどうかを判断しなければならない。そして、自らの努力の成功する見込
みがどのくらいあるのかも考えるべきである。問題が、ある特定の学級だけ
のものであれば、子どもを別の学級に移らせることができるかもしれない。
親が選ぶ戦略は、校長、あるいは学校区の教育委員会の担当者が、親の見解
に理解があるか、少なくとも話し合いができるかどうかにより異なる。自分
の懸念に共感する親たちを見つけるのもよいであろう。あるやり方や方針に
反対する人が多いほど、その主張が拒否される可能性は少なくなる。

　そのようなことを行う一方で、とりわけ状況がすぐには変わらないと判断
したときには、子どもを守るために、できることをすべて行うことが非常に
重要である。親は次のような難しい局面に対応しなければならない。一方

で、子どもに教師を無視したり不作法な振る舞いをしたりすることを勧めてはいけない。たとえ教師が子どもに不作法に振る舞ったとしてもである。他方で、許されないと考える教師の行為を認めてはならない。あるいは大人は常に、正当な理由がなくても共謀する（そして一致して子どもに敵対する）かのように子どもに感じさせてはならない。親の第一の義務は子どもにきちんと対応することである。

　親が何をどのように言うかは、当然子どもの年齢によって決まる。同時に学校の状況を、単に理想に少しだけ及ばないと見なすか、どうしようもなくひどいと見なすかによっても異なる。その目的は、子どもに一種の予防注射をすることであると考えるとよい。つまり、子どもに無条件の愛情、大切にする気持ちと信頼を伝え、世界を客観的に捉える視点を与えることで、過度に統制的な環境や、不合理な権威者の破壊的な影響に対する免疫となるようにすることである。大人が罰と報酬を用いなければならないと感じるのはどうしてか、大人が他にできたことは何か、そして自分自身の行動も違ったものにできたのではないかを、子どもに振り返らせるようにすべきである。少なくともこのことが、疑わしい教育方針による否定的影響から子どもを守るだけでなく、子どもが学ぶ機会を提供する。

　子どもはまた、親が困難にどのように立ち向かうかを観察することからも学ぶことを思い出そう。親が（考えもなく教師の側に立つのではなく）子どもの懸念を真剣に捉え、（問題を自分だけで解決しようとするのではなく）子どもを巻き込んで解決策を見つけようとするかどうかである。同時に子どもは、教師の行動に対して同意しないときでさえも、親がどのくらい教師への尊敬心を伝えているか、そしてこれらの課題についての教師や校長の見方をどのくらい理解し認めようとしているかに気づくものである。

　親は教師に対して、敵対的な関係を望んではいないことを明らかにするべきである。それは子どもが見ており、そうすることが正しいことでもあり、そしてより効果的であるためである。親の目標は協力し、すべての人——自分の子どもだけではなく、すべての子どもと大人——が必要とするものを考慮に入れることである。同時に、賄賂と脅しで子どもを強要することは断固

として受け入れられないとする考えを持ち続けることも大切である。

　結果として、子どもへの対応が家庭と学校で違う状態が続くかもしれない。一方では道理と内面的価値観に重点が置かれ、他方では外面的な行動に焦点が当てられる。一方では、自分の行為の他者に対する影響を考えるように導かれ、他方では自分自身に起こることだけを考えさせられる。一方では自分で考えることが奨励され、他方では言われた通りにすることが求められる。一方では自分の存在自体が評価され、他方では行いで評価される。家庭と学校が一致しないことは子どもにとっては混乱を招くものであり、決して理想的ではない。しかし家庭と学校が完全に一体となって子どもに対して害となることをするよりはましである。

【原註】

1) しかし、これは幸福が唯一の目標であるべきということは意味しない。本書 p.270 原註 1 を参照。

2) Gordon 1975, p.27.

3) Watson, pp.142, 30.

4) 同上、p.2.

5) Lovett, pp.36, 69, 104-105.

6) 幸福は人が所有しているもの次第であるという考えは、子どもに育てたくないものである。非常に多くの大人はこう信じているかのように行動する。新しい靴や洒落た電子機器を買うことで一時的に爆発的喜びを感じても、すぐにまた元の不安と退屈に戻ってしまうというサイクルになじみのある大人でさえもそうである。いみじくも「商品物神崇拝」と呼ばれる現象はあまり健全ではない。私たちに、自分たちが売っているすべての最新の品物が必要であると説得しようと懸命に努めている企業にとっては、非常に利益になるではあろうが。

7) Juul, p.63.

8) この問題についての詳細は *Punished by Rewards*（Kohn 1999）、特に第 6 章（「賞賛の問題点」）とあとがきを参照。

9) Grusec et al. 1978. 他の研究では、子どもが寛大に振る舞う可能性は、子どもが褒められたときも、自らを有用な人間と考えるように促されたときも、高くなる。しかし追跡調査では、後者の子どもの方が、言葉による強化を受けた前者の子どもよりも、より寛大に振る舞うことが分かった。換言すれば、称賛は一定の状況の中では寛大さを高めるが、その状況の外では効果を失う。それに対して寛大でなければならない理由をより深く理解している子どもは、他の場面でもその動機に基づいた行動を続けられる（Grusec and Redler）。

10) *Lives of Promise* の著者であるボストンカレッジの Karen D.Arnold は Rimer に引用されている。

11) この区別の重要性の詳細については、Kohn 1999b 第 2 章を参照。

12)　私自身これを試みて、教師向けの短い本 *Beyond Discipline*（Kohn 1996）を書いた。また *Learning to Trust*（Watson）を薦める。この本は都心の貧困地域で教える、ある教師の2年間の生活を描いている。その教師は子どもの必要を満たす教育をすることで、学級経営で強制的な方法を避けることに成功したのである。

第9章

子どものための選択

CHAPTER 9　子どものための選択

　　ある日の午後、理容室で私の髪を切っていた女性が、自分の息子についての問題を話し始めた。私はこのような話を本格的な相談にしたくなかったので、彼女の話が終わったところで、息子さんにその問題に対処する方法を何か提案してもらえばどうだろうか、とだけ伝えた。驚いたことに、彼女が私の意見に非常に興奮したため、間違って私の耳を切り落としてしまわないか心配になった。

　何か事が起きたとき、子どもが問題解決の過程に参加するのがよいという考えは、取り立てて独創的ではない。ついでに言えば、子どもは自分に起こっていることについては、その時々で意見を言うべきであるとする考えも同様である。しかし私は、親がそのようなあり方を考えず、そのように行動せず、それに腹を立てて抵抗しさえすることに、これまでずっと驚いていた。そのため少し立ち止まって、子どもに意思決定に参加させるのはどうしてなのか、そしてどのようにすればよいのかを考えてみることが有意義であろう。先ずどうしてかということから始めたい。

選 択 す る こ と で 得 ら れ る こ と

　第一に言えることは、道徳的利点である。人は皆、自らの人生に何らかの支配力を持つべきである。もちろん子どもの場合、その程度と種類には限界がある。多くのことは別の大人が子どものために決めなければならず、特に子どもが幼いときはそうである。しかしだからといってこの基本的原則を否定することはできない。親としての原則的立場は、例外を認める特段の理由がない限り、子どもに関する事柄については、子ども自身に決めさせることであるべきである。子どもが決めることは許される**べきではない**とするときは、各々の場合に即して、その理由を説明できるようにすべきである。

　ある研究者が述べたように、人はすべて「駒」ではなく、自分の人生におい
ての「指し手」となることが必要である。自律の感覚、すなわち自分が行
うことの大部分を自ら主導しているという感覚を持つことが重要である。実
際に、人が具体的に何を選ぶかということ以上に、選ぶという行為自体が意
味を持つことがしばしばある。私はそのことをつい忘れてしまったときが
あった。ある日の夜、3歳半だった息子が、シールブックで遊びたいと言っ
てきたことがあった。私は本棚にそれがたくさんあるのを見つけ、息子が喜
ぶだろうと思ったトラックのシールの本を選んで渡した。すると息子は「ダ
メ、僕が選びたいの」と言い張ったのである。私は選んだ本を戻し、本をす
べて渡した。息子が結局何を選んだのかは分からなかった。

　自律への欲求が恒常的に妨げられると、その結果として苛立ちだけではな
く、抑うつ状態や身体的病気に至ることさえある。[1] 第3章で見たように、子
どもが親から過度に統制されていると感じるとき、様々な望ましくない兆候
が現れる。教室でも同様で、生徒が自分の学んでいることや、学ぶ環境につ
いての発言権がほとんどなければ、深く考えたり、興味を持ったりはしなく
なる傾向にある（残念なことであるが、伝統的な教育方法や「基礎に戻れ」
式の教授法を特徴づけるのは、まさにそのような受動性の強制である）。同
様に、大人が職場で燃え尽きてしまうのは、仕事の量が多いためではなく、
自分がすることについての選択肢が十分に与えられないからである。

　これまでの研究は、人が活発に活動できなくなるのは無力感を抱くときで
あることを示しているだけではない。同時に選択する機会を**持っている**こと
の利点を明らかにしているのである。例えば、親が統制に頼りたくなる誘惑
に打ち勝つだけでなく、特に意識をして子どもに自律感を体験するようにし
たときに、[2] 子どもは親に言われたことをよりするようになり、悪い行動は
しなくなる。家族の意思決定に参加できる青少年は、親を頼りにし、親と考
えの多くを共有するようになる傾向にある。そして成長してからは自分を肯
定的に感じ、学校を好きになり、難しい課題に挑戦しようとするようにな
る。これでだけでは不十分だと言うのであれば、あまり問題を起こさないよ
うにもなる。さらに親から自立するように促されていた大学生は、そうでは

なかった学生と比べて、より自信を持ち、困難な状況や失敗に直面したとき
に頑張り抜くことができる。[3]

　教師が生徒の行うことについてより広い選択肢を与えたときも、結果は同
様に大変良いものとなる。研究結果を要約したものによると、その効果は
「自分の能力に一層自信を持つこと、内発的動機づけが高まること、情緒的
に積極的になること、創造性が高まること、安易な成功よりも自らの能力に
適した問題に挑戦する傾向を持つこと、学業を継続すること（つまり中退率
の低さ）、概念的理解が高まること、そして学業成績がより良くなること」
などである。[4]

　このことから、子どもに選択権を与えることは、家庭と学校とを問わず、
すべての年齢で重要であり、また短期的な結果と長期的な目標の両方に関し
て有効である。考えてみれば、人は人生の中で、些細なことから非常に重要
なことまで、絶えず多くの選択をしなければならず、親は子どもに、良く考
えて選択ができるようになることを望んでいる。この問題について、関連す
る研究成果と実生活での経験を、一文で要約するとすれば次のようになるだ
ろう。**子どもが賢明な決定ができるようになる方法は、自ら決定をすること
によってであり、指示に従うことによってではない。**

　同時に、人は常に決定に参加できるわけではないことも認めなければなら
ない。アメリカの教室や職場のほとんどで民主主義を見出すことはできず、
親の中には、その事実を口実として「自分の言うことが絶対」という方針を
正当化する人もいる。しかし、子どもが必要もなく統制される経験に対処で
きるように備える最上の方法は、前もって統制されるような状況の中に置く
ことではない。それは、環境の中に多くの発がん性物質があるから、子ども
が幼いときから、できるだけ多くの発がん性物質に晒すべきだと言うのと同
じであろう。

　そうではなく、子どもを尊重する気持ちで育て、無条件の支持を行い、日
常的に選択する機会を与えることが理に適っている。このような基盤があれ
ば子どもは、成長の過程で身につけてきた高度な判断基準によって、将来出
会う統制的な人間や組織を評価できるようになる。同時に、権力に基づく社

会のあり方をそのまま受け入れたり、それが不可避であると考えたりするのではなく、社会のより良い方向への変革のために力を尽くすであろう。

以上をまとめるならば、自ら決める力を与えられた子どもこそ、自分の力を奪おうとする状況に対して建設的に対処するのに、最も良い立場にいるのである。そして親は、**自らの力**の行使を控えようとする限りにおいて、子どもからそのような力を引き出す好位置にいるのである。

最 初 の 言 葉 と 最 後 の 決 定

親の力を制限することは、必ずしも親の意向を伝えてはならないということではないが、可能なときはいつでも、最終決定は子どもの手に委ねるべきである。[5] 例えば、自分の子どもが何か悪いことをしたら、本人が謝るのが適切だと考えていることを、ごく当たり前のように話すことはできる。しかしこの考えが正しいかどうか、子どもがその通りにするかどうかは、子どもの決定に任せるべきである（これと全く逆なのは、子どもが本当は悪くないと思っているのに、悪かったと謝罪するように強制することである）。

子どもに最後の決定権を与えるのに躊躇するときでも、子どもに最初の意思表明権を与えることはできよう。つまり自分自身の考えについて話す機会である。そして子どもが何かをしてもいいかどうかと尋ねたら、「そうだね、おまえはどう思う？」と返事をするのが適切である。このことで子どもは自分の意見が尊重されることを知り、自分がしたいことの意味を積極的に考えるようになる。

子どもに決めさせるべきかどうか、そしてどのようにして決めさせるのかに関わる問題は、兄弟喧嘩の場合には少し複雑になる。[6] 多くの親はすぐに口を出し、一方の子どもの味方をしたり、両方を不当に叱ったり、どちらを責めるべきかを考えあぐねて、状況をさらに悪くさせる。そうすることで親は、子どもが自分たちで解決を探ることを学ぶ過程を省いてしまうのである。

しかし私は、「子どもたち自身に解決させるようにしなさい」という一般的な助言に全面的には賛成できない。それは第一に、自分が怒って当然であ

ると思っている子どもは、親が十分に関わってくれず、自分の不満に無関心であると考えると思われるからである。第二に、親が干渉しない方法では、弱い子どもは、自分よりも強くて頭の働く子どもの言いなりになってしまい、子ども同士での解決がどれほど不公正になっても、親がお墨付きを与えるという印象を与えてしまうからである。

　そのため、親が関心を持って子どものことを考えているとはっきり示し、状況を確認すべきである。そして子どもたち自身で解決策を見つけることができると判断したら、その内容を親が確認したと明確に言うのがよい。これが当事者すべてにとっての学習の過程である。喧嘩が一段落したら子どもに話をして、問題解決の技能を磨き、公平さという問題を振り返り、今度何かあったらどうすればよいかを考えるよう促すのである。しかし注意が必要である。ある児童心理学者が述べるように、「親の干渉が公平さを保証するとは必ずしも言えない。より力を持った人間が喧嘩に加わることになり、子どもの状況がどうであれ、親の言葉が決定的な意味を持つのである」。7)

　深刻な意見の不一致がないときでも、上の子どもは弟や妹に代わって物事を決め、どうしたらいいのかを教えようとすることもある。（大人と同様に）子どもも、「一方的にする」ようになりやすい。だとすれば学ぶべきは、他者の自律性を支援する姿勢である。幼い子どもにそのような支援をすることによって、子どもは不必要に自分を統制しようとする人から自らを守ることができるようになるのである。

一緒に決めよう

　赤ん坊でさえも選ぶ権利は認められるべきである。赤ん坊は、何を食べたいか、どのように抱っこされたいか、どこをくすぐられるのがよいか、どのおもちゃで遊びたいか等々について、非常にはっきりとした好みを持っている。大切なことは、赤ん坊が親に伝えていることに耳を傾け、可能な場合はいつでもその要求を尊重することであって、食事や睡眠の固定的なスケジュールにこだわったり、親にとっては愉快かもしれないが、赤ん坊自身は

喜ばないような方法で世話をしたりしてはいけない。[8]

　幼児になるとより上手に自分のしたいことを伝えることができ、それが妨げられたときに、不満を表現する方法もより多様になる。当然のことであるが、自分の欲しいことを多く手に入れることができるように算段する能力が高まるとともに、周囲との対立の可能性も出てくる。そのため親は、幼い子どもにできることが次第に増えていくのを、複雑な思いで見ることが多い。私の娘が18か月のとき、おもちゃのスイッチを入れたり切ったりすることを覚えた。それは素晴らしいことであり、娘の能力を誇らしく感じ、娘がしばしば私を呼ぶ必要がなくなって少しホッとした。しかしそれは意思のぶつかり合いの場面がセットされたことでもあった。私はやかましいおもちゃのスイッチを切り、娘はまたすぐにスイッチを入れる。この時点で私にできることは、次の2つに限られていた。私のやり方か娘のやり方か、つまり、娘がスイッチを入れるのを認めるかそうでないかである（この場合、私は認めたが）。

　しかし子どもが成長するにつれて次第に、説明をしたり話し合ったりすることができるようになる。これは本当に画期的なことである。子どもの意思に従うか、親の意思を押しつけるかの二者択一を迫られなくなり、第三の可能性を選ぶことができるようになる。それは子どもと一緒に解決策を見出すことである。これは単に、極端な絶対的自由と、過度の統制との中間に位置するものではないことに留意すべきである。黒と白とに代わる最上の代替案が灰色ではなく、例えばオレンジ色であることがある。換言すれば、親の選択の幅を決定するスペクトラムの外側に可能性があるのだ。それは、子どもに**どの程度**の決定権を与えるか、つまり決定の中のどれだけの割合を子どもに任せるかだけではなく、親が子どもの決定を助ける**方法**をめぐって、どうしたら子どもが能動的になるか、親と子どもが相互協力的になるかに関わる事柄である。

　子育ての方法についての初期の研究が見出したのは、子どもは決定する機会を豊富に与えられるならば、より「能動的、外向的、自発的」になることである。　しかしさらに詳しく調べてみると、決定する自由だけでは十分で

はなく、「親と子どもの間の高いレベルでの相互作用」も必要であることが
明らかになった。[9] 一般的に言えば、親は子どもの選択能力が伸びるように
積極的に支援をし、子どもが少なくとも一定の範囲内で自己決定権を持って
いると感じられるようにしなければならない。親の仕事は子どもに自律の感
覚を養い、同時に、寝る時間、門限、家族旅行の行き先などといった具体的
な問題に対する意見の調整について話し合う方法をともに考えることである。

　例えば、親から見ればテレビやコンピュータの前で長時間過ごしているよ
うに思われる子どもを考えてみよう。最近私はこの問題について2人の母親
と別々に話す機会があった。1人は、家の中で子どもがテレビを見すぎるの
を不満に思っていたが、肩をすくめて「先生ならどうされますか。今の子ど
もはそのようなものなのでしょうか」と反語的に尋ねた。もう1人は対照的
に、何かしなければと考えて、リモコンを娘から隠したと話した。

　この2人の反応は、典型的な誤った二分法的思考を代表している。前者の
母親のように、良くないと思っていても、子どもにしたいことを何でもさせ
るとき、それは親が本心では子どもに関心を持っておらず、親としての責任
を放棄しているというメッセージを伝える危険がある（テレビの場合、何も
しないという選択を実際問題として魅力的だと感じる親がいる。それは親が
不満を持っていても、子どもがテレビに熱中しておとなしくしているこ
とが好都合だからである）。他方後者の母親の対応は、一方的にする解決策
である。リモコンを隠すことは（少なくとも長い期間にわたっては）うまく
いかず、子どもに何か抜け道を見つけさせるだけになることは置いておくと
しても、より重大な問題は、このことで子どもは、自分のしたいことをする
ために力――あるいはずるい方法――を使ってもよいということを学ぶこと
である。

　この2通りの方策に共通しているのは、どちらも時間、能力、技能、配
慮、勇気を必要としていないことである。すでに指摘したように、本当の意
味での「ともにする」方法は、「私が親で、私が決める」という一方的な方
法や、「したいことは何でもしていいよ」という無関心以上に、手間がかか
るものである。より建設的な対応は、先ず話を聞くことから始まる。それは

子どもに自分の意見を聞いてもらえていると感じさせるためだけではなく、実際の状況をよく知るためでもある。テレビ番組やコンピュータゲームはそれ自体として魅力的ではあるが、それに過度の時間を費やしている子どもは、抑うつ状態にあったり、（人とのつき合いなど）他の活動を避けようとしたりしていることがあって、その具体的な原因にこそ対処しなければならない。話を聞くことに加えて、親は自らの感情を率直に伝え、子どもとともに解決策を探さなければならない。つまり「あなたが納得できて、お母さんの心配も解消できるような方法について話しましょう。何かアイディアを見つけてやってみましょう」と言うことができればよい。

このようにすれば、テレビやコンピュータの前に座る時間の適切な限度と、具体的にどの番組やゲームが良くて、どれがだめなのか（そしてどうしてそうなのか）について合意できるであろう。しかしこれは話し合いの始まりにすぎない。親は、テレビが子どもの最上の友だちになった理由の背後にある問題も探らなければならない。また、子どもとともに過ごす時間を増やし、子どもの選択の助けとなる取り組みをしなければならない。

別の例を考えてみよう。車の後部ドアをロックして、高速道路を走っている間に幼い子どもが間違って開けてしまわないようにすることはよい。しかし運転手である親だけが電動窓を開け閉めできるように、それをロックするのは問題である。これもまた一方的にする解決法であって、子どもから外部の状況をコントロールする力を奪うことで、問題をなくしてしまおうとする試みである。むしろ子どもには窓で遊ぶことを認めた方がよいであろう。いずれは物珍しさがなくなってしまうことは目に見えている。しかしもし子どものしていることに本当に問題があれば、時間をかけてそれが問題である**理由**を説明し、子どもにあまり窓のボタンで遊ばないように伝えるのがよい。

このような原則に基づく方法は、私自身の子どもにはほとんどの場合に効果があり、全国の親たちからも同様の体験をしたことを聞いている。子どもは、自分が尊重され、問題解決に関わることができ、誠意を持っていると信じてもらえるとき、きちんと反応するものである。対照的に、伝統的なしつけ（とそれにともなう考え方）によって育てられた子どもは、相手につけ込

む傾向にある。「子どもに1インチ譲歩したら、1マイル得ようとする」という言葉は何よりも、人生の中で数インチしか与えられてこなかった子どもたちに当てはまる。

　まとめて言えば、家族の生活の中で現れる非常に多くの問題の各々について、親の選択は次のようなものである。つまり、統制か教育か、つまり不信の環境を創るか／信頼の環境を創るか、力に頼る例を示すか／子どもが責任を学ぶのを促すか、目先のことだけを考える子育てか／長期的な目標を重視する子育てかである。

　これらの選択は、日々子どもを起こし、服を着せ、食べさせ、顔を洗わせ、学校に間に合うように家を出させることに格闘している親にとって、とりわけ意味を持つ。つまりほとんどすべての親にとってである。私の最初の子どもが幼稚園に行き始めてまもなく、妻と私は、がみがみと言い、様々な強制の方法に頼る罠にはまってしまった。朝、娘を幼稚園に行かせようと必死にがんばってやっていたことは、お互いにとって疲れるものであり、自分たちが目指していた親の姿ではなかった。結局私たちは、時間の余裕があるときに娘と一緒に座り、冷静に問題を娘に示した。そして指示をするのではなく、娘の話を聞いた。（ペットを家で訓練しようとするように）娘が行うべき「行動プラン」を作るのではなく、「毎朝が家族みんなにとってもっと楽しくなるには、どうすればよいか」を自由に考えた。

　娘は、翌朝出て行くときの服を着て寝れば、もっと早くできるのではと提案した。それを試してはいけない理由も特に見つからなかったので、私たちはそうしてみた（娘はしわになりやすい服は着なかったが、もしそのような服を着たとしても、それでよかっただろう）。これはうまくいった。朝がせわしいことは時々あったが、服を着ることが朝の日課の一部であったときよりは少なくなった。

　ここでの私の論点が、服を着て寝ることを勧めることではないことはお分かりであろう。結論以上にそこに至る過程が重要であり、その過程の中でこそ、子どもは自ら判断し、計画し、解決策を探すことに参加するよう促されるのである。重要なことは、自分の欲求が親にとって意味を持っており、親

が進んで自分の考えを真剣に受け止めることを子どもが知っていることである。明晰に考えることができ、自信を持っている子ども —— 問題を抱えた青少年にはならない子ども —— を育てたいと思う人は、長期にわたって協力による問題解決の場面を数多く体験することの効果について思い巡らし、それを、大切な決定はすべて親が行っている場合と比較するとよい。実際には、その結果を想像する必要はない。これまでの研究結果を見れば、進んで子どもと意見交換を行い、子どもの主張に従って意見を変えることができる親を持つ子どもは、自己をより良くコントロールできるようになることが分かる。[10]

　しかしそのように子どもの意見を受け入れることは、新しい疑問や問題を生み出し、親が不満を感じる原因になることもある。多くの親は冗談半分に、子どもが言われた通りに振る舞い、分別を持ち、口答えなどしなかった古き良き時代を懐かしむ。しかしもちろん分別を持っているのは親である。古き良き時代は実際にはそれほど良いものではなかった。一方、とことん話し合ってともに決めていく過程によって得られる良い効果は、それを行う親の忍耐に対して何倍もの見返りを与えてくれるものである。

　これは次のように考えてみよう。年長の子どもの親が選ぶことのできる方法の1つは、子どもが問題に巻き込まれないよう懸命に努め、子どもを監視、統制することである。例えば、子どもの日記を読み、こっそりと子どものカバンを調べ、不適切なテレビ番組を見ないように技術的な細工を行い、さらには常に監視できるように隠しカメラを置くことである。もう1つの方法は、子どもが幼いうちから信頼関係を築き、意思決定に子どもを参加させることである。こう考えると、前者のような一方的にする方法は、すでに明らかになっているように有害で非生産的であるが、同時に不必要であることも分かるのである。

　しかし子どもとすべてのことを話すための十分な時間が、一日の中にあるのだろうか。この懸念に対しては4通りの対応が考えられる。第一は、細かく話し合うために多くの時間を使いすぎるということは理論的にはあり得るが、ほとんどの親は、時間をかけすぎてしまうことを心配する前に、もっと

多くのことをすべきである。非常によく見られる間違いは、決定する権限を
子どもと共有することが非常にまれであることである。圧倒的多数の家族に
は、民主的な意思決定の場が少なすぎるのであって、決して多すぎることは
ない。

　第二には、私が主張しているのは、すべての事柄を子どもと実際に話し合
うべきだということではなく、多くの問題は話し合いで決めることが**できる**
と子どもが理解すべきであるということである。逆説的ではあるが、子ども
が自分にとって重要であると感じる場合に、親の決定に反対する（あるいは
代案を示す）ことができると確信していれば、すべての決定にいちいち口を
挟む必要を感じなくなるであろう。

　第三には、子どもが自ら参加して行った決定に反対することは、ほとんど
考えられない。「この家に住んでいる限り、親の言うようにしなさい」とい
うトップダウン式の方法は、親が想定する以上にずっと多くの時間とエネル
ギーを消耗させる。そのことで子どもに反抗心が生まれるからである。親と
子どもの双方が経験するストレス――そして親子関係への悪影響――は別と
しても、議論をせずに、親が一方的に決めることは一見効率的に思われる
が、長期的に見れば、そう思うのは幻想であることが分かる。

　そして最後に、長期的に見ることに関わって言えば、子どもとともに行う
ことは伝統的な方法よりも時間と労力がかかるとしても、これは親として最
上の時間の使い方の 1 つであるということである。この点を考えるために、
ここで議論しているような特定の論点を越えて考え、この過程が子どもの社
会的、道徳的、知的発達に計り知れないほどの効果を持つことを想起しなけ
ればならない。

似非選択

　親の中には「選択」を、子どもにより大きな発言権を与えるという文脈で
はなく、子どもがわざと悪いことをしようとしたとして非難する文脈で語る
人がいる。[11]「おまえはきまりを破ることを**選んだ**」といった言葉は「選択」

という単語を子どもに対する棍棒のように用いることと同じである。それはまた、罰を与える対応を正当化しようとする1つの方法であって、このように言う人が実際に、罰やそれ以外の有形力に基づいた対処法を用いることがずっと多いことは、驚くべきことではない。[12]

　子どもは良くない行いを自ら選択するものだと、深い考えもなく主張する大人は、貧困であることの原因はすべて本人にあると宣言する政治家のようなものである。いずれの場合も第一に、個人的な責任以外の、関連する隠れた要因を無視している。とりわけ幼い子どもは十分に能力が発達しておらず、その子が選択をしたと主張する際に前提とされている、合理的な決定や衝動の統制を行うことはまだできない（このような限界を考慮に入れる親は、罰したり非難したりするのではなく、子どもを助けてそれに関わる技能が発達するようにするだろう）。親と政治家が選択の理由をどこに求めるのかという点で類似している第二の点は、そう考えることから利益を得るのが、まさにそれを主張している当人であることである。そのような親や政治家は、自らの決定や要求を考え直す必要はなくなる。例えば親は、何が起きたとしても、子どもがそれを「選んだ」のだと自分に言い聞かせることができる。

　間違って使われるのは、単に言葉だけではなく、選択という考え自体である場合もある。これが見て取れるのは、親が実際には決定の権限を独占していながら、子どもに決めさせるふりをするときである。この「似非選択」には3つのよく見られる形があり、残念なことに、いずれもしつけに関する本の中で、親がすべきことの実例として示されているものである。

　第一の形は、「お皿洗いを今したい？　それとも、好きなテレビ番組の時間のときにしたい？」といった誘導的な問いである。ここでの問題は、単に選択肢が2つしかないことだけではなく、子どもにとって実質的な選択肢が全く与えられていないことである。子どもが好きな番組を見逃したくないと思うのは当然である。これでは親が「今お皿を洗いなさい。そうしないとテレビを見せないよ」、あるいはより一般的には「お母さんの言う通りにしなさい。そうしないと罰を受けるよ」と言っていることと同じである。選択の

表現が、実質的には脅しにすぎないものを覆い隠すために使われている。

　似非選択の第二の形は、第一の形のだましが、不適切だと見なされることを子どもがした**後で**行われる点で異なるだけである。親が、罰が与えられるだろうと言うとき、それを子どもが求めたものとして表現するのである。例えば「おまえがタイムアウトを**選んだ**のだよ」と。この言葉に魅力を感じる親もいる。それは親がこれからしようとしていることに対する責任を免除するように感じられるためである。しかしそれは根本的に不誠実で、子どもを操作しようとするものである。罰に加えて、一種の心理戦が展開される。つまり現実が別の仕方で解釈され、子どもは事実上、苦しめられることを自ら求めたのだと言われるのである。「おまえがタイムアウトを選んだのだよ」は虚偽である。誠実な親であれば「おまえを一人きりにさせるよう、私が選んだ」と言うべきであろう。

　この計略と少しだけ異なる別の形は、「私におまえを叩かせないでくれ」（あるいは、「お前の部屋に閉じ込めさせないで」とか「お小遣いをなしにさせないで」などなど）と言うことである。これも実質的には、親に罰を与え「させた」責任が子どもにあるかのようなふりをすることである。興味深いことに、子どもは自分の行動に責任を取らなければならない——場合によっては、十分に責任が取れるまで成長していなくても——と心を込めて宣言する親の多くが、結局事実を押し曲げて、**自分自身**の責任を回避することである（「私が悪いのではない！　子どもにつらく当たらせるのは子ども自身なのだ！」）。

　似非選択の第三の形は、親が子どもに選択肢を与えその中から選ぶことは許すふりをするが、その帰結のあり方を親が決めるものである。親が受け入れる選択肢もあり、そうでないものもある。そして子どもは、親が自分にどうして欲しいのかを考えることが求められる。ここでもやはり、子どもが「選ぶ」機会を欲しいと思うならば、である（「お前は、これを自分自身で決めることができるほどには大きくはなっていない」は「お前は私が望んだものを選ばなかった」ことを意味する）。そうであれば、見せかけの選択肢を与えるよりも、単に「お前のために選んであげよう」と子どもに言う方が良

い。この方が少なくとも正直である。

限 度 の 限 界

　このようなだましをしない親であっても、子どもの選択の機会を不必要に
制限しているのではないかと振り返ってみるべきである。ある種の選択は、
大人が自分の子どもに代わってしなければならないとしても──そして、子
どもが自らすることのできる選択も境界線を決めなければならないことが多
いとしても──親（そして親にアドバイスをする人）が「限度を決める」こ
との必要性について、力を込めて、そして自己満足的に公言することに、私
は懸念を感じる。この言い方は、過度の統制を特徴とする子育ての方法を正
当化するために用いられることが非常に多いのである。

　とりわけこれが当てはまるのは、親は自分のしていることにためらいを感
じるべきではない、なぜなら子どもは抵抗しているように見えても、本当は
限度を望んでいるのだとも主張されるときである。トマス・ゴードンが指摘
したように、この考えは「危険な、半分だけの真理」である。子どもは限度
を**受け入れ**、限度の価値を認めるかもしれない。しかし子どもが**必要として
いる**のは単なる束縛ではなく、自分の意見を聞かれることである。「大人が
設定した限度と……自分も参加して決めた限度」に対しての子どもの反応が
どれほど違うのかを見るとよい。ゴードンが考えたように、親が問わなけれ
ばならない問題は、場合によって限度や規則が必要かどうかではなく、「誰
がそれを決めるかである。大人だけなのか、それとも大人と子どもが一緒に
なってなのか」である。[13]

　親が定める限度は、子どもにとって意味のない事柄についてだけ選択を許
すという形を取ることがある。私はある母親が自慢げに、自分がどうなって
もよいと思うようなことは子どもに選ばせることにしていると話していたの
を憶えている。先に触れたように、自律性を発揮させることは、親が結果に
ついて**関心**を持っていることについて子どもに発言権を持たせることであ
る。子どもは親を少し驚かせるような選択もすることが許されるべきである。

　当然ながら子どもにどの程度の選択の機会を与えるのかは、子どもの年齢によっても異なる。3歳の子どもに予防接種を受けるかどうかを決めさせるのが良いとは言えない。しかしこの年齢でも、食事の際に使うマグマグの色をどれにするかということ以上の意味を持つ事柄に、何らかの意見が言えるようにすべきである。同時に、話し合う問題の性格を考慮に入れることも大切である。健康や安全などの領域では、子どもが与えられる選択肢はあまり重要でない面に限られる。例えば、お風呂に入るのは**いつか**、自転車やスケートボードに乗る前にかぶるヘルメットはどのような形にするかである。しかし自分の寝室にどのような家具を置き、どのように飾るのかといった面については、子どもはより多くの自分で決められる部分を持ち、自分のしたいようにできるのがよい（権威主義的な親は、これとは逆に、子どもが選ぶ機会を最小限にしか与えないだけでなく、好みや個人の選択の問題を、唯一の正解しかない道徳的な問題であるかのように扱う傾向にある。そしてその正解は当然ながら親から与えられるのである）。

　私は（自分が出会ったこともない）ある特定の子どもが、ある年齢で何を決めることが許されるべきかを具体的に確定しようとは考えない。しかしすべての親にとっての課題は、子どもに、ある問題についての決定権を与える**べきではない**と言うのであれば、それは、子どもに決めさせることが適当ではないからであって、単に親の統制権の一部を手放したくないからではない、ということを確認することでなければならない。最も優れた親でも、自らの権威の一部を放棄することは困難ではあるが、何とかして放棄しているのである。そしてそうしないときは、後で愚かなことをしたと考え、「ちょっと待て。どうして自分一人で決めてしまったのだ？　子どもに尋ねるべきだったのに、どうして自分の考えを押しつけたのか？」と呟くのである。

　子どもの行う選択が、実質的で意味のあるようにするための方法の1つは、（「x、y、zの中でどれが良い」というように）親が作った一覧から1つを選ばせるようにはしないことである。幼い子どもであれば、このような形の制限された選択しかできないであろう。しかし子どもが5、6歳になれば、親が決めた選択肢の中から1つを選ぶだけではなく、異なった可能性を

自分で**生み出す**機会を数多く持つべきである。親は「今日は何をしたい？」といったオープンエンドの質問をするように心がけるのがよい。子どもが困ったら、何か考えを示すのはよい。しかし早まって親の意見を言ってはいけない。本当の自律性は、与えられた選択肢から選ぶこと以上に、選択肢自体を自ら作ることによって高まるのである。[14)]

しなければならないが、したくないとき

　親が子どもにあることをするように（あるいはしないように）と言うことを正当化できる合理的理由があるかどうかを、丹念に考えてみたとしても、どうしても譲歩できない要求は残るであろう。子どもが親の言うことに従うことが必要であって、親が「こうしなさい」とか「それはだめ」と本当に言わなければならない場合がある。このようなとき、どうすればいいのであろうか。

　幸いなことに、普段から自分の力を誇示して子どもに服従を求めるようなことをしていない親の子どもは、親の言葉を信頼して、必要な状況の中では言われた通りにするであろう（これは、何かを決めるとき参加できることが分かっている子どもが、すべてのことについて自分で決めようとはしないことと同様である）。より抵抗を見せるのは、無力感を抱き、大げさに自分の自律性を主張しなければならないように追い込まれている子どもである。

　それでも、どれほど十分な理由があり、親の権威を発動させることをどれほど少なくしても、親が言ったときに子どもが聞き入れないこともあるだろう。しかしそのような場合でも、報酬や罰を与えたり、乱暴にきまりを強制したりしない方法がある。

1　干渉を最小限にする

　可能な限り優しく、思いやりを持つこと。親の力で子どもを圧倒しないこと。子どもの機嫌が悪く、親の言うことにいちいち怒って反抗する場合に、

子どもとの戦いに陥ってはいけない。子どもが道理を考えられないときは議論をしても無意味であり、怒鳴り返すこともももちろん効果がない。子どもが平静を取り戻すために数分を与えることだ。嵐は過ぎ去る。

　この助言は、子どもが消極的な抵抗をしたときにも役に立つ。幼い子どもが、おもちゃを片づけなさいと言うのを無視しているとしよう。子どもは背中を向けて遊び続ける。親としては、さらに言い聞かせ、高圧的な方法を使って、罰を強く与えたいという衝動が強くなる場面である。何と言っても親の権威がないがしろにされているのだ！　子どもが親を無視するなど許されない！　しかしここでは、一呼吸おいて、遊び終わったら片づけるように言って、立ち去るのはどうだろうか。少し身を退き、子どもに一定の猶予を与えることで、子どもは自律性と尊厳を保つことができる。

　私の経験では、このような対立的ではない方法こそより良い結果をもたらす上、さらに雰囲気を心地よいものにし、親子関係にも比較的傷をつけない（実際、同様の「依頼をして立ち去る」方法は学校の教師が使っても有効である）。[15)] しかしそのためには通常の忍耐力とともに、かなりの自制心が必要である。特に幼い子どもの場合、子育てのスタイルがどのようなものであっても、すべての場合にすぐに子どもが言うことを聞くのは期待できない。要求や禁止（そしてその理由）を何回か繰り返す覚悟が必要である。うまくいかない日があることも認めなければならない。子どもが常に親に従うことを期待するのは非現実的であり、このような親子の対立を、親が必ず勝たなければならない戦いであると見なすのは有害である。伝統的な子育ての方法は長い目で見れば効果がなく、非常に多くの害の原因となることを銘記すべきである。

2　子どもに正直になる

　子どもにさせようとしていることが楽しいものではないときは、その事実を認めるのがよい。子どもが一日中騒いでうんざりしたので、静かにしてほしいと思うならば、そう言えばよい。子どもへの要求に、もっともらしい言

い訳を考え出したり、実際はそうではないのに、子どもに求めることが楽しいものであるかのように振る舞ったりするのは止めた方がいい。子どもの視点からどう見えるのかを考えるようにして（これについては次章で詳しく述べる）、その見え方を自分の言葉で表現するべきである。例えば、「○○〔子どもがしたい活動の名〕ができないのは、とてもがっかりすることだと分かっている。おまえは放っておいて欲しいと思っているだろうね。でも……」という言葉である。

3　理由を説明する

「お父さんがそう言ったから」は全く理由ではない。それは腕力への訴えであって、子どもに進んで腕力に頼ることを教える方法である。このように言わないようにするだけではなく、必ず理由を示すようにすべきである。親の要求のほとんどは、2歳の子どもでも少しは理解できる言葉で説明することができる（「学校でお兄ちゃんがお父さんたちのお迎えを待っている。今すぐ行かなければ、お兄ちゃんはお父さんたちがどこにいるのか分からず、悲しい思いをするよ」）。説明をすることで子どもが喜んで親の要求を受け入れるとは限らない。それは大人に対して、これをしなければならない、あれをしてはならないと説明しても、それがいつもうまくいくわけではないのと同様である。しかし、受け入れられることは多くなるであろう。いずれにしても、どの年齢の人も、誰かが自分の選択を制限する場合には、その理由を伝えられる権利があるのである。

4　遊びに転換する

親が空想力を働かせて、本来子どもが大して喜んではしないことの中に楽しみを見つけるのがよい。例えば子どもが歯を磨きたくないと言うとき、歯ブラシが歯のエナメル質と擦れる音を聞くよう勧めると、歯ブラシが歯の汚れを取り除くことができるものであると、子どもにたちどころに分からせる

ことができる。もっと凝った遊びとしては、（歯ブラシに姿を変えた）飛行機が、口の中で発着を繰り返すようにする方法もある。親が自分自身の型を考え出すのもよいが、より望ましいのは、子どもに考えるように言うことである。他方で年長の子どもには、与えられた仕事をする様々な方法を考えること、あるいは各々の方法にどのくらいの時間がかかるのかを計算することを促すことができる。

5　手本となる

大人は子どもと全く同一の規則に従う必要はないが、多くの規則は子どもと同様に大人にも当てはまる。後片づけを自分でしたり、部屋から出るときに電気を消したりするように子どもに言うならば、あるいは人の話を遮ったり、罵ったり、傷つけるような口調で話したりしてはいけないと子どもに言うならば、親も同じようにするべきである。単純な公平さということに加えて、子どもにさせるためには、それを先ず親自身が進んですることが一層の近道である。

6　子どもにできるだけの選択権を与える

子どもがするべき事柄についての制約の中で、どのように、どこで、いつ、誰としたいのかを尋ねるべきである。これらの問題について親が自分なりに考え始めれば――そしてやはり子どもも一緒に考えるようにすれば――、最終的にはしなければならないものであっても、子どもが自分で決められる機会が驚くほど多くあることに気づくであろう。[16)]

以上の6点の提案は、互いに結びつけてできることが多い。例えば、子どもが夕食前に手を洗いたくないと言う場合を考えてみよう。親は「今やっていることの方が、洗面台の方に来るよりも楽しいことは分かる。でも手を洗って、汚いものを口にして病気にならないようにしなければならないよ。

手がきれいでないと、口は食べるものに満足するかもしれないけれど、お腹は大変なことになる〔お腹が抗議している姿を、面白い声で表現してもよい〕。だから、台所かお風呂場で手を洗ったらどうかな？」と言えるだろう。他の言い方もできる。「一人で手を洗うかい、それともお母さんと一緒に洗う？（お母さんも食べる前には必ず手を洗うのよ）」「この流しを使う？　それとも洗面器で手をバシャバシャして泡を立てる？」などなどである。

　ときどき子どもは絶対に許されないことをすることもあり、その場合には、子どもがしようとするのを止めなければならない。子どもは親の干渉を罰だと考え、そのことで背後にある問題を冷静に話し合ったり、親子関係の悪化を避けたりすることが難しくなるかもしれない。そのため、直接的な強制は最後の手段であり、本当に必要な場合に限って、心ならずも取る方法である。そしてどうしても必要なときは、その衝撃を緩和し、懲罰としての影響を最小化するために、できることはすべてするべきである。親の口調は温かく、残念な思いを伝えるもので、同時に、最後には一緒に問題を解決できることを確信していなければならない。

　さらに、子どもが自分の尊厳と有能感を回復することを助ける方法を探すべきである。12歳の子どもを、子どもだけのパーティーに行かせることに不安であれば、そして行かせないことが、子どもの激しい反抗を招くならば、子ども自身がもっと自分で決められるような場面を、別に見つけることが必要である。例えば自分の洋服ダンス、門限、コンピュータの使い方などで、子どもにより決定権を持たせることができよう。ちなみにこの行為に洒落た名前を付けるとしたら、「補償的自律支援」となるだろう。

　私がある日、3歳の娘と買い物をしていたとき、娘が歩いて車に戻ることを拒否して、歩道の上で座り込んでしまったことがあった。幸いなことに急いではいなかったので、私は上機嫌で娘が来るのを待っていた。最後には娘は立ち上がり、足を踏みならしてやって来たが、私に話しかけようとはしなかった。私は見た目は強制的なことはなにもしていなかったが、しかし実際は私の思うようになり、娘の思うようにはならなかったので、娘はそれに不

満であった。帰宅して車を自宅の車庫に入れると、娘はこのまま車の中にいて音楽を聴くと言い張った。私は普段よりも長い時間、娘にそうさせただけではなく、時々車に行って、まだ家に入ってこないのかと尋ねた。私の意図したのは、これは自分で決めることであると娘が分かるようにし、そして、娘が分かっていると父親も知っていることを、確実に伝えることであった。ここでも基本的な考え方は単純である。ある場面で、子どもの自己決定の感覚を下げることをしなければならないとしたら、別の場面でそれを高める努力をすべきであるということである。

　もちろん、座り込むという消極的攻撃の行為は、派手に癇癪を起こすという積極的攻撃の行為ほどは、激しく親子関係を揺さぶることがない。癇癪は子どもの健全な発達にとって重要であると考えるような深い考えを持った専門家もいるが、癇癪を子どもが親の行為に不満を感じており（それには十分な理由がありそうであるが）、その不満を他の方法で表現することができない兆候であると考える人もいる。おそらくこの２つの見解のいずれも、一面の真理を含んでいるのであろう。一方で、癇癪は避けられないものではなく、とりたてて望ましいものでもないが、他方で、必ずしも望ましくない子育ての結果ではない。いずれにしても、癇癪が実際に起きた場合に、〔以下の規則に従って〕親ができる限り建設的に対応することが重要なのである。

第一の規則

　公共の場にいるときは、周りの人を無視しなさい。他の人が自分の子育て能力をどのように評価するかを気にすればするほど、子どもに過剰な統制を行うことが増え、愛情と忍耐心で接することができなくなる公算が高い。大切なのは、人が自分のことをどう思うかではなく、子どもが何を必要としているかである。

第二の規則

　子どもの視点からどのように見えるのかを想像しなさい。癇癪を起こす子どもは、自分自身の怒りに不安を感じており、自身のコントロールができないことを恐れている可能性が非常に高い。親は、子どもを無視したり厳しく当たったりして、結局子どものためにならないことをする。必要最小限の統制を行って、子どもが（そしてついでに物も）危険な状態に陥らないようにしなければならない。気を楽にさせ、穏やかな安心感を与えることだけを考えるのがよい。癇癪はそのまま終わるのを待つべきである。後で、子どもと一緒にその原因を考えればよいのである。

実際にやってみよう

　本章の目的の１つは、子どもが選択をする力を持っているにもかかわらず、親が選択する過程から子どもを除外することがどれほど多いか、そしてそのことで親は、子どもが学んだり、自律への欲求を満たしたりすることを支援する好機をいかに失っているかを明らかにすることであった。この目的のため、子どもに選択をさせるための、実生活の中での事例を示してきた。

　ただ問題は、その事例のいずれもが、**読者**の生活で当てはまるものであるかどうかを知ることができないことである。同じ部屋の中にいるのであれば、読者の具体的な関心について質問をしたり答えたりできる。そしておそらく、読者の個別の状況を踏まえて、子どもをより多く、あるいはより意味を持つように意思決定に参加させるための提案もできよう。しかしここは書物であって、ワークショップではないため、私ができるのは、本章の最後の部分を読者に委ねることである。以下の３つのエクササイズに、配偶者やパートナー、あるいは同じ親である友人と一緒に取り組まれることをお勧めする。

エクササイズ 1

　はじめに、しばしば見られる状況への対応策をいくつか考えておくのがいいだろう。ポイントは、「ともにする」戦略を工夫する習慣を身につけ、それがより広く見られる「一方的にする」対応とどう違うのかを確認することである。

例 A

　あなたの子どもは寝るのを嫌がっている。最初は、あなたが「もう時間だよ」と言うのが聞こえないふりをする。次には、「もう少し待って」と言う。そして、「寝る前に済ませなければならないことが 1 つだけある」と言う。さらに「こんなに早く寝るように言うのはおかしい」と言う。最後に怒った口調で「嫌だ」と言う。
　一般的な「一方的にする」対応をいくつか挙げてみよう。

今度はそれに代わって「ともにする」対応をいくつか挙げてみよう。

例 B

　最近、あなたの子どもは会話の中で、人をばかにするような口調になってきた。おそらく兄弟にも同じである。
　ここでも、「一方的にする」対応をいくつか挙げてみよう。

次に「ともにする」代替策を挙げてみよう。

エクササイズ2

あなたの子どもが、あなたを困らせたり心配させたりするようなことをしていると考えてみよう。本書で取り上げた問題でも、取り上げなかった問題でもいい。

先ず、どのような問題なのかを書いてみよう。

あなたはすでに、何をすべきではないかについてかなり良く分かっている
としよう。必要な時間をできるだけ多く —— 数分、数時間、あるいは数日で
も —— 取って、より効果的だと思われる対応をいくつか考えて、ここにメモ
しよう。

以上の対応の中であなたが実際に試みようとするもの1つに、丸か下線を
つけよう。そして実際にやってみよう。十分な時間が経過してから、どのく
らい成功したかをメモする。またより効果のあるものにするために、次には
どのようにするかも書いてみよう。

これが役に立つようであれば、さらに数回繰り返してみよう。

エクササイズ3

　「ともにする」方法について読み、自分自身の方法を考え出し、そして最後に、子どもと経験した実際の問題への対処法を考えた後は、最後の段階となる。「ともにする」方策を子どものために考えるだけではなく、子どもと**一緒**に考えるのである。

　前のエクササイズで考えたものとは別の問題について考えたいのであれば、新しい問題を書こう。

　適当な時になったら、この問題に対処するのに良いと思われる方法について考えるよう、子どもに伝えよう。2つか3つの考えを求め、ここに書いてみよう。

1.

2.

3.

　子どもと一緒に、この考えの中で特に良いと思われるものを1つ選ぼう。そしてそれを実際にやってみよう。

　最後に、その結果がどうであったかを書いてみよう。そして再びあなたと子どもで、この考えを次の機会に実行に移す場合に、さらに良い方法は何であると考えるのかを書こう。

【原註】

1)　私は Kohn 1993 で、このテーマについてのいくつかの研究を検討した。関心のある読者は、Edward Deci、Richard Ryan、Wendy Grolnick の研究を見るとよい。これらの研究は人生の様々な領域での自律の経験を広範に描いている。ついでながら、「駒（pawns）」と「指し手（origins）」という用語は、心理学者の Richard De Charms によるものである。

2)　この2つは同じものではないことに注意が必要である。「親が子どもに心理的な統制を行わないからといって、それが直ちに、子どもが自律的であるよう促したり、自律性を育成したりしていることにはならない」（Barber et al., p.271）。

3)　子どもが言われた通りにするようになる：本書 pp.57-60 を参照。親に頼る傾向が強まる：この見解を支える、いくつかの研究が、Chirkov et al., p.98 に引用されている。自らをより肯定的に感じる；Eccles et al., p.62. 問題に巻き込まれなくなる：どのような民族であっても、親が意思決定に子どもを参加させてきた若者を1年後に調べると、薬物やアルコールに手を付けることが少なく、学校での問題行動や反社会的行動を起こすことも少なかった（Lamborn et at. 1996）。学生が自分に自信を感じる；Strage and Brandt. この段落で取り上げた研究のほとんどにおいて、親が子どもの自律性を支えた程度は、親の申告ではなく子どもの経験によって判断されている。*Eccles* は親と子どもの見方が異なると述べている。そしてすでに指摘したように、重要なのは子どもの考えである。

4)　Cai et al., p.373. 引用元の文章では、これらの各々の項目の後に、その根拠となる研究が1つ以上、括弧の中に記されている。

5)　しかしこの点は非常に注意深くなければならない。親の持つ強大な力によって、単純な観察や忠告と見えるものが、簡単に事実上の命令に変わってしまうことがあるのである。愛情の撤回といった無言の脅しは避けるべきである。親が最終決定権は子どもにあると言ったのであれば、実際にそのようにするべきである。子どもが親の提案した通りにはしないと決めるのはがっかりすることではあるが、そのような場面を、子どもが本当に自律的であると

感じていることを確認する機会と見なすべきである。

6) 兄弟喧嘩への対処法についての実際的な助言については、Faber and Mazlish 1987 を参照。同じ著者の他の本も読む価値がある。

7) Lieberman, p.169. 以下のように続く。「上の子どもが下の子どもに対して行使しようとしている恣意的な力と同じものを、親が上の子どもに与えるような状況になってしまうことがある。強い方の兄弟の力を止めようとする親の行為は、"私のするようにではなく、私が言うようにしなさい" というメッセージを与えることになる」。

8) 例えば本書 p.70 原註を参照。

9) Baldwin, p.135.

10) Lewis.1981 特に p.562 に掲載されている、Baumrind のデータの再分析を参照。他方で別の研究によれば、親が問題行動を罰せられるべき逸脱として扱うとき、子どもは反抗するが、そのような行動を親子でともに解決すべき問題であると見なす場合は、子どもは話し合うことを学ぶ（Kuczynski et al.）。

11) この点と、次段落の内容の大部分は、Kohn 1996 からのものである。

12) Scott-Little and Holloway

13) Gordon 1989, p.9.

14) 教室でこのことを示す最近の実験については Reeve et al. を参照。

15) 多くの教師は、言われた通りにするまで「言うことを聞かない生徒を監督する」ことが必要であると考えている。しかし実際には、教師が生徒に求めることを明確にし、「そして生徒が自分たちのペースでそれに従うように任せれば」、これらの生徒も「自分から進んで要求や命令に従うことがずっと多くなる」ことが分かる（Watson, p.130）。

16) 2・3・6の項目の組み合わせを支持する実験は、Deci et al. 1994 にある。

第10章

子どもの視点から

Chapter 10　子どもの視点から

　子どもが幸せになるように育てるにはどのようにすれば
いいのか。これは重要な問いであるが、しかしもう１つ重
要な問いがある。それは「**他の人**が幸せであるかどうかに
関心を持つ子どもを育てるにはどうすればいいのか」であ
る。[1]

　この場合、前者の問いを後者よりも優位に置かないようにすることが重要
である。またついでに言えば、子どもを〔外面的に〕丁寧で礼儀正しく振る
舞うようにさせることよりも、心からの他人への思いやりと、正しいことを
する決意を持つように育むことに力を注ぐことが大切である。親は子どもの
道徳性の発達を第一に考える必要がある。

　そうするためには、他の子育て本で述べられている様々な考えを再点検す
ることが必要である。例えば「限界」や「制限」は普通、大人が子どもに強
制する制約として考えられている。しかし私たちが目指すのは、子どもが悪
いことをしないようにするのが、親から制限を与えられて禁じられたからで
はなく、ただそれが悪いことだからと判断するからであるような状況ではな
いか。言い換えれば子どもの行動への制約は、その状況に本来備わっている
ものとして経験されるべきである。子どもが問うべきは「x をすることで、
他の子どもたちはどのように感じるだろうか」であって、「自分は x をして
もよいのか」や「x をすることで問題になるだろうか」ではない。

　これは非常に遠大な目標ではあるが、非現実的なものではない。私たちは
活用できる優れた素材を持っているからである。人間は思いやりの能力を備
えて生まれてくる。そのため、マーティン・ホフマンがかつて述べたよう
に、他人の欲求に耳を傾ける子どもを育てたい親は、すでに「子どもの中に
味方」を持っているのである。

　もちろんこれは、子どもが、自分の思いのままにできるよう放任されてい
ても、自動的に倫理的な人間に成長することを意味しない。子どもには親の

助けが必要である。そして何よりも親は、子どもの道徳的成長を妨げないようにすることが必要である。それを妨げるのは例えば罰や報酬であって、これは自己利益に基づいており、子どもが自分の利益だけを考えるようにさせる。このような伝統的なしつけの定番の方法を取り除くことが、子どもを他人の幸福に敏感になるように育てるための、重要な第一歩である。しかしこれは単に最初の一歩にすぎない。望ましくない子育ての方法を減らしていくことには、新しい方法をつけ加えることが伴わなければならない。

道 徳 的 な 子 ど も

　このテーマについては児童発達の専門家による非常に多くの研究が行われており、特に「向社会的行動」と呼ばれるものに焦点が当てられている。そのデータを調べると、道徳性の成長を促すための提案がいくつか引き出せる[2]（ついでながらこれらの提案が、第7章で示した無条件の子育ての原則のいくつかと重なるのは偶然ではない）。それは以下のようなものである。

1　子どもへの関心を持つ

　道徳性の発達の土台は親と子どもとの結びつきである。すべての指示や助言は、子どもが温かく、安全で無条件に愛されていると感じる関係の中で行われなければならない。これと同じ言葉は、様々な専門家が提示する、道徳的な子どもを育てるための指針の中に繰り返し現れる。すなわち、安定した愛着、愛情を込めた養育、尊重、敏感な反応、共感などである。これらはすべての人間が持っている欲求である。これらの欲求が満たされれば、子どもはそれに執着する必要がなくなり、進んで他者を助けようとする。しかし欲求が満たされなければ、これらが子どもの耳の中で反響を繰り返し、その結果として子どもは、他者の苦痛の叫びを聞くことができなくなるのである。

　自分が愛されていると分かっている子どもは、より安心感を抱き、防御的姿勢を取ることが少ない。そのため、より積極的に他者に手を差し伸べよう

とする。自分とは異なる人々に対してもそうである。そしてさらに良い点がある。親と安定した愛着関係を持っている子どもの多くが持つ特徴は、他者に積極的に反応するだけではなく、より自信と自立心を持ち、様々な指標で社会的に有能で心理的に健康であることである。

2　道徳的な人間の姿を見せる

　子どもは自分の足で立てるようになるよりもずっと前から、親の価値観を吸収する。子どもは親から人間のあり方を学んでいる。もし親が、困っている人の横を平気で通り過ぎるなら、子どもは他人の苦しみは自分には関係ないと思うようになるだろう。反対に、たとえ知らない人であっても心配を示すならば、それは強力な道徳の模範となる。いくつかの研究が示しているが、子どもは、他の人が慈善事業に寄付をするのを見れば、たとえそれがずっと昔のことであっても、自らも一層そうするようになる。子どもの行動と考え方への影響力が特に大きくなるのは、子どもが温かく自分を大切にしてくれると感じている人によるお手本が示される場合である。同様に、子どもに正直であることの大切さを教えようとする親は、子どもに対して絶対に嘘をつかないようにしている。それがたとえ、お菓子をそれ以上食べてはいけない理由を説明するよりも、単にもうお菓子が残っていないと嘘を言う方が簡単なときであってもである。

　同時に、道徳的な決定がすべて簡単に見極められるとは限らないことを子どもに示すことによっても、見本を示すことができる。（正直さと共感などの）2つの価値が互いに対立しているような状況に対処するのは非常に難しいことがある。さらに、自分がしたいことが別にある場合に、他の人の意向をどのくらい尊重するかを判断するのも困難である。その時には、子どもを「舞台裏」に連れて行き、親がその矛盾に対処する方法をどう考え、どう感じているかを見せるのがよい。そのことで子どもは、大人が道徳的に生きようとする過程について学ぶであろう。そしてさらに重要なことに、道徳性とは何であるかが明確に定義されることはまれであると理解するであろう。

3　子どもが実践できるようにする

　人は他人の姿を見て学ぶことも大切であるが、同時に自分で行うことで学ぶこともできる。そのため、子どもに人を助ける体験を豊富に与えることが重要である。子どもが、弟妹の面倒を見たりペットの世話をしたりする責任を持たされているならば、思い遣ることの効果についての生きた学びの場を得ることになる。単に聞いたり見たりするだけではなく、実際に行うのである。そして子どもは自らを、他人の助けとなる人間であると考えることができるようになる。

　そのために優れた教師は、子どもが頻繁に、互いに学び合うことができるように、教室の座席を配置するのである。文字通り何百もの研究が明らかにしているのは、子どもは、資料を集め、額を寄せ合って、問題解決の方法を工夫し合うときに、より深く学ぶことができることである。同時に学業面を越えた事柄も学ぶことができる。子どもたちは互いに配慮し合うことを学ぶのである。協力は本質的に人を人間らしくさせる体験であり、他者を優しく見る姿勢を培う。そして、他者への信頼と気配り、開かれた意思疎通、そして最終的には進んで助けようとする態度を促す。反対に、競争的な、あるいは個人主義的な環境の中で子どもを育て教えることは、これらの有益な結果を子どもから奪うだけではなく、非常に有害である。それどころか、ある研究者グループは「協力が他者への思いやりを高める効果を持つ以上に、競争にはそれを抑圧する効果がある」と結論づけている。[3)]

4　子どもと話し合う

　親にとっては、力の行使に代わる2つの基本的な選択肢がある。愛情と理性である。理想的には、愛情は心から、理性は頭から導かれるものとして、この両者を混ぜ合わせて用いるのがよい。無条件の愛情が本書のテーマであることはもちろんであるが、同時に理性の重要性を、特に道徳性の発達との関係の中で理解する必要がある。この点は、上の3つの項目よりもやや複雑

であるため、少し詳しく説明をしよう。

　子どもをきちんとした人間に育てることを真剣に考える親は、子どもを導き、説明をすることに多くの時間を費やす。親が良い価値観を持つだけでは不十分であり、それを直接、子どもの理解能力に合った形で伝えなければならない。もしそれができないときでも、子どもは親からの影響を受けるであろうが、それは親が望むような形になるとは限らない。例えば子どもが利己的に振る舞ったときに何も言わないことは、1つのはっきりとしたメッセージを出すことになる。そしてそのメッセージは、非干渉的な子育ての美徳ではなく、利己的であることを受け入れる親の姿勢を示すものとなる。

　親は道徳についての明確な指針を決め、子どもに何を望むかをはっきりと示すべきであるが、強制は最小にする方法に拠らなければならない。確かに（他人に対してどのように振る舞うか、振る舞うべきでないかについて）親が子どもに言うことの背後には何らかの力がなければならないが、重要なのは、力自体がメッセージになるのではないということである。もしそうなれば、子どもが不安を持つ環境を醸成し、学ぶことを妨げてしまう。良くないことをしたら、親の愛情が受けられなくなるのではないかと心配させるならば、子どもは状況の理解や内発的動機づけに基づいて行動するのではなく、とりあえず親に従うだけになるだろう。

　しかしこの点をさらに進めて考えてみよう。道徳的な学びは、怒鳴ることで行われるものではないが、同時に指示することで成り立つものでもない。（「これをしてはだめ」といった）単なる禁止は大して役に立たない。それどころかそうすることで子どもは概して警戒心を強め、他人を進んで助けようとさえしなくなる。[4]「人を叩いてはいけない」などのもう少し具体的な指示も、これと大して変わらない。道徳的な発達を促すには、親からのメッセージが単に、叩くのは悪いとか、分け合うことは良いということだけでは十分でない。重要なのは、子どもにそれが正しい**理由**を理解させることである。どうしてかを説明しなければ、人を叩いてはいけない理由として子どもが思いつくのは、人を叩けば罰を受けるからということである。[5]

　その理由を辛抱強く説明していくことで、親は2つのことを同時に達成す

る。1つは、親にとって何が大切で、その理由は何かを子どもに理解させることができる。もう1つは、子どもの頭を働かせ、子どもが道徳的な課題について考え、そして主体的には取り組むための助けとなる。きちんと理由を説明することで、子どもの自立した思考を促す。また一方では、親が子どもに影響を与えたいとは思ってはいても、他方では、子どもが自ら考えるようになることを期待していることを明確にできる。このような結果は研究でも示されている。単に従うことを求めるのではなく、理由の説明をしていた親の元で育った子どもは、成人した後に、（ある研究によれば）本当に必要であれば他人のことを思いやる行動を取る傾向が強く、（別の研究では）政治的に積極的で、社会奉仕活動も関わる度合いが高いのである。[6]

　以上のことから言えるのは、怒鳴るより指示する方が良く、指示するよりも説明する方が良いということである。そしてここで付け加えたいのは、説明するよりも ── あるいは説明する**だけ**よりも ── 話し合う方が良いということである。何事か（例えば算数など）を学ぶことは、もっぱら情報を受け取る過程ではない。人間は、知識が注ぎ込まれる受動的な入れ物ではない。私たちはいろいろな考え方を、様々な視点から、積極的に意味づけようとすることによって理解する。算数に当てはまることは道徳的価値についても言えるのである。価値の大切さを説明するだけでは、いかにそれの説明が巧妙であっても、子どもがその理想に向かって取り組む姿勢を持つようにはならないであろう。親が説明したことを、世界についての子ども自身の考え方の中へ統合しなければ、子どもには正しいことをし続ける理由がないことになる。子どもに、単に言われた通りのことをする人間にではなく、道徳的な人間になってほしければ、例えば公正さや勇気といった価値意識を、自らの手で創り上げていく機会を与えなければならない。自らの経験と問いかけに照らして自己を再構築し、どのような人間になるべきかを（親の助けを得て）考えることができるようにならなければならない。[7]

　私は先に、子どもの自律性を支えることの大切さを強調したが、以上のことはすべてそのことと一致している。ここで強調したい点は、自律性を支えることが道徳性とも関わることである。実際にある研究では、（様々な年齢

において）子どもが最も目覚ましく道徳性を発達させるのは、親が単に子どもに説明するだけではなく、子どもとの対話を行う場合である。最善の結果が生まれるのは、「子どもも意見を促し、問題をはっきりとさせるような質問を出し、子どもの言葉を言い換え、理解の度合いを確認する」ことで、親が子どもを支援し、励ますときである。他の研究によれば、より一般的に言って、意思決定に積極的に関わるよう促されている子どもは、より高次元の道徳判断をする傾向にある。[8]

　子どもの自律性を支える取り組みには、いくつかの形がある。少なくとも、子どもの言うことを注意深く聴き、子どもの見方を尊重する姿勢を見せることによって、子どもの意見が意味を持つことをはっきりと伝えなければならない。しかし、児童発達の専門家であるマリリン・ワトソンは「親の立場を正当化するために、親の意見を強調し、親の論理で子どもを圧倒してしまうこと」は避けるべきであるとも述べている。実際に「親が子どもの意見に同意しないときであっても、子どもが自分の意見の根拠となる理由を考えられるよう助ける」べきである。

　ワトソンは次のような例を挙げている。子どもがあるテレビ番組を見たいと言っているが、それは子どもにふさわしいものであるとは思えないものである。そして子どもが、その番組を見たい理由として言うことは「でも友だちはみんな見るよ」だけである。もちろん議論としては、「だとしたら、友だちがみんな屋根から飛び降りたら？」という、背理法的な論法で勝てるだろう。しかし子どもが言いたい（そして表現できない）ことは分かっている。それは「みんながする経験を自分だけがしないことで、友だちの輪からのけ者にされるのが怖い」である。だとしたら、子どもが意図することに応じるべきであり、もし子どもの言いたいことがはっきりと分からなければ、親自身の考えを見直すべきである。ワトソンは「子どもを助けて、自分の考えをうまく言えるようにするのがよい。あるいは、子どもがどう思っているかを親が推測し、子どもに代わって最も説得力のある意見をまとめてみるとよい」と言う。たとえその意見が最終的には認められないものであって、その理由が例えば、**親としての**立場からは、問題の番組があまりに暴力的であ

るからであってもである。

　親の最終目標は、自らの意見を子どもに押しつけることではないことを銘記すべきである。そうではなく、子どもに、自分が大切なものとして受け入れられるために、親と同じように上手く自分の意見を主張する必要はないことを知らせ、より説得的に自分の議論を構成する方法を子どもが学ぶのを助けるのがよい。親は、尊敬の気持ちを持って行われる限りで、子どもが自分に「口答えをする」ことを**望み**、さらにそれに巧みになることを願うべきである。[9]

　ここまではもっぱら、子どもとともに考える方法が重要であることを示してきた。ここからは説明の方法と並んで、その内容にも注意を払う必要があることを付け加えたい。人を傷つけることは間違っていると子どもに話すだけでは十分ではないと先に述べた。**どうして**間違いなのかを子どもが考えるように促す必要があるのである。

　「そうだね。それでどうしてそれが間違っているの？」と言うことである。

　これに対して考えられる答えの１つは、自己利益に訴えるものである。すでに述べたように、この答えは罰を受けた体験に基づくものであり、親がそれをわざわざ説明する必要はない。人を傷つけてはならない理由は、もし見つかったら痛い思いをするからであると、子どもは〔罰から〕学ぶ。親によっては高圧的に脅すのではなく説明をするが、説明される理由が、基本的に同じ動機に訴えるものであることがある。「友だちに意地悪をすると、誰も友だちになってくれないよ」「他人を押すと、いつか誰かがお前を押し返すか、もっとひどいことをするよ」。同様にそのような親は、他人を助けるのも、最後には自分が得をするためであると説明するであろう。「マーシャにスクーターを使わせてあげたら、マーシャは後から自分のレゴで遊ばせてくれるよ」。言い換えれば、自分が人にしたように、人が自分にするのである。

　この考えに問題があることが分かるだろうか。この考えは、他人への本当の思い遣りを全く育てず、単に自分本位のずる賢さをもたらすだけである。もし悪いことをしても、自分自身がその結果から苦しめられないですむ方法

を見つけられるのであれば、悪いことをしたいと思ってしまう子どももいるだろう。そしてまた、見返りに何も得られないならば、他人を助けなければならない理由はないと思うであろう。だから親にとって重要なのは、単に子どもに道理を聞かせるだけではなく、子どもが常に「それが自分にとって何になるのか」を問う人間にではなく、道徳的な個人になるよう助けるように、子どもとともに考えることである。

　第8章で述べたように、思いやりのある行動をしたことで褒めると、子どもは自分のしたことが**親から**認められた事実に意識を集中させるが、そうではなくて、子どもが助けた相手に対して自分の行動がどのような影響を与えたかに注目させるようにするのがよい（「マーシャにスクーターを使わせてあげたら、マーシャも喜んで遊べて、良い気持ちになるよ」）。子どもが人を傷つけることをした場合も、これとまったく同じ方法が有効である。**親が**認めないという事実に意識を向けるのではなく、傷つけた相手への影響を考えるよう、優しく促すべきである。非常に幼い子どもには次のように言えよう。「おやまあ、マックスの顔を見なさい。とても悲しがっているよ。おまえが先週転んで、とても痛くて泣いたのを憶えている？　マックスにも同じような思いをさせたのだよ。どうしたらマックスが少しでも気持ち良くなれるようにできると思う？」

　「自分の言葉で言いなさい」と、幼い子どもはしばしば教えられる。実際には正しい言葉を知らない場合であっても、そう言われることもある。しかし親が**親自身**の言葉を使う最善の方法は、人を助けなければならない理由──あるいは傷つけてはいけない理由──が、それによって自分が得られるものではなく、自分の行為が他人に与える影響であることを、子どもに理解させるようにすることである。別の言い方をすれば、私は「帰結」によって教えることに全面的に賛成する。ただしその「帰結」が、子ども自身が経験するものだけではなく、子どもが関わる人の経験するものであることを強調する限りにおいてである。

　多くの研究者は、マーティン・ホフマンに倣って、このような捉え方を「他者指向的」推論、あるいは「誘導的」しつけと呼んでいる（子どもに自

分の行動が他者へ与える影響を考えるよう誘導するからである）。ホフマンが見出したのは、このようなことを常に行う母親を持つ子どもには、「より進んだ道徳的発達」が見られる傾向があることである。これに続く別の研究もこのことを確認している。この誘導が年長の子どもに最も効果的であるとする心理学者もいるが、ある研究は、これが就学前の子どもをより協力的にし、攻撃性を弱め、友だちに人気のある存在にすることを示している。さらに他の研究は、幼児であっても、母親が常に「〔子ども自身の〕行動が被害者へ与える影響」について話している場合は、困っている人に対して、より思いやりと同情心を持って対応することを見出している。[10]

　他者指向的推論は、外面的な礼儀正しさをめぐる問題を考え直すためにも有用である。適切な時点で「失礼します」と言ったり、ある場所で帽子を脱いだりするなど、本当は単に恣意的な社会的慣行にすぎないものに従うことが非常に強く求められているために、子どもたちは本当に大切なことよりも、きまりの方が重要であると考えるようになっている。さらに悪いことには、子どもは人間同士の関係を、外面的な見せかけの問題であると見なすようになる。（親からの別れ際の言葉として言われる）「礼儀正しくしなさい」「今はきちんとしなさい」は、特定の台詞を記憶して繰り返させる信号にすぎない。

　私はずっと以前、子どもが何かもらったときにいつも、「何と言うの？」とオウムのように子どもにお礼を言うように促す親には決してなるまいと誓った。そのように促すのは、子どもが自分から進んで、機械的に「ありがとうございます」を言うべきであると考えているためである。同様に、子どもが何か頼んできたときには、「そういうときは何と言えばいいの？」と子どもをせき立てることは決してするまいと思っていた（もちろん「お願いします」が魔法の言葉になるのは、子どもがそれを口に出すまでは、欲しいものを与えない場合だけであり、その場合もまた単に子どもの自己利益に訴えることになる）。

　私は家の中では、より重要な価値を大切にして、このような礼儀上の言葉は最小限にすることは簡単であった。しかしこれによって、ある現実に直面

しなければならなかった。それはそのようなことを私が気にしないとしても、他人は気にするということである。社会的慣行を無視するには代償があり、礼儀正しくすることを原則として拒否することは、私が主張したいことではない。さらに言えば、自分の立場を主張するときに、子どもを犠牲にしたくはない。子どもが会話の中に義務的な社会儀礼の言葉を入れなければ、その子に何かが欠けていると評価されるのが現実である。

　私にとってこの問題の解決法は、「お願いします」や「ありがとうございます」を、それ自体が独立した丁寧さの表現としてではなく、人を気持ち良くさせる手段であると考えることであった。子どもには、そのような言葉を使うことが素晴らしいのは、人がそれを聞きたがるからであると説明している。もちろん、人を助けたり喜ばせたりするための、もっと意味のある方法はあるが、その目標に向けて、親ができる大小すべてのことをすればよいであろう。「ありがとう」と言うのは、そうしなければ親から怒られると思うからではない。これは最悪の理由である。「ありがとう」と言うのは、丁寧さを示すためでもない。これは全く理由にならない。「ありがとう」と言うのは、それがお礼を言う相手に与える良い影響のためである。

他 者 視 点 取 得

　私の息子エイサが3歳だったある日、友だちについてある発見をした。息子は不思議な様子で「デイヴィッドはいつも自分の家にいるんだよ」と言ったのである。もちろん息子はそれまでも、自分たちがデイヴィッドの家に行ったとき、デイヴィッドを連れずに家に戻ることは分かっていた。しかし新しく考え始めたのは、自分たちが去った後にどうなるのか、デイヴィッドがさようならを言ってから、自分たちが自分の家で過ごすのと同じように、デイヴィッドは彼の家で過ごすのだということであった。エイサは、デイヴィッドの生活が自分の生活とは独立しており、自分自身の生活と同じように進んでいくことを理解し始めていたのである。

　自分自身の視点の外に踏み出すこと、他の人にとって世界がどう見えるの

かを考えることは、考えて見れば、人間の精神の最も優れた能力の１つである。心理学者はこれを「他者視点取得」と呼んでおり、３つの種類がある。第一は空間的なものである。自分は相手が文字通り世界をどう**見ているか**を想像できる。例えば向き合っているときには、自分の右側にあるものは相手の左側にあるというものである。第二は、自分は相手の**考え方**について想像できるというものである。例えば、自分にとっては簡単な問題を解くことが、相手にとっては難しいことがあり、あるいは、子育てについて、相手は自分とは異なる考えを持っているかもしれないのである。第三は相手の**感じ方**を想像することである。例えば自分にとっては何でもないことが、相手にとっては困ったものになることがある（この型の他者視点取得は「共感」と混同されることがあるが、共感は相手の感情を自分でも持つことである。共感することは、単に相手が怒っていることを理解するだけではなく、相手と一緒に実際に怒りを感じることである）。

　ジャン・ピアジェは他者視点取得の研究の先駆者であるが、子どもが７歳にならなければこれをすることはできないと考えた。しかし現在では、彼が用いた測定方法は幼い子どもにとって非常に込み入ったものであって、子どもが理解できたものを表現することができなかっただけであることが明らかになっている。幼稚園に入る前でも、子どもは素朴な形の他者視点取得ができるのである。[11]自分は暖かくても他人は寒いかもしれないということや、自分が楽しくても他人は悲しいことがあると分かる。お父さんがその歌の歌詞を知らないのは、それが歌われていた時に学校にいなかったからだと理解し始める。あるいは、自分が他の子のマーカーで遊びたいと思っても、マーカーを取ってしまうとその子は怒るだろうということも、ある程度理解する。確かに、子どもはこれらのことを一貫して行ったり、すべての場合に自分の理解したことに基づいて行動したりはできないかもしれない。しかし非常に幼いときから、他者視点取得の能力が見え始め、時間とともに発達していくのである。

　他人の視点を想像できる能力は、想像力の行使であって、多様に考える力であることから、それに長けている人が、別の領域でも優れた知力を発揮す

ることは驚くことではないだろう。しかしここでの他者視点取得への主な関心は、知的な面よりも道徳的な面についてである。ここで議論しているのは、まさに文字通り自己中心性とは正反対のものであって、それは道徳性の基盤となるのである。

　他人が世界をどのように経験するかを考えることができる——そして実際に考えている——人は、他人に手を差し伸べて助ける——あるいは少なくとも害を与えることはしない——ことが多いであろう。かつて作家のカフカは、戦争は「想像力のとてつもない失敗」であると述べた。人を殺すには、相手を 1 人の人間として見ることを止めて、「敵」という抽象的な概念に換えなければならない。自分が爆弾を投下する対象は、自分が自ら世界の中心であるのと同様に、各々の世界の中心である個人であることを認識しないようにしなければならない。その人は、地球の反対側に住んでいて自分とは違う言葉を話すとしても、風邪を引き、年老いた母親のことを心配し、甘い物が好きで、恋もするのである。そのような相手の視点から物事を見ることは、その人を人間たらしめているすべての要素を認識することであり、究極的には、その人の人生が自分の人生と同様に価値のあるものであることを理解することである。人気の娯楽番組でも、悪役が家で子どもと一緒に過ごしている姿は見せない。私たちが人の死に歓呼できるのは、その人が劇画化されたときだけであって、現実の人間としてではない。

　死に関わる問題でなくとも、私たちが日常的に出会う社会の問題の多くは、他者視点取得ができないこととして理解できる。ゴミを散らかしたり、二重駐車で交通妨害をしたり、図書館の本を切り取ったりする人は、自分自身のことしか念頭になく、他人がゴミを目にしたり、車を迂回させたり、必要な章がなかったりすることをどのように感じるのかを想像できず、また想像しようともしないのである。

　物事を他人が見ているように見ようとすることは、それまでとは非常に違った感覚で生活を送ることになる。例えば映画館で、前の座席に座っている人の頭を避けようとして首を伸ばし、この辛い状況に次第に苛立ってくるとしよう。すると突然、自分の後列に座っている人もまったく同じように自

分のことを見ているかもしれないと思い当たる。自分は邪魔されているだけでなく、邪魔をしているのである。

　別の種類の事例を考えてみよう。多くの人は自分と意見を異にする人を非難するが（「どうしてあの人は中絶についてそんな考えを持てるのだろうか！」）、他者視点取得ができる人は、感嘆符を疑問符に変換する（「どうしてあの人は中絶についてそんな考えを**持てる**のだろうか？　どのような経験や考えや基本的な価値観によって、私とは違う見解を抱くようになったのだろうか？」）。このように、自分の殻を破って外側に出ようとする努力こそ、子どもができるようにするべきことである。

　もちろん他者視点取得には様々な段階があり、より複雑な形は幼い子どもには無理である。4歳の子どもに望み得るのは、基本的な倫理である黄金律^{＊1}であろう。（叱責ではなく、振り返りを促すような口調で）次のように言える。「ジュースを全部1人で飲んでしまって、エイミーに残してあげなかったね。もしエイミーが同じことをしたらどう感じるだろうか？」この問いの前提は、どちらの子どももジュースが好きで、それがなくなったことが分かると2人ともがっかりするということであるが、おそらくそれは事実であろう。

　しかしジョージ・バーナード・ショー（1856～1950年）は、そのような想定が必ずしも正しくないと教えている。彼は「自分がしてほしいことを相手に対してしない方がいい。相手の好みが自分と同じとは限らないからである」と助言する。「好み」に加えて、相手の欲求や価値観や背景の違いもあるだろう。年長の子どもや大人は、誰か他の人の立場に自分を置いてみるだけでは十分ではないと理解できる。他人の立場にある他人について想像しなければならないのである。自分の視点からだけではなく、他人の視点からも見る必要がある。言い方を変えるならば、他人の立場にあったら自分がどうであろうかということだけでなく、その立場の中でその人はどのようなことを考え、感じるのかを問うべきなのである。

＊1　聖書の「自分がしてほしいことを相手にもせよ」という行動原理

　そうであるとしたら、どのようにして子どもに他者視点取得を促すことが**できる**だろうか。自分自身とは異なる視点から物事がどう見えるのかについて、子どもが徐々に高度な理解ができるようになるために、親は何ができるのか。1 つの方法は、ここでもやはり模範を示すことである。スーパーのレジ担当者が親に向かって何か失礼なことを言ったとする。短気による攻撃の的となった親は、これを見ていた子どもに次のように言うことができる。「あの人は今日はあまり気分が良くないようだね。どんなことがあって、あの人を怒らせるようなことになったのだと思う？　誰かが気分を害することをしたと思うかい」。

　このようなことを子どもに話して、自分を不快にさせる行動をする人に対して、怒ったり、あるいは自分自身を責めたりするような反応をする必要がないことを教えるのは、非常に効果がある。そのような反応ではなく、相手の世界に入ろうと努めることができる。これは親の選択である。日々の生活で親が他者の視点を想像しているのを子どもが見るか、あるいは親が常に自己中心的であるのを見るか。毎日親が他者を人間として捉えようと努めているのを見るか、そうはしていない姿を見るかである。

　他者視点取得を促すには、親が模範を示すことに加えて、本やテレビ番組について子どもと話し合い、登場人物の多様な見方に注目することもできる（「この話は全部医者からの視点で見ているね。でも、今起きたことをこの小さな女の子はどう感じていると思う？」）。さらに他者視点取得を、兄弟喧嘩を解決に導く道具として使うこともできる。喧嘩が起きたら次のように言うのである。「分かった。何があったのか言ってごらん。ただし自分が弟だったとして、弟にはどのように感じられたかを説明するんだよ」。[12]

　最後に、子どもを相手の感情に一層敏感にさせるために、相手の口調、態度、表情に注意を払って、その人が何を考え、どのように感じているのかを考えるように促すことができる。大切なことは、単に（他者のことを読み取れるようになる）技能を習得するだけでなく、（他人がどう感じているかを知り**たい**と思い、他人の感じ方を進んで理解しようとする）態度を持つよう

にすることである。「おばあちゃんがもう一度一緒に散歩をしてもいいと言ったのは分かっている。でもいいと言う前に少し口ごもったのに気づいた。それに今、座っていて疲れたように見えないか?」

　まさに、そのようなちょっとした仕草に気づくことを子どもに教えることで、子どもは他者をより深く観察する習慣を身につけることができる。子どもに他者が経験する世界を経験させ、そしておそらくは、その人で**ある**ことがどのようなことなのかを感じさせるのを促す。このことが、他人を傷つけるのではなく助けようとする姿勢に向けての、そして最終的には自分自身がより良い人間となるための、大きな第一歩となる。

子どもの目を通して見る

　他者視点取得は、親が子どもに教えるべきものであるが、同時に親が**子どもの視点から見る**ことも不可欠である。これはそれ自体で、大きな視点の転換である。親は子どもが他者の視点を想像できるように促すことができるが、親として最優先とするべきものは、子どもの視点から物事がどのように見えているのかを考えることである。これは単に、この特定の技能の見本を見せることになるだけではなく、これこそが望ましい子育ての核心的要素でもあるのだ。

　他者視点取得は、本書を通して述べてきた多くの論点に共通するものである。例えば、罰を与えることの影響 —— もっぱら悪いことが見つからないようにすることだけを子どもに考えさせることなど —— は、罰せられる人間から状況がどのように見えるのかを考えれば、より一層明らかになる。あるいは、両親が一致して子どもに敵対したり、親を喜ばせる行動への正の強化を与えたりすることの影響についても同様である。これらの行動の否定的な影響は、それが子どもにどう見えるかを考えれば、驚くべきものではなくなる。

　親は常に子どもを教えているが、実際に**何を**教えているのかを知るためには、子どもの視点から見ることが有用である。先に触れたように、ある研究によれば、親の言動がどのような影響をもたらすかを決めるのは、そこから

子どもが受け取るメッセージであって、親がどのようなことを伝えようとしているかではない。そのため問題となるのは、子どもが無条件に愛されていると**感じる**かどうか、**子ども自身**が物事を決める機会を持っていると考えるかどうかなどである。[13)] もっと具体的な例を挙げてみよう。十代の子どもが夜遅く帰宅してきて、もうご飯はないと伝える場合、親は良かれと思ってそのように言うのかもしれない。親は子どもが「今度は、もっとよく考えて早く帰ってこよう」という教訓を学ぶと考えている。しかしおそらく子どもが受け取るメッセージは次のようなものである。**帰りが遅くなった理由や、自分に起きていることを親は考えない。夕食を温めるのには 2 分で充分なのに、自分を空腹のままにした。親のばかげたきまりの方が、子どもの幸福よりも大切なのははっきりしている…自分は親から心配されるに値しないのだろうか。**

　他者視点取得は、これまでのいくつかの章で示してきた提案にも織り込まれている。「子どもに真摯に対応する」ことは、子どもを独自の視点を持つ人間として見ることである。「話すより、尋ねよ」は、子どもがどのように世界を見ているかを知る手段の 1 つである。そのようにすれば、そして親の要求していることが、子どもから見てあまり合理的なものではないかもしれないと自覚すれば、ひたすら要求を押しつけようとするのではなく、「要求を再考する」必要があることに気づく。また先に述べたように、親が子どもに服従を求めなければならないときは、それが子どもにどのようなものと感じられるかを確実に理解するべきである。そして何か騒動が起こったとき、子どもの視点から見られるならば、親はずっと効果的な対応を行うことができる。自分を抑えられなくなる気持ちはどんなものか、そのような状況で親はどのように助けとなることができるだろうか、を考えられるのである。

　他者視点取得は、親が子どもの欲求に耳を傾け、それを理解する助けとなる。研究者が明かにしているのは、そのようにする親は、親子関係を統制の観点から見たり、罰を与えたりすることが少ないということである。[14)] それどころか、他者視点取得の影響については、もっと直接的な証拠もある。オランダの研究グループが、125 組の家族とともに過ごし、親に聞き取りを行

い、6歳から11歳の子どもと遊ぶのを観察した。そこから明らかになったのは、子育ての質を最もよく決定する要素は、子どもの独自の興味と欲求をどのくらい親が理解しているか、そして子どもの視点が親自身の視点とは異なるものであることをどれだけ受け入れているかということであった。

この研究が発表された1997年に、偶然にも他の2つの雑誌が同じテーマの論文を掲載した。1本はカナダの親についてである。親が、「〔十代の〕子どもと意見が一致しないときに、子どもの考えや気持ちを正確に認識する」ことができれば、子どもと対立することが少なくなるか、少なくとも起きてしまった対立を、より満足できる形で解決できるようになるとするものである。もう1本は、アメリカの幼児のいる家族についての研究である。「子どもの視点に立つことのできる」親は、結果として子どもの欲求に対してより強く反応し、そのことによって子どもは、親の価値観を受け入れ、親の要求により積極的に応じるようになった。

以上のことから、3か国の2歳から15歳の子どもについて、親が子どもの視点から見ようとすることが本当に有用であることを確認できる。[15] 親の言葉と行動が、子どもにとってどのようなものとして体験されているかを思い描こうとする努力は肯定的な影響を生み出すが、親のできることで、これに匹敵する影響力を持つものはほとんどない。実際にそれは3つの面で有効である。

他者視点取得は、親が実際に起きていることを把握するための助けとなる。とりわけ、子どもが自分の動機を説明できないか、説明しようとしない場合に、間違った思い込みを持ち、結果として罰を与えるような反応に至ることにはならない。ただ子どもの外面的な行動に反応するのではなく、表面から隠された部分を考える手立てとなる情報を得るのである。このようにして、親はより深い意味を知り、行動の背後に潜む問題に対処する戦略を工夫できる。

他者視点取得によって、子どもの気持ちにより寛容になれる。親が子どもと同じように世の中を見るならば、外側から子どもを見るとき以上に、優しさと尊重の気持ちで子どもに対応することができる。そのことで、子どもは

自分自身を肯定的に捉え、親と一緒にいることに安心感を抱き、親と結びつき、親から価値ある存在と見られていると感じるようになる。

模範を示すことになる。このことが子どもにも他者視点取得をするように促す。

問題は、多くの人にとって他者視点取得は難しいことである。幼児が泣いているとき、ほとんどの親は、何が原因でその子が泣いているのかを知ろうとするだろう。しかし、年長の子どもが叫んでいたり足を踏みならしていたりするときには、想像力を働かせてその子の世界に入ろうとはしない。そのような場合の親の最初の反応は、子どもを理解することではなく、非難したり統制したりすることである。しかし皮肉なことであるが、親が他者視点取得を行うことが最も少ない場面こそ、そうすることが最も重要な場面なのである。親が自らの視点から離れることができなければ、子どもの思いを聞くことも、親とは違った形で状況を理解する正当な見方があることを認めることも、一触即発の争いがどうにかして避けることができたのではないかと気づくことも、より難しくなる。親が自分の視点に捕らわれ続けるほど、強圧的な方法に立ち戻りたくなり、状況は悪化するのである。

親が他者視点取得をしないことには、多くの形態がある。最も憂慮すべき形としては、子どもが感じていることを完全に無視したり、自分の体験を子どもに押しつけようとしたりするようなことであったり、実際にそのような押しつけを行ってしまうことがある（例えば「お母さんは寒い。あなたもセーターを取ってきて着なさい」という古典的な例など）。もっと一般的には、子どもの生きている世界と子どもの感じる不安が、親とは異なることを認識できないことである。私の娘が5歳だったある日、自分が心配していることをかなり詳しく伝えてきたことがあった。それは（まだ数か月先の）ハロウィーンでフード付きの衣装を着たら、目の穴から外をきちんと見ることができなくなって、自分が本当は好きでもないようなキャンディーを、間違えて食べてしまうかもしれないということであった。

子どもの不安がばかげたものであることを伝えることは、絶対に子どもの

ためにならない。特に子どもが心配のあまりすすり泣きをしているときはそうである。親から見れば、小さい子どもはしばしばどうでもよいことで泣くのであるが、子どもにとっては、決してどうでもよいことではない。子どもが泣くほどのことは、本人にとっては大きな意味を持つのだ。子どもが泣くと親はイライラし、公共の場ではどうしていいか分からなくなる。しかし親は、子どもの経験が本人にとって単にやっかいであるだけではなく、苦しめるものであることを忘れているようである。

確かに親であることは大変である。しかし子どもであることはもっと大変かもしれない。

親は、自分は愚かであり、愛されていないと子どもに感じさせようとする意図はないであろうが、子どもの不安や悲しみを取るに足らないものと見なすときには、そのようにしていることになる。小学校にも上がっていない子どもにしびれを切らして「もういい加減に**しなさい**。左のソックスを右より先に履いたって同じじゃないの！」と言う親もいるだろう。また冷たい言い方が十代の子どもの内面の葛藤を解決すると思って、「その子のことが好きなら誘ってみたら？　最悪の場合断られるかもしれないけれど、それは乗り越えられるよ」と言ったりもする。

親はもっと考えるべきではないだろうか。親もかつては子どもだったのである。自分の世界がひっくりかえっても、その理由を大人が理解してくれないことがどのようなものか、あるいはさらに悪いことには、そのような思いが大人によって無視される気持ちはどのようなものか、親は忘れてしまったのであろうか。

臨床家の中にはこれらの問いに対して、挑発的な答えをする人がいる。例えば、アリス・ミラーはこのような親の行動は逆説的でもなく、特に驚くべきことでもないと主張する。ミラーの考えでは、多くの親が子どもの不安を否定したり、子どもの観点から物事を見ることができなかったりするのは、そのような経験を自らしてきたにも**かかわらず**ではなく、むしろ経験をしてきた**からこそ**なのである。子どもの視点に立つことが難しいのは、かつて子どもだった自分の視点に立つことが一層難しいからである。つまり、かつて

自分にされたことを認めることは、非常に心を痛めるものなのである。

　「軽視することは弱者の武器である」とミラーは論じる。そして大変多くの親が子どもの思いを軽視するのは、辛うじて自分は強いと見せ掛けてはいても、実際には親が弱い存在であることを示している。第一に、親自身が自分自身の不安を持ち続けているため、子どもの不安をばかげたものとして貶めることで、自分が強くなったように感じるのである。第二には、「幼いときの自分自身の恥」に対する復讐をしている親もいる。自分自身の無力さと苦痛を再び経験することはもちろん、思い出すことさえ大変辛いものであることを考えれば、〔子どもの気持ちを軽視することで、自分の思いに蓋をしようとする〕行動パターンを無意識的に取ることは理に適っている、ということである。[16]

　正直なところ、この理論がどのくらい正しいのか、また、ここで描かれるような人がどのくらいいるのか、私には分からない。親が子どもの感じ方を想像することができないことが多いという事実には、これとは別の、より表層的で特定の状況からの原因があるのかもしれない。もしかしたら、親に時間の余裕や忍耐力がなくて、「子どもが今起きたことをどう思っているのだろうか」と問うことができないのかもしれない。実を言えば、説明がこのように簡単であればどれだけ良いかと思っている。もしそうであれば、問題はもっと簡単に解決するからである。しかしいずれにしても、親はできる限りのことをして、子どものときの具体的な経験を思い起こし、子どもが経験していることを、自らにとっても現実のことと感じるようにするべきである。大人として経験したことでも、子どもの経験と似ているものであれば、それを思い出すことにも価値があるだろう。例えば、人から偉そうに命令されたとき、自分のしたいことが無視されたとき、面白いことをするのを止めるように圧力を感じたときなどである。

　もちろんこれらは練習であり、子どもの視点を想像するという実際の行為の準備にすぎない。これは子どもが生まれたときから始める必要がある。私の娘がまだ生後数か月だったころ、おむつを替えられるのを嫌がった。最初に私がしたのは、「ごめんね。でもしてほしくなくても、しなければならな

いのだよ」と言うことであった。そのうち私は、娘がおむつ替えに特に抵抗するのが寝起きの時であることに気づいた。そこで私は娘の立場に立って考えようとしてみた。**いやだ。私はまだ半分寝ているのに、別の場所に移されて、おしりに何かされているの。**試しに10分か15分くらい待って、娘がはっきりと目覚めてからおしめを替えたところ、予想通り、それほど嫌がらなくなった。

　幼児の視点に立つことは、親が後にそれを行う習慣を身につけるためにも有益である。とりわけ子どもが喋り始めるまでには、子どもの視点から見られるようになることがどうしても必要である。それによって、子ども期について決まり文句を、逆の視点から見ることができる。例えば2歳の子どもは、多くの場合に「イヤ」と言うことがよく知られている。しかし子どもの視点から見れば、問題は**親**が常に「ダメ」と言い、これをしてはダメ、あそこへ行ったらダメ、台所の流しにある面白いもので遊んではダメと言うことなのである。[17]

　様々な年齢の子どもは「人を操るのがうまい」と言われることがしばしばある。しかしここでも、子どもの視点から見れば、自分に降りかかっていることに、何か意見を言おうとしているだけかもしれない。誰かが操作しようとしているとすれば、それはたぶん大人の方である。子どもはおそらく、『難しい親への対処法』といった役に立つ本を利用するだろう。親が子どもを評価し矯め直すのにどのくらいの時間を費やしているのかを考えると、子どもが親に対して同じことをする機会を定期的に持つということを想像するのは楽しい。例えば、『子どものための外食ガイド』なるものに掲載される、親が子どもに食べさせるものについての記事は、次のようなものになるだろう。

　　客は（それを幸運にも食べられれば）「素晴らしい」ホットドッグと質の高いデザートを熱狂的に支持する。しかしサイドメニューの中には「本当に吐き気を催す」ものもあることに気をつけるのがよい。特にシリアルは「吐瀉物のように」見えることもある。サービスは従業員によって異なると評価される。全体として、個人的な面倒を見てくれることには高い点数がつけられている

　が、少なくとも 1 人の客は、「たえず、きちんと座って立ち歩かないようにと
　言う女性」はいなくてもいいと言っている。

　ユーモアに訴えることは、他者視点取得と密接に関係している。というの
も笑いはしばしば、視点を変えることの直接的な結果だからである。ユーモ
アは緊張している状況を解きほぐすための非常に有効な手段である。少なく
とも冷ややかな衝突となるかもしれない状況を温めるものにはなる。子ども
と座って、その子に振る舞いを改めるようにと話す場合、自分がこのことに
ついて小言を言うときに、いつもどのように話すかを真似てみるように子ど
もに促すことができる。これによって同時に、緊張が解け、子どもが力を得
たように感じ、子どもの目から状況がどのように見えているかを親が理解し
ていることを、はっきりさせることができる。
　他者視点取得は、他人の子どもと一緒にいるときにも大切である。どれほ
ど多くの大人が、自分の主張だけを並べ、子どもの言葉によらない強い信号
を無視した上で、自分を避けて尻込みする子どもを「恥ずかしがり屋」（あ
るいはそれ以上の存在）と決めつけるであろうか。対照的に、「子どもを扱
うのがうまい」大人は、直感的に物事が子どもにどう見えているのかを理解
するのが通例である。そのような大人は最初に子どもに出会うとき、いきな
り子どもが自分をさらけ出すことは期待しない。普通は元気な自分の子ども
でも、知らない人にはそのように振る舞えないと分かっているからである。
彼らは、新しく知り合った子どもに対して過度の期待を持って近づいたり、
（「何歳なの？　学校はどこ？」といった）尋問を始めたりはしない。その代
わり、最初は子どもと距離を置き、子どもが自分に親しみを持つのを待っ
て、子どもの興味のあることを何か見つけ、それについて尋ねるだろう。そ
して子どもと一緒にできる活動を見つけようとする。その子が何に興味を
持っているか、話したいのか遊びたいのかなどについては、子どもの仕草か
ら知るのである。
　他人の子どもであれ自分の子どもであれ、子どもの視点で状況を見ること
ができていれば、子どももからの信号をより受け止めやすくなる。日々の生

活の中での他者視点取得は、より良い子育てにつながるのである。たとえ子どものしたいことに賛成できなくても、できる限り子どもからどう見えるのかを理解し、認めようとすることが非常に重要である（「おまえがこのように考えているように、お父さんには思える」）。そのことで子どもは、意見を聞いてもらえ、気にかけてもらえ、そして無条件で愛されていると感じるのである。

　もちろんこれは「全部か無か」という二者択一の問題ではない。子どもの視点から物事がどのように見えているのかを親が想像するのが、どのくらいの頻度で、そしてどのくらい正しくなのか、ということを議論するとき、「常に」から「全然しない」まで、あるいは「非常にうまく」から「最悪の形で」まで、多くの段階がある。そしてこのことは、本書で議論したすべての論点について当てはまる。「一方的にする」だけ、あるいは「ともにする」だけの方法を取る親はほとんどいない。また純粋に条件つきの愛情だけを、あるいは無条件の愛情だけを注ぐ親も少ない。ほとんどの親はその間のどこかにいる。同様に、スイッチを押すかのように、たちどころにある方法を止めて、別の方法を始めるようなことができると言うつもりもない。むしろ親は、自分自身が長い遍歴の途上にあって、正しい方向に向かって着実に進んでいると考えることができる。

　この遍歴を始めるにはすでに遅いだろうか。私は、長年の条件つきの愛情や過度な統制によって、子どもが負ってしまったかもしれない傷を治すことが可能である確証を得たいと求められることがある。当然ながら、確かなことを言うのは不可能であるが、自分が間違った方法を取っていたかもしれないと認めることは、非常に大きな勇気が必要であり、そのような勇気自体が、今後の成り行きを非常に正確に予測するものになる。子どもが何歳であろうと、この時点以降、子どもに肯定的な影響を与えられるようになるのに遅すぎることはないと考える根拠がある。すべての親にとって改善の余地は大きい。どのような程度であれ、どのような理由であれ、これまではあまり建設的でない方法で子育てをしてきたかもしれない。しかし今こそ、状況を変えるのに最善の時である。

【原註】

1) この第二の質問を付け加えることで、親の最大の目標は子どもが幸福になることと言うだけでは、明らかに不十分であることに気づかされる。個人的には、自分の子どもには、常に惨めな状況にある社会活動家になってもらいたくはないが、逆に自分の幸福だけのことを考えて、他の人の苦しみに無関心であるようにもなってほしくない。同時に、幸福であることと引き換えに、無分別で浅薄で、怒るべきことに怒ることができない人間になることも望まない。Edward Deci は次のように言う。「人が幸福を求めるとき、実際には自らの発達を阻害することもある。なぜなら、幸福の追求が、人の経験のそれ以外の側面を抑圧してしまうからだ…。生きていることの本当の意味は、単に幸せであると感じることだけではなく、人間のすべての種類の感情を経験することである」(1995, p.192: 強調は省略)。まとめるならば、「子どもに幸福になってほしいか？」という問いに対しては、「そう思うが、しかし……」という答えしかないのではないかと私は考える。

2) 興味のある読者は Nancy Eisenberg and 故 Paul Mussen (*The Roots of Prosocial Behavior in Children* という大変有益な本の著者)、Martin Hoffman、Ervin Staub、Marian Radke-Yarrow、そして Carolyn Zahn-Waxler などの研究を調べてみるとよい。

3) Barnett et al., p.93. スポーツ心理学の領域でも、競争が倫理的思考の水準を下げ、低いレベルの道徳的基準を生み出す証拠がある。

4) 「明確な説明がなく"だめ""やめろ""してはいけない"という言葉を頻繁に使うことで、一般的抑止が学習され、どのような種類の困難であれ、それに直面したときに尻込みをするようになる。そして、それによって人のための、あるいは状況を良くするための努力をほとんどしなくなる」(Zahn-Waxler et al., p.326)。

5) この問題について幅広く研究を行ってきた発達心理学者の Leon Kuczynski (1983, p.132) の言葉では、「説明なく禁止しても、そこに動機づけに関わる事柄がないとは言えない。なぜならそれは、何らかの外面的な帰結という脅しを暗黙の内に含んでいるからである」。

6) 親が合理的に説明することと、成人した子どもが利他的であることとの間の関係は実際に大変強い。ナチスからユダヤ人を救うことを選んだ個人についての調査結果がある。ユダヤ人を救った人の親は「子どもに服従を求めたり、体罰を行うことが著しく少なかった」。それに代ってもっぱら「論理的な説明、受けた被害を修復する方法の提案、説得そして助言」を行い、「子どもへの尊敬と信頼のメッセージ」を送っていた。これにより子どもは「自己効力感と他者への思いやりの意識」を持つことができた（Oliner and Oliner, pp.162, 179, 182）。もう1つの研究は、千人以上の学部学生の子ども時代を調べた。その結果、地域でのボランティア活動に関わり、自らの信じる主張を明確に表明する学生の親は、子どもを尊重し、しつけに関しても、罰を与えるよりも理性的に行う方法を取っていたことの多いことが明らかにされた（Block et al.）。

7) 社会的・道徳的概念の理解は、学習者に単に伝達されるのではなく、学習者によって「構成」されなければならないという点の詳細については、Constance Kamii と Rheta DeVries の研究を参照。私は、伝統的な学校を基盤とした「人格教育」プログラム批判の中で、この問題を論じた（Kohn 1997）。

8) 「子どもの意見を促すこと」：Walker and Taylor. 引用文は p.280 から。他の研究での発見：Eisenberg, p.161.

9) 1989 年と 1990 年の Marilyn Watson との私信。

10) Hoffman の発見：Hoffman and Saltzstein；引用文は p.50 から。その後の研究での確認：例えば、Kuczynski 1983 を参照。年長の子どもにはより有効：Brady and Shaffer. 働きかけが就学前の子どもを助ける：Hart et al. 乳幼児であっても反応する傾向にある：Zahn-Waxler et al.; 引用文は p.323 から。

11) 共感に先行する能力は、もっと幼いときからでも芽生えるかもしれない。新生児は、他の赤ちゃんの泣き声を聞くと、同じようにうるさく突発的なものである別の音を聞くとき以上に、より頻繁に、またより長く泣く。生後18 時間から 72 時間の乳児を対象とした 3 つの研究によると、そのように泣くのは単に真似て声を出すのではなく、自発的な反応だと思われる。ここか

ら推測できるのは、人は他人の苦痛によって自らも苦痛を感じる性向を持って生まれるということである（これらの研究は Kohn 1990 で、他者視点取得や共感に関する非常に多くの研究とともに引用されている。本文の以下の議論もこの本からのものがある）。

12)　これと同様の語りかけが、Coloroso, pp.136-38 で提案されているが、それは兄弟に事情を説明させる場合に、話す内容について意見が一致してからにするというものである。

13)　私は先に親は、「誰かが何かを私に言ったとき、**私は**無条件に愛されていると感じるか？」と自問するのがよいと述べたが、それはこの理由による。しかし、このように単純に立場を入れ替えて想像することは十分ではない。なぜならあなたの子どもはあなたではないからである。親が先の問いに正直に「はい」と答えることができても、子どもは絶対的に無条件で愛されているとは感じないという場面を考えることは難しくない。

14)　本書 p.134 で言及した、Hastings and Grusec の研究を参照。そのような親は、対立を解決するための建設的な方法を教えることも多いであろう（反対に権威主義的な親は対立 —— とりわけ自分と子どもの間の対立 —— を取り除くべきものと見なす。対立にも様々な種類のあることや、どうしても起きてしまう対立に対処する方法にも、良いものと悪いものがあることを理解できない）。他方で別の研究によると、親が子どもと話し合う場合に、（妥協点を見出そうと努めようとして他者の事情も考慮する）「他人指向的」議論ではなく、（自らの立場を守ろうとする）「自己指向的」議論をする傾向にあれば、3 年後の調査で、子どもの友だちとの関わり方にかなりの影響を与えることが分かった。この研究者は、子どもに対立を解決する技能を教えるだけでは十分ではなく、家庭での対立に子どもが「直接的に晒されている」事実も考慮しなければならないと述べている（Herrera and Dunn；引用文は p.879 から）。

15)　オランダの研究：Gerris et al. カナダの研究：Hastings and Grusec 1997. アメリカの研究：Kochanska.

16)　Miller, pp.89-91. このような主張が Miller の著作全体の核心となっている。

同時に子育てについて著述する他の多くの臨床家の中心的論点でもある。

17)　これまでの研究は、親が常に介入して干渉、妨害、禁止しようとしているという認識が正しいと証明していることを考えてほしい。本書 pp.168、177 原註 11 を参照。

付　録

子育てのスタイル
——文化・階層・
人種との関連

　人間の行動のどの側面を議論するときにでも、1つの事実の記述（これが子どもを育てるということだ）、あるいは1つの価値判断（これが子どもを育てるべき方法だ）が、普遍的には共有されていない世界観に基づく可能性は常にある。子どもの発達やその他の問題について私たちが当たり前だと思うことの多くは、文化的な前提に制約されている。そうであれば、その前提について議論の余地がある。本書の内容は、私が白人で中産階層のアメリカ人であるという事実を基にして理解されるべきである。だとすれば、そのような特質を共有していない人は、私の書いたものをどのように理解するであろうか、あるいはすべきであろうか。

　（実際にはそうではないが）仮に私が世界中の子育てについての思想と実践についての専門家であるとしても、この問題についての膨大な研究成果をここで正当に評価することはできないだろう。子どもとはどのような存在なのか、子どもにとっての適切なケアとは何かについての考えは非常に多様である。その中には、どのくらいの頻度で、どのような時に、どのような状況で、親は子どもを罰したり、子どもに言い聞かせたりするべきかということも含まれる。例えばある人類学者は、ケニア南西部のグシイ族の人々は、アメリカの母親がたとえ数秒であっても赤ちゃんを泣かせるままにしておくことを知って驚いたと報告している。「彼らにとっては、赤ちゃんと常に身体的な接触によって泣かせないようにすることが、実際的に有用な方法であるだけではなく、道徳として規定された母親の務めなのである」。[1]

　幼児もまた、アメリカの文化とそれ以外の文化の中では非常に違った扱いを受けている。その結果として、最近のある研究が示すように、「"恐るべき2歳"への移行も普遍的ではない」ことが明らかにされている。そのような現象が見られるかどうかは「親がどのくらい権威を行使しようとするか」[2]次第であり、おそらく、親が最終的に子どもにどのような目標を掲げるかによるのであろう。これは、個々の文化に特有の考え方や慣行が、異なった行動様式につながる1つの例に過ぎない。様々な場面で、子どもの発達について、はっきりとした事実だと私たちが思っているものが、実はすべての場所で当てはまるのではないことが分かる。

　そうであれば、本書の中心的テーマが、文化横断的な視点から疑問を呈されることになるのも驚くべきことではない。タフツ大学のフレッド・ロスバウムは、無条件の愛情はアメリカ以外の文化では、あまり疑われることがないと述べている。しかし同時に、無条件の愛情という概念自体が的外れであるとされる地域もあるとも指摘する。無条件の受容は、各々の個人に価値を置くことに基づいているであろうが、それは決して普遍的なものではない。私たちは子どもが親から愛されなければならないのは、子どもが自己を受け入れることができるようになるためであると考えている。しかし、自己を受け入れるという考え自体が、すべての地域で同じように重要だと見なされてはおらず、あまり個人主義ではない文化では奇妙な考えであるとさえ見なされている。

　さらにロスバウムが指摘することは、子どもに「愛している」と口に出すことが、本当は愛していない可能性を示唆するということである。親がわざわざそう言うということは、愛情が当然のものとは考えられていないことを意味するのである。アメリカで親の愛情が無条件であるとすればそれは、親自らがそのように感じることを選んでいるためであるが、他の多くの文化では、親と子どもの関係などの個人同士の結びつきは、疑う余地のない役割と規範を反映したものである。親の愛は親が持っている義務であって、自分で決めてそうしようと考えるものではない。[3] これは無条件の愛情による子育ての別の形、あるいはより深い形なのであろうか。それとも自由意思で選ばれた愛情よりも意味がないものなのか。最終的にどのように結論づけるかにかかわらず、無条件性という考え方自体を再考する必要はあるだろう。

　そして「自由意思で選ばれた」という考え方について言えば、私は子どもに対する統制を緩め、子どもが自律感覚を経験できるよう支援することを強調してきた。このようにすることの有効性は研究によって確証が得られている。しかしその研究は、特定の地域でしか通用しないのだろうか。子どもが自分の生き方について一定の発言権を持つことでより良好に生きられるのは、比較的個人主義的で、伝統に縛られない社会においてだけなのか。アメリカの子どもは、意思決定に参加できる場合の方が、権威ある人に指示され

る場合よりも、より満足して、動機づけが高まるように思われるが、他の地域でも同様なのか。[4]

　親が子どもを統制しようとする程度は、どこに住んでいるかによって影響されることは間違いない。しかしウェンディ・グロルニックが指摘するように、それはある社会では「統制的な方法が望ましいと見なすこととは全く異なる」。さらにグロルニックは「統制的な子育ては、どのような文化的背景の中でも、子どもにとって否定的な結果をもたらす」[5]ことを明らかにした研究に言及している。同様にリチャード・ライアンとエドワード・デシは「自律が重要であるのは普遍的事実である」というデータを示している。そして、自律の重要性の主張が批判される理由の1つは、自律という言葉がどのように定義されるかに関わりがあると述べる。自律は「独立」や「外部からの影響に対する抵抗、あるいは他者に対する自己主張」と同じものであると見なされることが多い。この定義を受け入れる人であれば、自律は「個人主義的な文化にだけ当てはまる」と考えるかもしれない。しかし、自律を決断力や「選択能力」と定義するならば話は違ってくる。この意味では「人は自律的に個人主義を選択できると同時に、自律的に集団主義を選択することができる」。[6]そうであれば、育てられる場所が西洋であれ東洋であれ、あるいは大都市であれ第三世界の村であれ、統制を弱めることは子どもにとって良いことになるだろう。

　言うまでもないが、しつけの方法は文化によってだけでなく、同じ文化の中の異なる集団によっても異なる。特にアメリカのような複合的な近代社会について論じるときはそうである。しかしそれらの差異について述べる前に、ここでは統計的一般化によって説明することをお断りしておく。例えばグループAの親が、グループBの親に比べてある特定の方法で子育てをすることが多いとしても、グループAの親がすべてそうするのではなく、グループBの親が決してそのようにしないのでもないのである。

　このことを念頭に置いて第一に、研究者が一貫して見出してきた、家族の社会経済的地位（SES：socioeconomic status）に関係する差異を見る。この

差異には、罰を与えるしつけの頻度も含まれる。ある研究データのレビューによると、ほとんどの研究が明らかにしているのは、社会経済的地位が下になるほど、「体罰を行う親の割合が増える」ことである。別の研究グループは次のように結論づけている。一般的に「SES が低い子どもの方が、厳しいしつけの対象となりやすく、母親は子どもに対してあまり温かくなく、問題解決に際しての適切で効果的な方法は攻撃性であるとする価値観を抱いていることが多い」。[7]

　このような事実の一部は、経済的圧迫によって説明できる。親が経済的に困難な状態にあるほど、子どもに言うことを聞かせるために強制的な方法を用いる傾向が強くなる。[8] メルヴィン・コーンが以下のように指摘したことはよく知られている。つまり、労働者階層の親は、子どもが規則に従い権威ある人を尊敬することを目的として子どもを育て、その目的を達するために罰を与えるのに対して、中産階層、特にホワイトカラーの親は、子どもが主体的で、自律的に決定できる人になることを望む傾向が強い。そしてコーンは、これは親自身が職場で受けている要求に関係しており、それは階層によって異なることが多いとしている。コーンが見出した基本的内容は、他の研究者によっても追認されている。これは同時に、体罰が子どもに服従を求める文化においての方が、子どもの自立に価値を置く文化においてよりもより広く見られるという国際比較のデータとも合致する。[9]

　次いで人種に関する問題であるが、これは複雑である。アメリカでは、SES が同じであっても、黒人は「白人に比べて、子どもの自律性を認めることが少なく、服従を求めることが多い」。黒人の母親は白人の母親よりも、自分の子どもが友だちに対して攻撃的であることが良いことであると考える。[10] 体罰などの厳しいしつけを行うことについては、データから 2 つの結論が導き出される。つまり人種よりも階層の方がより大きな影響力を持つことと、しかし同時に人種も関係していることである。（1990 年に）数千人の親に対して、この一週間で子どもを叩いたかどうか問うたところ、黒人の 70％と白人の 60％が「はい」と答えた。（1995 年の）別の研究は、この 1 年間で子どもを叩いたかどうか尋ねたが、各々 77％と 59％であった。黒人と

白人の差は、SES を考慮に入れるとやや減少するが、それでも統計的に有意であった。[11]

　（1988 年に）親に対して体罰についての**考え**を尋ねた研究では、白人の22％が体罰に反対であったが、黒人の反対者は 9 ％以下であった。特に顕著な点は、時代の経過に伴う変化の違いである。1968 年には、すべての人種集団を通して、90 ％以上が体罰を支持していた。この時点から 1994 年にかけての一連の研究によると、体罰を支持する白人の割合は、一貫して、しかも大幅に減少している。実に体罰是認は 3 分の 1 だけ減っているのである。しかし同じ四半世紀を通して、黒人の減少はわずか 14 ％であった。[12]

　体罰に頼ることが良いとする考えを否定する確固たる証拠はあるが、ここ数年、同じ行為でも人種によっては、異なる意味を持つこともあるとする興味深い議論が提示されている。カービー・ディーター＝デカードとケネス・ドッジその他 2 人の研究者たちは、次のような主張を行い、心理学界で大きな注目を集めた。それは、物理的な力を使って子どもをしつけることは、黒人の間で広く受け入れられているため、黒人の子どもが親から叩かれることについての認識の仕方は、白人の子どもとは異なっており、白人の子どもほど否定的な影響を持たないとするものであった。466 人の白人と 100 人の黒人の子どもを対象とした彼らの研究は、体罰を多く用いることで、攻撃性やそれに類する問題が現れるのは、白人の子どもだけであった。この 4 人の研究者は（偶然にも全員白人であるが）、罰が通常虐待と見なされるレベルに達しない限り、黒人の子どもは「親の体罰によるしつけを、親が温かさと思いやりを持っていないことの印である」とは見なさいと推測した。[13]

　この研究は、意図的に子どもを叩くことは、それがどこで、誰によって、どのような理由であっても反対すべきものであると考える私たちに対しての挑発的な問題提起である。私たちの体罰への反対が、普遍的には適用されない一連の前提に基づいているのかどうかを問わなければならない。「絶対に子どもを叩くな」という原則は、力のある集団が、力の劣る集団に対して、自分たちの倫理を一方的に押しつけようとする、よく見られる傲慢さの反映に過ぎないのか。あるいは反対に、体罰を認めることはどこかに間違いが

あって、この原則は、体罰を容認するような判断を**押さえつける**試みであると宣言できるだろうか。

一般的に心理的な影響は、人間に起こる事柄からの機械的な刺激―反応の形には従わないと、私は主張してきた。問題となるのは、自らに起きたことにどのような意味を与えるかである。人にどのような影響を与えるのかを決定するのは行為自体ではなく、その行為が個人や共同体に対して持つ意味である。[14)] しかし今や、このような解釈学的な見方が、根元から挑戦を受けているのである。つまり子どもを叩いたり、意図的に子どもを苦しめたりするような振る舞いの中で、親の意図にかかわらず無害である（ましてや愛情に満ちている）とは絶対に見なすことのできないものが存在すると考えるのが正しいのか、という問いである。親は、そしてそれ以上に子どもは、何とかして暴力の行為を、親の思いやりの表現と見なそうとするが、結局はそのような情緒的な錬金術を行うのは不可能であることが分かるだろう。そして子どもがこのような事柄に折り合いを付けることが**できた**としても、愛情と暴力を混ぜ合わせることが良いのだろうか。子どもが大きくなって、人を傷つけることが、その人への配慮を示す方法の１つであると考えるようになってほしいだろうか。

もちろん体罰に反対する理由の少なくとも一部は、道徳的である以上に実際的なものである。体罰を問題であると考える研究者は、それがもたらす実際的な効果を指摘する。その限りにおいて、ディーター＝デカードとドッジ（D-D & D）の主張 ── 悪い影響が見られない子どももいるという主張 ── を検討することは重要である。しかし以下のようないくつかの理由から、私にはそれが正しいとは思えない。

第一に、（黒人の子どもは、白人の子どものようには、体罰によって否定的な影響を受けないという）主張は、体罰が黒人社会にずっと広く見られるという前提に拠っている。それ自体はすでに見たように正しい。しかし、体罰の影響についての結論を導く点に問題がある。比喩で考えてみよう。多くの魚を食べることが、何らかの健康上の利点をもたらすかどうかを調べようと思うならば、大量の魚を食べる人、あまり食べない人、そして全く食べな

い人がいるような集団を対象とするのが賢明だろう。そして、他の要素を考えに入れたときに、健康状態と消費される魚の量に関係があるかどうかを調べるであろう。しかし、その成員のほとんどすべてが日常的に魚を食べる集団を対象としたときは、魚を食べることがどのくらい健康にとって意味を持つかを判断することは難しい。同様に、常に体罰に頼る家族の集団を見るだけでは、体罰に晒されることの影響を取り出すことは難しい。体罰とそれがもたらす具体的な影響の相関関係が見出されないのは、黒人の子どものしつけ方に幅や多様性が少ないからであろう。[15]

　実際にしつけと言えば、それが事実上体罰を**意味し**、D–D & D が主張するように、体罰が親の子どもへの関わりと関心の印であるような集団では、体罰を行わないことは、まさに関わりと関心がないことを表す。そうであるから、罰せられない子どもが罰せられる子どもよりも必ずしも良好な状態ではないという事実は、驚くことではない。[16]

　このような視点は、D–D & D の研究を支持するいくつかの研究についても当てはめることができる。ある調査によると、黒人の十代の若者については「親が一方的に決めることが、適応性を増し、逸脱行為を減らし、学力を高める」が、ヨーロッパ・アジア・ヒスパニック系の若者はそうではない。しかし、親と若者が一緒に考えて双方の合意で決定することが、すべての人種的背景の子どもの逸脱行動の割合を下げることもまた事実である。[17]

　別の研究は、「体罰が広く見られる地域では、体罰と問題行動の間に関係は見られない」としている。しかしこの場合も、重要な注意点がある。そのような地域でさえも、体罰は「親の監督・介入としつけの効果を考慮に入れるならば……、反社会的行動を予防するのに有効ではない」のである。そのため、子どもを叩くことの**害**の程度には差があるとしても、それだからと言って、叩くことが**有益**であることにはならない。[18]

　そして一層重要なのは、D–D & D の結論を支持しない研究があるという事実である。1997 年に行われたある研究は、体罰を行うことが、人種的少数派と白人の子ども双方の反社会的行動を助長し、その影響の程度は、子どもがそれまでに受けた体罰の量に直接関係していることを明らかにしてい

る。[19] 3 年後の別の研究も、低所得層の黒人の子どもについて、強制的なしつけが問題行動と関係していることを確認している。この結果を報告した心理学者は、D-D＆Dの結果とは「対照的である」ことをはっきりと述べている。[20]

　子どもを叩くことを適切であるとして受け入れる文化の中では、叩くことが子どもを害するものにはならないという考え方を、子ども自身も正当なものと見なしているかもしれない。幼児はそのような判断を行うには幼すぎるが、そのこと自体が、このような議論全体に対しての問題を提起することにもなる。しかし、厳しい体罰が広く行われている西インド諸島の年長の（9～16歳）子どもを対象として、体罰についての考えを調査した研究がある。その結果として体罰は、それが適切であると考える子どもにも、適切でないと考える子どもと同様に、否定的な影響を与えることが分かった。「親が子どもに体罰を加えるべきであると考える若者の心理的な社会適応は、そのような文化的信念を共有しない若者と同じ程度に阻害される」のである。[21]

　最後に、それでもなお議論のために、行動面での障害などの特定の否定的な結果は、体罰に晒されている黒人の子どもには（少なくとも直ちには）見られないと仮定してみよう。しかしそれは体罰が無害であることを証明することにはならない。愛情と暴力を同じものと見なすように子どもを育てることに、隠れた悪影響があるとする私の考えが正しければ、体罰の影響の幅広い可能性を調べている研究者は、人種や階層を越えた否定的な影響を見出すことになるだろう。

　ここでもまた、子どもに命令したり、子どもを叩いたりする親は、子どもを教育しようとして、そして子どもが幸福になるようにと思ってそうするのであり、特に命令や体罰がその思いを表す普通の方法になっている地域ではそうである。しかし残念なことに、高邁な意図が良い結果を生み出すとは限らない。正しい理由のための悪い行いは、正しい理由のための**良い**行いと同じようには有益でない。

　また子ども自身が、そのような子育ての方法は本当に愛情の表現であるとして受け入れ、大きくなってからもそう確信していても、肯定的な結果が保

証されているわけではない。人は与えられる範囲内でしか受け取ることができない。例えば、無関心に代わる方法が体罰しかないように思われれば、そのように考えてしまう。しかし問題は、どうして体罰と無関心だけが自分たちに与えられた選択肢であると考えてしまうのかである。これは褒めることについて行った指摘と同じである。条件つきの受容である称賛が与えられる唯一の選択肢であるとすれば、子どもはそれを吸収し、もっと欲しいとさえ言うかもしれない。しかしそのことは、称賛が説得力を持って正当化されるものであることを意味しない。すべての形の受容、あるいはすべての形の愛情、動機づけ、子どもが悪いことをしたときに子どもに注意を促す方法は同じ性質を持つものではなく、また同じように望ましいとは言えないのである。

　子育てのある特定の形が取られる理由を説明し、それを正当化するために集団間の違いを用いる別の方法がある。体罰や、あるいは一層権威主義的な子育ての方法一般は、危険な地区に住んでいることへの合理的な反応であると言われることがあるのである。この議論は以下のようになる。裕福な家族は、子育てについて、緩やかで、進歩的、民主的な方法を取る余裕がある。しかし貧困層の多い都市中心部ではそうはいかない。そこでは、子どもをきまりに従わせること —— 法を守り、統制に服し、要求が不当であるように思われる場合でも権威ある人に従わせること —— が文字通り、子どもたちが生き延びて大人になれるかどうかを決定づけるとされる。この見解によれば、厳しいしつけはその環境に適しており、必要であるとさえ言える。オールド・ドミニオン大学のミシェル・ケリーらは次のように述べる。「〔子どもが〕反社会的活動に（被害者としてあるいは加害者として）巻き込まれる危険性の高い……低所得地区で、服従しないことの帰結は、〔中産階層の地区に比べて〕はるかに深刻なものであり、そのようなものに**どんな形においても**巻き込まれないようにするために、強力な手段が必要である」。[22]
　これは興味深い理論である。それは（人種や階層などで特徴づけられる）一定の地区で生活する個人に関する側面からではなく、社会環境に関わる点によって厳しいしつけを説明しているからである。同時に、郊外に住む中産

階層の白人の多くが、低所得で犯罪率の高い地区に住む有色人種が日々直面している現実について、何も知らないことを気づかせることにもなる。

　しかしそうであっても、この説明にはいくつかの問題点がある。1つは、これを支える証拠があるかどうかはっきりしないのである。ケリー自身、「下層階級の黒人の母親や養育者」の子育ての仕方が、子どものことを案じる程度にどのくらい影響されるのか、はっきりとは見出していない。[23) 危険についての客観的な見立て以外の何かが、しつけの種類を選ぶ原因かもしれない。

　さらにもし「危険な地区」の理論が正しければ、子どものしつけられ方と、子どもが反社会的行動に関わるかどうかの関係は、子どもが住む場所によって異なることが予測される。しかし2つの大規模な調査 —— 1つは1996年に様々な人種的背景の3,000人以上の十代の若者を対象にしており、もう1つは2002年に841人の黒人の家族について行われた —— では、しつけの仕方の効果は、犯罪や非行の頻度など、居住する地区の種類によって変わるものではないことが示されている。[24)

　経験的な証拠は別として、「危険な地区」の議論は、「強制か自由放任か」という、よく見られる誤った二分法の上に組み立てられているようである。確かに、子どもが住む地区によっては、より強く保護したり厳重に見守ったりすることが必要かもしれない。しかしだからと言って、そのような子どもが権威主義的な子育てや体罰を必要としている —— あるいは、それが有益なものになる —— ことにはならない。[25) 子どもにとっては秩序のある環境が有益であるかもしれないが、そのことから、統制されることで子どもの利益になるとは言えない。子どもは存在感を持った親が必要かもしれないが、絶対的で、「言われた通りにせよ。さもないと……」というような服従の要求は必要としない（同じように、私が「ともにする」子育てと呼んできたものを、完全な自由放任主義と混同して批判してはいけない。自由放任主義の欠陥を指摘することは、「ともにする」子育てに反対することではない）。

　本書の第3章と第4章で検討した、高圧的な統制と罰の結果を明らかにしている研究結果を再度見るのがよい。このように育てられた子どもは、洗練

された道徳的判断基準を獲得することがあまりできない。自分が直面する現実を柔軟に理解することができず、自己利益だけを考える姿勢に囚われ続けるのである。

　以下のことが重要である。洗練された道徳性、認知的な柔軟さ、そして他者を思いやれる能力は「ぜいたく品」ではない。さらに大切なことはこれらが、基本的な生存能力や生きていくための知恵と相互排他的なものではないことである。親は子どもにこれらすべてを望むべきである。しかし伝統的で、罰に頼るしつけからは、これらのどれも得られないかもしれない。子どもの服従が親の目標であるとしても、伝統的なしつけは、子どもに従わせるのにはあまり有効な方法ではない。思い出すべきは、統制的な親を持つ子どもが従順に**ならない**ことはしばしばあり、特に親が一緒にいないときにそうだということである。しかし究極的には、子どもに対して権威に従うことだけを求める目標に疑問を呈するべきである。権威に従わせることは、正しく判断する力と責任感を育成する目標とは異なるものである。

　さらに言えば、本書の後半で述べた子育ての方策 ── 無条件の愛情、尊敬と信頼に基づく関係、子どもが決定に参加できる機会などなど ── は、厳しい環境の地区で育っている子どもにとってこそ、**最も**重要かもしれない。[26]いずれにしても、子どもが親を恐がるようにさせられた結果として、より正しく行動するようになるという状況は、現実の世界ではそれほどないのである。

【原註】

1）　Levine

2）　Mosier and Rogoff; 引用文は pp.1057-58 から。

3）　Rothbaum、2002 年 1 月の私信。

4）　ある研究者グループは非常に興味深い可能性を提起している。それは、選択
　　　に重きを置かない文化は、子どもが決定をする機会をあまり持てなくても、
　　　一定の有利な点を提供するというものである。権威主義的な親は、非権威主
　　　義的親に比べて、子どもが否定的な動機を持っていると考えることが多いの
　　　であった。権威主義的な親は、自分の気に入らないように振る舞う子ども
　　　は、わざと反抗をしたり、攻撃的であったり、悪意を抱いていたりすると見
　　　なす。そして、子どもに対してより高圧的で、力による対応をするようにな
　　　り、悪循環が始まるのである。しかし文化によっては、私たちが権威主義的
　　　であると考えるように行動する親は、子どもの動機についてそのようには想
　　　定しない場合もある。なぜならばそのような文化では、人が独立した、自ら
　　　意思決定を行う主体であるとは見なされないからである。そのため親子関係
　　　での対立は少なくなる（Grusec et al. 1997, p.272）。

5）　Grolnick, pp.75,79. Barber and Harmon も比較的集団主義的である 2 つの文化
　　　を含む、9 つの異なる文化についての調査から得られた暫定的データを報告
　　　している。そこでは、親による心理的統制と子どもの抑うつ状態や反社会的
　　　行動との間に、一貫して関連が見られることが示されている。

6）　Ryan and Deci 2003, pp.265-67. これらの問題についてのまた別の見解、そし
　　　て「自律」と「関係性」についての文化横断的な差異についてのより詳細な
　　　分析については、Rothbaum and Trommsdorff を参照。

7）　「体罰を行う親」：この結論は、15 の典拠資料を伴う Gershoff, p.562 による。
　　　「低い SES の子ども」：Dodge et al.,p.662. また Sears et al.; Simons et at. 1991 も
　　　参照。しかし Gershoff は、この関係を見出していない研究もあると指摘して
　　　いる。これは、SES のどの側面で調査が行われたかに関係しているのであろ
　　　う。例えば、体罰を行う度合いは親の教育水準とは一貫して（マイナスの）
　　　関係があるが、所得や職業とはそうではないかもしれない。

8)　Conger et al. を参照。また Grolnick, pp.83-87 で検討された証拠も参照。

9)　Melvin Kohn の結果：M.Kohn（私とは無関係である。念のため）。他の研究者によって確認された Kohn の発見：例えば Schaefer and Edgerton; Pinderhughes et al.; Gerris et al. を参照。国際的データ：Peterson et al.

10)　自律性を求めることが少ない：Alwin（p.362）は、5つの研究を引用して、この結論に同意している。攻撃性を認めることが多い：Dodge et al.

11)　人種以上に階層が影響を与える可能性：Pinderhughes et al. しかしこの研究は、人種も関係することを見出している。同様の結果を導いているものは、Deater-Deckard et al.;Giles-Sims et al.（1990 年の調査）；Straus and Stewart（1995 年の調査）。McLeod et al.（p.586）も、1988 年以降の膨大な全国的なデータを用いて、調査前の一週間で「白人の母親は」黒人の母親よりも「体罰を与えた回数は少ない」ことを報告しているが、その原因の一部は、この調査のサンプルでは、黒人の方が白人よりも貧しいことにあると付け加えている。

12)　22％と9％の体罰への反対：Flynn. 26 年にわたる下降傾向：Straus and Mathur.

13)　Deater-Deckard et al. 以下の留保は非常に重要である。「ただし、身体的しつけの厳しさの程度には限界があって、それを超えると、その結果はすべての子どもにとって同じ程度に有害なものになる」（Deater-Deckard and Dodge, p.168）。

14)　言うまでもなく、この点は多くの他の理論家によっても主張されてきた。Erik Erikson もそうであり、ここでの議論により関係するものとしては、Deater-Deckard and Dodge がある。彼らは次のように述べる。「明らかに、（体罰のような）類似の親の行動は、異なった文化的環境の中では、異なった意味と帰結を持つ」（p.168）。

15)　この点は、人間発達の優れた研究者であった故 Huge Lytton（p.213）や D.C.Rowe（p.221）によって指摘された。Rowe はまた、D-D ＆ D の見解に疑問を呈している。その根拠は、子育ての方法を測定する指標は、白人と黒人とでは同じ信頼性や妥当性を持たないかもしれない（例えば、黒人の母親は

調査者に対して不信感を持っている場合があるなど）というものである。

16）この点は Straus 2005 で主張されている。

17）Lamborn et al. 1996. 引用文は p.293 から。

18）Simons et al. 2002.

19）Straus et al.

20）Kilgore et al.

21）Rohner et al. 引用文は p.691 にある。

22）Kelly et al., p.574.

23）「子どもが犠牲となることへの母親の不安は、子育ての態度と無関係であった」という研究結果は Kelly et al.（p.579）で報告されている。しかし、未刊行の論文で Kelly は、そのような関係を見出したと述べている。

24）各々、Lamborn et al. 1996; Simons et al, 2002.

25）この点は Straus et al. でも指摘されており、それは、心理的罰がすべての人種の子どもに対して有害な影響を与えることを見出したという文脈の中においてである。

26）Grolnick もこれとほぼ同じ主張をしている。生活環境が厳しい地区では、「自律的で支持的な子育ての結果としての、自己規制と責任感の発達が、有利な環境の中の子ども以上にとは言えないとしても、同程度には必要である」（Grolnick, p.74）。

REFERENCES

Adorno, T. W., Else Frenkel-Brunswik, Daniel J. Levinson, and R. Nevitt Sanford. *The Authoritarian Personality.* New York: Harper & Brothers, 1950.

Alwin, Duane F. "Trends in Parental Socialization Values: Detroit, 1958–1983." *American Journal of Sociology* 90 (1984): 359–82.

Ames, Carole, and Jennifer Archer. "Mothers' Beliefs About the Role of Ability and Effort in School Learning." *Journal of Educational Psychology* 79 (1987): 409–14.

Assor, Avi, Guy Roth, and Edward L. Deci. "The Emotional Costs of Parents' Conditional Regard: A Self-Determination Theory Analysis." *Journal of Personality* 72 (2004): 47–89.

Baldwin, Alfred L. "Socialization and the Parent-Child Relationship." *Child Development* 19 (1948): 127–36.

Barber, Brian K. "Parental Psychological Control: Revisiting a Neglected Construct." *Child Development* 67 (1996): 3296–3319.

Barber, Brian K., Roy L. Bean, and Lance D. Erickson. "Expanding the Study and Understanding of Psychological Control." In *Intrusive Parenting: How Psychological Control Affects Children and Adolescents,* edited by Brian K. Barber. Washington, D.C.: American Psychological Association, 2002.

Barber, Brian K., and Elizabeth Lovelady Harmon. "Violating the Self: Parental Psychological Control of Children and Adolescents." In *Intrusive Parenting: How Psychological Control Affects Children and Adolescents,* edited by Brian K. Barber. Washington, D.C.: American Psychological Association, 2002.

Barnett, Mark A., Karen A. Matthews, and Charles B. Corbin. "The Effect of Competitive and Cooperative Instructional Sets on Children's Generosity." *Personality and Social Psychology Bulletin* 5 (1979): 91–94.

Baumrind, Diana. "Some Thoughts About Childrearing." In *Influences on Human Development,* edited by Urie Bronfenbrenner. Hinsdale, IL: Dryden Press, 1972.

———. "The Discipline Controversy Revisited." *Family Relations* 45 (1996): 405–14.

Becker, Wesley C. "Consequences of Different Kinds of Parental Discipline." *Review of Child Development Research,* vol. 1, edited by Martin L. Hoffman and Lois Wladis Hoffman. New York: Russell Sage Foundation, 1964.

Beltz, Stephen E. *How to Make Johnny WANT to Obey.* Englewood Cliffs, NJ: Prentice-Hall, 1971.

Block, Jeanne H., Norma Haan, and M. Brewster Smith. "Socialization Correlates of Student Activism." *Journal of Social Issues* 25 (1969): 143–77.

Borek, Jennifer Gerdes. "Why the Rush?" *Education Week,* May 23, 2001: 38.

Brenner, Viktor, and Robert A. Fox. "Parental Discipline and Behavior Problems in Young Children." *Journal of Genetic Psychology* 159 (1998): 251–56.

Brody, Gene H., and David R. Shaffer. "Contributions of Parents and Peers to Children's Moral Socialization." *Developmental Review* 2 (1982): 31–75.

Bugental, Daphne Blunt, and Keith Happaney. "Predicting Infant Maltreatment in Low-Income Families." *Developmental Psychology* 40 (2004): 234–43.

Bugental, Daphne Blunt, Judith E. Lyon, Jennifer Krantz, and Victoria Cortez. "Who's the Boss? Differential Accessibility of Dominance Ideation in Parent-Child Relationships." *Journal of Personality and Social Psychology* 72 (1997): 1297–1309.

Burhans, Karen Klein, and Carol S. Dweck. "Helplessness in Early Childhood: The Role of Contingent Worth." *Child Development* 66 (1995): 1719–38.

Buri, John R., Peggy A. Louiselle, Thomas M. Misukanis, and Rebecca A. Mueller. "Effects of Parental Authoritarianism and Authoritativeness on Self-Esteem." *Personality and Social Psychology Bulletin* 14 (1988): 271–82.

Cagan, Elizabeth. "The Positive Parent: Raising Children the Scientific Way." *Social Policy,* January/Februrary 1980: 41–48.

Cai, Yi, Johnmarshall Reeve, and Dawn T. Robinson. "Home Schooling and Teaching Style: Comparing the Motivating Styles of Home School and Public School Teachers." *Journal of Educational Psychology* 94 (2002): 372–80.

Chamberlain, John M., and David A. F. Haaga. "Unconditional Self-Acceptance and Psychological Health." *Journal of Rational-Emotive and Cognitive-Behavior Therapy* 19 (2001): 163–76.

Chamberlain, Patricia, and Gerald R. Patterson. "Discipline and Child Compliance in Parenting." In Marc H. Bornstein, ed., *Handbook of Parenting,* vol. 4, *Applied and Practical Parenting.* Mahwah, NJ: Erlbaum, 1995.

Chapman, Michael, and Carolyn Zahn-Waxler. "Young Children's Compliance and Noncompliance to Parental Discipline in a Natural Setting." *International Journal of Behavioral Development* 5 (1982): 81–94.

Chirkov, Valery, Richard M. Ryan, Youngmee Kim, and Ulas Kaplan. "Differentiating Autonomy from Individualism and Independence." *Journal of Personality and Social Psychology* 84 (2003): 97–110.

Clayton, Lawrence O. "The Impact upon Child-Rearing Attitudes, of Parental Views of the Nature of Humankind." *Journal of Psychology and Christianity* 4, 3 (1985): 49–55.

Cohen, Patricia, and Judith S. Brook. "The Reciprocal Influence of Punishment and Child Behavior Disorder." In *Coercion and Punishment in Long-Term Perspectives,* edited by Joan McCord. Cambridge, England: Cambridge University Press, 1998.

Cohen, Patricia, Judith S. Brook, Jacob Cohen, C. Noemi Velez, and Marc Garcia. "Common and Uncommon Pathways to Adolescent Psychopathology and Problem Behavior." In *Straight and Devious Pathways from Childhood to Adulthood,* edited by Lee N. Robins and Michael Rutter. Cambridge, England: Cambridge University Press, 1990.

Coloroso, Barbara. *Kids Are Worth It!* New York: Avon, 1994.

Conger, Rand D., Xiaojia Ge, Glen H. Elder, Jr., Frederick O. Lorenz, and Ronald L. Simons. "Economic Stress, Coercive Family Processes, and Developmental Problems of Adolescents." *Child Development* 65 (1994): 541–61.

Cosden, Merith, Jules Zimmer, and Paul Tuss. "The Impact of Age, Sex, and Ethnicity on Kindergarten Entry and Retention Decisions." *Educational Evaluation and Policy Analysis* 15 (1993): 209–22.

Craig, Sidney D. *Raising Your Child, Not by Force but by Love.* Philadelphia: Westminster Press, 1973.

Crain, William. *Reclaiming Childhood.* New York: Times Books, 2003.

Crittenden, Patricia M., and David L. DiLalla. "Compulsive Compliance: The Development of an Inhibitory Coping Strategy in Infancy." *Journal of Abnormal Child Psychology* 16 (1988): 585–99.

Crockenberg, Susan, and Cindy Litman. "Autonomy as Competence in 2-Year-Olds: Maternal Correlates of Child Defiance, Compliance, and Self-Assertion." *Developmental Psychology* 26 (1990): 961–71.

Crocker, Jennifer. "The Costs of Seeking Self-Esteem." *Journal of Social Issues* 58 (2002): 597–615.

Crocker, Jennifer, Riia K. Luhtanen, M. Lynne Cooper, and Alexandra Bouvrette. "Contingencies of Self-Worth in College Students: Theory and Measurement." *Journal of Personality and Social Psychology* 85 (2003): 894–908.

Crocker, Jennifer, and Connie T. Wolfe. "Contingencies of Self-Worth." *Psychological Review* 108 (2001): 593–623.

Deater-Deckard, Kirby, and Kenneth A. Dodge. "Externalizing Behavior Problems and Discipline Revisited." *Psychological Inquiry* 8 (1997): 161–75.

Deater-Deckard, Kirby, Kenneth A. Dodge, John E. Bates, and Gregory S. Petit. "Physical Discipline Among African American and European American Mothers: Links to Children's Externalizing Behaviors." *Developmental Psychology* 32 (1996): 1065–72.

Deci, Edward L. *Why We Do What We Do: The Dynamics of Personal Autonomy.* With Richard Flaste. New York: Grosset/Putnam, 1995.

Deci, Edward L., Robert E. Driver, Lucinda Hotchkiss, Robert J. Robbins, and Ilona McDougal Wilson. "The Relation of Mothers' Controlling Vocalizations to Children's Intrinsic Motivation." *Journal of Experimental Child Psychology* 55 (1993): 151–62.

Deci, Edward L., Haleh Eghrari, Brian C. Patrick, and Dean R. Leone. "Facilitating Internalization: The Self-Determination Theory Perspective." *Journal of Personality* 62 (1994): 119–42.

Deci, Edward L., Richard Koestner, and Richard M. Ryan. "A Meta-Analytic Review of Experiments Examining the Effects of Extrinsic Rewards on Intrinsic Motivation." *Psychological Bulletin* 125 (1999): 627–68.

Deci, Edward L., and Richard M. Ryan. "Human Autonomy: The Basis for True Self-Esteem." In *Efficacy, Agency, and Self-Esteem,* edited by Michael H. Kernis. New York: Plenum, 1995.

Deci, Edward L., Nancy H. Spiegel, Richard M. Ryan, Richard Koestner, and Manette Kauffman. "Effects of Performance Standards on Teaching Styles: Behavior of Controlling Teachers." *Journal of Educational Psychology* 74 (1982): 852–59.

DeVries, Rheta, and Betty Zan. *Moral Classrooms, Moral Children.* New York: Teachers College Press, 1994.

Dienstbier, Richard A., Donald Hillman, John Lehnhoff, Judith Hillman, and Maureen C. Valkenaar. "An Emotion-Attribution Approach to Moral Behavior." *Psychological Review* 82 (1975): 299–315.

Dix, Theodore, Diane N. Ruble, and Robert J. Zambarano. "Mothers' Implicit Theories of Discipline: Child Effects, Parent Effects, and the Attribution Process." *Child Development* 60 (1989): 1373–91.

Dodge, Kenneth A., Gregory S. Petit, and John E. Bates. "Socialization Mediators of the Relation Between Socioeconomic Status and Child Conduct Problems." *Child Development* 65 (1994): 649–65.

Dornbusch, Sanford M., Julie T. Elworth, and Philip L. Ritter. "Parental Reaction to Grades: A Field Test of the Overjustification Approach." Unpublished manuscript, Stanford University, 1988.

Dornbusch, Sanford M., Philip L. Ritter, P. Herbert Leiderman, Donald F. Roberts, and Michael J. Fraleigh. "The Relation of Parenting Style to Adolescent School Performance." *Child Development* 58 (1987): 1244–57.

Dumas, Jean E., and Peter J. LaFreniere. "Relationships as Context." In *Coercion and Punishment in Long-Term Perspectives,* edited by Joan McCord. Cambridge, England: Cambridge University Press, 1998.

Eccles, Jacquelynne S., Christy M. Buchanan, Constance Flanagan, Andrew Fuligni, Carol Midgley, and Doris Yee. "Control Versus Autonomy During Early Adolescence." *Journal of Social Issues* 47, 4 (1991): 53–68.

Eisenberg, Nancy. *Altruistic Emotion, Cognition, and Behavior.* Hillsdale, NJ: Erlbaum, 1986.

Elliot, Andrew J., and Todd M. Thrash. "The Intergenerational Transmission of Fear of Failure." *Personality and Social Psychology Bulletin* 30 (2004): 957–71.

Faber, Adele, and Elaine Mazlish. *Siblings Without Rivalry.* New York: Norton, 1987.

Feldman, Ruth, and Pnina S. Klein. "Toddlers' Self-Regulated Compliance to Mothers, Caregivers, and Fathers." *Developmental Psychology* 39 (2003): 680–92.

Flink, Cheryl, Ann K. Boggiano, and Marty Barrett. "Controlling Teacher Strategies: Undermining Children's Self-Determination and Performance." *Journal of Personality and Social Psychology* 59 (1990): 916–24.

Flynn, Clifton P. "Regional Differences in Attitudes Toward Corporal Punishment." *Journal of Marriage and the Family* 56 (1994): 314–24.

Forsman, Lennart. "Parent-Child Gender Interaction in the Relation Between Retrospective Self-Reports on Parental Love and Current Self-Esteem." *Scandinavian Journal of Psychology* 30 (1989): 275–83.

Frodi, Ann, Lisa Bridges, and Wendy Grolnick. "Correlates of Mastery-related

Behavior: A Short-Term Longitudinal Study of Infants in Their Second Year." *Child Development* 56 (1985): 1291–98.

Fromm, Erich. Foreword to *Summerhill: A Radical Approach to Child Rearing* by A. S. Neill. New York: Hart, 1960.

Gerris, Jan R. M., Maja Deković, and Jan M.A.M. Janssens. "The Relationship Between Social Class and Childrearing Behaviors: Parents' Perspective Taking and Value Orientations." *Journal of Marriage and the Family* 59 (1997): 834–47.

Gershoff, Elizabeth Thompson. "Corporal Punishment by Parents and Associated Child Behaviors and Experiences: A Meta-Analysis and Theoretical Review." *Psychological Bulletin* 128 (2002): 539–79.

Giles-Sims, Jean, Murray A. Straus, and David B. Sugarman. "Child, Maternal, and Family Characteristics Associated with Spanking." *Family Relations* 44 (1995): 170–76.

Ginott, Haim G. *Teacher and Child.* New York: Macmillan, 1972.

Ginsburg, Golda S., and Phyllis Bronstein. "Family Factors Related to Children's Intrinsic/Extrinsic Motivational Orientation and Academic Performance." *Child Development* 64 (1993): 1461–74.

Goldstein, Mandy, and Patrick C. L. Heaven. "Perceptions of the Family, Delinquency, and Emotional Adjustment Among Youth." *Personality and Individual Differences* 29 (2000): 1169–78.

Gordon, Thomas. *P.E.T.—Parent Effectiveness Training.* New York: Plume, 1975.

———. *Teaching Children Self-Discipline . . . At Home and at School.* New York: Times Books, 1989.

Gottfried, Adele Eskeles, James S. Fleming, and Allen W. Gottfried. "Role of Parental Motivational Practices in Children's Academic Intrinsic Motivation and Achievement." *Journal of Educational Psychology* 86 (1994): 104–13.

Greene, Ross W. *The Explosive Child.* New York: HarperCollins, 1998.

Greven, Philip. *Spare the Child: The Religious Roots of Punishment and the Psychological Impact of Physical Abuse.* New York: Vintage, 1992.

Grolnick, Wendy S. *The Psychology of Parental Control: How Well-Meant Parenting Backfires.* Mahwah, NJ: Erlbaum, 2003.

Grolnick, Wendy S., Suzanne T. Gurland, Wendy DeCourcey, and Karen Jacob. "Antecedents and Consequences of Mothers' Autonomy Support." *Developmental Psychology* 38 (2002): 143–55.

Grolnick, Wendy S., and Richard M. Ryan. "Parent Styles Associated with Children's Self-Regulation and Competence in School." *Journal of Educational Psychology* 81 (1989): 143–54.

Grubb, W. Norton, and Marvin Lazerson. *Broken Promises: How Americans Fail Their Children.* New York: Basic, 1982.

Grusec, Joan E., and Jacqueline J. Goodnow. "Impact of Parental Discipline Methods on the Child's Internalization of Values." *Developmental Psychology* 30 (1994): 4–19.

Grusec, Joan E., Leon Kuczynski, J. Philippe Rushton, and Zita M. Simuti. "Modeling, Direct Instruction, and Attributions: Effects on Altruism." *Developmental Psychology* 14 (1978): 51–57.

Grusec, Joan E., and Norma Mammone. "Features and Sources of Parents' Attributions About Themselves and Their Children." In *Review of Personality and Social Psychology* 15 (1995): *Social Development,* edited by Nancy Eisenberg.

Grusec, Joan E., and Erica Redler. "Attribution, Reinforcement, and Altruism: A Developmental Analysis." *Developmental Psychology* 16 (1980): 525–34.

Grusec, Joan E., Duane Rudy, and Tanya Martini. "Parenting Cognitions and Child Outcomes." In *Parenting and Children's Internalization of Values,* edited by Joan E. Grusec and Leon Kuczynski. New York: Wiley, 1997.

Hart, Craig H., D. Michele DeWolf, Patricia Wozniak, and Diane C. Burts. "Maternal and Paternal Disciplinary Styles: Relations with Preschoolers' Playground Behavioral Orientations and Peer Status." *Child Development* 63 (1992): 879–92.

Harter, Susan. "The Relationship Between Perceived Competence, Affect, and Motivational Orientation Within the Classroom." In *Achievement and Motivation: A Social-Developmental Perspective,* edited by Ann K. Boggiano and Thane S. Pittman. Cambridge, England: Cambridge University Press, 1992.

———. *The Construction of the Self: A Developmental Perspective.* New York: Guilford, 1999.

Harter, Susan, Donna B. Marold, Nancy R. Whitesell, and Gabrielle Cobbs. "A Model of the Effects of Perceived Parent and Peer Support on Adolescent False Self Behavior." *Child Development* 67 (1996): 360–74.

Hastings, Paul D., and Joan E. Grusec. "Conflict Outcome as a Function of Parental Accuracy in Perceiving Child Cognitions and Affect." *Social Development* 6 (1997): 76–90.

———. "Parenting Goals as Organizers of Responses to Parent-Child Disagreement." *Developmental Psychology* 34 (1998): 465–79.

Hastings, Paul D., and Kenneth H. Rubin. "Predicting Mothers' Beliefs About Preschool-Aged Children's Social Behavior." *Child Development* 70 (1999): 722–41.

Herrera, Carla, and Judy Dunn. "Early Experiences with Family Conflict: Implications for Arguments with a Close Friend." *Developmental Psychology* 33 (1997): 869–81.

Hoffman, Martin. "Power Assertion by the Parent and Its Impact on the Child." *Child Development* 31 (1960): 129–43.

———. "Conscience, Personality, and Socialization Techniques." *Human Development* 13 (1970a): 90–126.

———. "Moral Development." In *Carmichael's Manual of Child Psychology,* 3rd ed., vol. 2, edited by Paul H. Mussen. New York: Wiley, 1970b.

Hoffman, Martin, and Herbert D. Saltzstein. "Parent Discipline and the Child's Moral Development." *Journal of Personality and Social Psychology* 5 (1967): 45–57.

Holt, Jim. "Decarcerate?" *New York Times Magazine,* August 15, 2004: 20–21.

Honig, Alice Sterling. "Compliance, Control, and Discipline." *Young Children,* January 1985: 50–58.

Jacobvitz, Deborah, and L. Alan Sroufe. "The Early Caregiver-Child Relationship and Attention-Deficit Disorder with Hyperactivity in Kindergarten: A Prospective Study." *Child Development* 58 (1987): 1488–95.

Johnson, Susan L., and Leann L. Birch. "Parents' and Children's Adiposity and Eating Style." *Pediatrics* 94 (1994): 653–61.

Juul, Jesper. *Your Competent Child: Toward New Basic Values for the Family.* New York: Farrar, Straus, and Giroux, 2001.

Kamins, Melissa L., and Carol S. Dweck. "Person Versus Process Praise and Criticism: Implications for Contingent Self-Worth and Coping." *Developmental Psychology* 35 (1999): 835–47.

Kandel, Denise B., and Ping Wu. "Disentangling Mother-Child Effects in the Development of Antisocial Behavior." In *Coercion and Punishment in Long-Term Perspectives,* edited by Joan McCord. Cambridge, England: Cambridge University Press, 1998.

Kelley, Michelle L., Thomas G. Power, and Dawn D. Wimbush. "Determinants of Disciplinary Practices in Low-Income Black Mothers." *Child Development* 63 (1992): 573–82.

Kernis, Michael H. "Toward a Conceptualization of Optimal Self-Esteem." *Psychological Inquiry* 14 (2003): 1–26.

Kernis, Michael H., Anita C. Brown, and Gene H. Brody. "Fragile Self-Esteem in Children and Its Associations with Perceived Patterns of Parent-Child Communication." *Journal of Personality* 68 (2000): 225–52.

Kilgore, Kim, James Snyder, and Chris Lentz. "The Contribution of Parental Discipline, Parental Monitoring, and School Risk to Early-Onset Conduct Problems in African American Boys and Girls." *Developmental Psychology* 36 (2000): 835–45.

Kochanska, Grazyna. "Mutually Responsive Orientation Between Mothers and Their Young Children: Implications for Early Socialization." *Child Development* 68 (1997): 94–112.

Kochanska, Grazyna, and Nazan Aksan. "Mother-Child Mutually Positive Affect, the Quality of Child Compliance to Requests and Prohibitions, and Maternal Control as Correlates of Early Internalization." *Child Development* 66 (1995): 236–54.

Koestner, Richard, Richard M. Ryan, Frank Bernieri, and Kathleen Holt. "Setting Limits on Children's Behavior: The Differential Effects of Controlling vs. Informational Styles on Intrinsic Motivation and Creativity." *Journal of Personality* 52 (1984): 233–48.

Kohn, Alfie. *The Brighter Side of Human Nature: Altruism and Empathy in Everyday Life.* New York: Basic Books, 1990.

———. "Caring Kids: The Role of the Schools." *Phi Delta Kappan,* March 1991: 496–506. Available at www.alfiekohn.org/teaching/cktrots.htm.

———. *No Contest: The Case Against Competition.* Rev. ed. Boston: Houghton Mifflin, 1992.

———. "Choices for Children: Why and How to Let Children Decide." *Phi Delta Kappan,* September 1993: 8–20. Available at www.alfiekohn.org/teaching/cfc.htm.

———. "The Truth About Self-Esteem." *Phi Delta Kappan,* December 1994: 272–83. Available at www.alfiekohn.org/teaching/tase.htm.

———. *Beyond Discipline: From Compliance to Community.* Alexandria, VA: Association for Supervision and Curriculum Development, 1996.

———. "How Not to Teach Values: A Critical Look at Character Education." *Phi Delta Kappan,* February 1997: 429–39. Available at www.alfiekohn.org/teaching/hnttv.htm.

———. "Television and Children: ReViewing the Evidence." In *What to Look for in a Classroom . . . and Other Essays.* San Francisco: Jossey-Bass, 1998.

———. *Punished by Rewards: The Trouble with Gold Stars, Incentive Plans, A's, Praise, and Other Bribes.* Rev. ed. Boston: Houghton Mifflin, 1999a.

———. *The Schools Our Children Deserve: Moving Beyond Traditional Classrooms and "Tougher Standards."* Boston: Houghton Mifflin, 1999b.

———. "Education's Rotten Apples: From Math Instruction to State Assessments, Bad Practices Can Undermine the Good." *Education Week,* September 18, 2002: 48, 36, 37. Available at www.alfiekohn.org/teaching/edweek/rotten.htm.

Kohn, Melvin L. *Class and Conformity.* 2nd ed. Chicago: University of Chicago Press, 1977.

Kuczynski, Leon. "Reasoning, Prohibitions, and Motivations for Compliance." *Developmental Psychology* 19 (1983): 126–34.

———. "Socialization Goals and Mother-Child Interaction: Strategies for Long-Term and Short-Term Compliance." *Developmental Psychology* 20 (1984): 1061–73.

Kuczynski, Leon, and Grazyna Kochanska. "Development of Children's Noncompliance Strategies from Toddlerhood to Age 5." *Developmental Psychology* 26 (1990): 398–408.

Kuczynski, Leon, Grazyna Kochanska, Marian Radke-Yarrow, and Ona Girnius-Brown. "A Developmental Interpretation of Young Children's Noncompliance." *Developmental Psychology* 23 (1987): 799–806.

Lamborn, Susie D., Sanford M. Dornbusch, and Laurence Steinberg. "Ethnicity and Community Context as Moderators of the Relations Between Family Decision Making and Adolescent Adjustment." *Child Development* 67 (1996): 283–301.

Lamborn, Susie D., Nina S. Mounts, Laurence Steinberg, and Sanford M. Dornbusch. "Patterns of Competence and Adjustment Among Adolescents from Authoritative, Authoritarian, Indulgent, and Neglectful Families." *Child Development* 62 (1991): 1049–65.

Levine, Robert A. "Challenging Expert Knowledge: Findings from an African Study of Infant Care and Development." In *Childhood and Adolescence: Cross-Cultural Perspectives and Applications,* edited by Uwe P. Gielen and Jaipaul Roopnarine. Westport, CT: Praeger, 2004.

Lewin, Kurt, Ronald Lippitt, and Ralph K. White. "Patterns of Aggressive Behavior in Experimentally Created 'Social Climates.'" *Journal of Social Psychology* 10 (1939): 271–99.

Lewis, Catherine C. "The Effects of Parental Firm Control: A Reinterpretation of Findings." *Psychological Bulletin* 90 (1981): 547–63.

———. *Educating Hearts and Minds: Reflections on Japanese Preschool and Elementary Education.* Cambridge, England: Cambridge University Press, 1995.

Lieberman, Alicia F. *The Emotional Life of the Toddler.* New York: Free Press, 1993.

Lovett, Herbert. *Cognitive Counseling and Persons with Special Needs: Adapting Behavioral Approaches to the Social Context.* New York: Praeger, 1985.

Luster, Tom, Kelly Rhoades, and Bruce Haas. "The Relation Between Parental Values and Parenting Behavior: A Test of the Kohn Hypothesis." *Journal of Marriage and the Family* 51 (1989): 139–47.

Luthar, Suniya S., and Bronwyn E. Becker. "Privileged but Pressured?: A Study of Affluent Youth." *Child Development* 73 (2002): 1593–1610.

Luthar, Suniya S., and Karen D'Avanzo. "Contextual Factors in Substance Use: A Study of Suburban and Inner-City Adolescents." *Development and Psychopathology* 11 (1999): 845–67.

Lytton, Hugh. "Physical Punishment Is a Problem, Whether Conduct Disorder Is Endogenous or Not." *Psychological Inquiry* 8 (1997): 211–14.

Maccoby, Eleanor E., and John A. Martin. "Socialization in the Context of the Family: Parent-Child Interaction." In *Handbook of Child Psychology,* 4th ed., vol. 4, edited by Paul H. Mussen. New York: Wiley, 1983.

Makri-Botsari, E. "Causal Links Between Academic Intrinsic Motivation, Self-Esteem, and Unconditional Acceptance by Teachers in High School Students." In *International Perspectives on Individual Differences,* vol. 2: *Self Perception,* edited by Richard J. Riding and Stephen G. Rayner. Westport, CT: Ablex, 2001.

Mallinckrodt, Brent, and Mei-Fen Wei. "Attachment, Social Competencies, Interpersonal Problems, and Psychological Distress." Paper presented at the annual conference of the American Psychological Association, Toronto, August 2003.

Marshall, Hermine H. "An Updated Look at Delaying Kindergarten Entry." *Young Children,* September 2003: 84–93.

Matas, Leah, Richard A. Arend, and L. Alan Sroufe. "Continuity of Adaptation in the Second Year: The Relationship Between Quality of Attachment and Later Competence." *Child Development* 49 (1978): 547–56.

McCord, Joan. "Questioning the Value of Punishment." *Social Problems* 38 (1991): 167–79.

———. "On Discipline." *Psychological Inquiry* 8 (1997): 215–17.

McLeod, Jane D., Candace Kruttschnitt, and Maude Dornfeld. "Does Parenting Explain the Effects of Structural Conditions on Children's Antisocial Behavior?" *Social Forces* 73 (1994): 575–604.

Merrow, John. *Choosing Excellence.* Lanham, MD: Scarecrow Press, 2001.

Miller, Alice. *The Drama of the Gifted Child.* Rev. ed. New York: Basic, 1994.

Morris, Amanda Sheffield, Laurence Steinberg, Frances M. Sessa, Shelli Avenevoli, Jennifer S. Silk, and Marilyn J. Essex. "Measuring Children's Perceptions of Psychological Control." In *Intrusive Parenting: How Psychological Control Affects Children and Adolescents,* edited by Brian K. Barber. Washington, D.C.: American Psychological Association, 2002.

Mosier, Christine E., and Barbara Rogoff. "Privileged Treatment of Toddlers: Cultural Aspects of Individual Choice and Responsibility." *Developmental Psychology* 39 (2003): 1047–60.

Murstein, Bernard I., Mary Cerreto, and Marcia G. MacDonald. "A Theory and Investigation of the Effect of Exchange-Orientation on Marriage and Friendship." *Journal of Marriage and the Family* 39 (1977): 543–48.

Neighbors, Clayton, Mary E. Larimer, Irene Markman Geisner, and C. Raymond

Knee. "Feeling Controlled and Drinking Motives Among College Students." *Self and Identity* 3 (2004): 207–224.

Newcomb, Theod[o]re H. "The Family in 1955." *Merrill-Palmer Quarterly* 2 (1956): 50–54.

Noddings, Nel. *The Challenge to Care in Schools: An Alternative Approach to Education.* New York: Teachers College Press, 1992.

Norem-Hebeisen, Ardyth A., and David W. Johnson. "The Relationship Between Cooperative, Competitive, and Individualistic Attitudes and Differentiated Aspects of Self-Esteem." *Journal of Personality* 49 (1981): 415–26.

Oliner, Samuel P., and Pearl M. Oliner. *The Altruistic Personality: Rescuers of Jews in Nazi Europe.* New York: Free Press, 1988.

Parpal, Mary, and Eleanor E. Maccoby. "Maternal Responsiveness and Subsequent Child Compliance." *Child Development* 56 (1985): 1326–34.

Parsons, Jacquelynne E., and Diane N. Ruble. "The Development of Achievement-Related Expectancies." *Child Development* 48 (1977): 1075–79.

Petersen, Larry R., Gary R. Lee, and Godfrey J. Ellis. "Social Structure, Socialization Values, and Disciplinary Techniques: A Cross-Cultural Analysis." *Journal of Marriage and the Family* 44 (1982): 131–42.

Pieper, Martha Heinemann, and William J. Pieper. *Smart Love.* Boston: Harvard Common Press, 1999.

Pinderhughes, Ellen E., Kenneth A. Dodge, John E. Bates, Gregory S. Pettit, and Arnaldo Zelli. "Discipline Responses: Influences of Parents' Socioeconomic Status, Ethnicity, Beliefs About Parenting, Stress, and Cognitive-Emotional Processes." *Journal of Family Psychology* 14 (2000): 380–400.

Reeve, Johnmarshall, Glen Nix, and Diane Hamm. "Testing Models of the Experience of Self-Determination in Intrinsic Motivation and the Conundrum of Choice." *Journal of Educational Psychology* 95 (2003): 375–92.

Reyna, Christine, and Bernard Weiner. "Justice and Utility in the Classroom: An Attributional Analysis of the Goals of Teachers' Punishment and Intervention Strategies." *Journal of Educational Psychology* 93 (2001): 309–19.

Rimer, Sara. "Schools Moving to Curb Wrangling Over Rankings." *New York Times,* March 9, 2003: A16.

Ritchie, Kathy L. "Maternal Behaviors and Cognitions During Discipline Episodes." *Developmental Psychology* 35 (1999): 580–89.

Rogers, Carl R. "A Theory of Therapy, Personality, and Interpersonal Relationships, As Developed in the Client-Centered Framework." In *Psychology: A Study of a Science.* Study I: Conceptual and Systematic, vol. 3, edited by Sigmund Koch. New York: McGraw-Hill, 1959.

Rohner, Ronald P., Kevin J. Kean, and David E. Cournoyer. "Effects of Corporal Punishment, Perceived Caretaker Warmth, and Cultural Beliefs on the Psychological Adjustment of Children in St. Kitts, West Indies." *Journal of Marriage and the Family* 53 (1991): 681–93.

Rothbaum, Fred, and Gisela Trommsdorff. "Do Roots and Wings Complement or Oppose One Another?: The Socialization of Relatedness and Autonomy in Cultural Context." In *Handbook of Socialization,* edited by Joan E. Grusec and Paul D. Hastings. New York: Guilford, in press.

Rowe, David C. "Group Differences in Developmental Processes: The Exception or the Rule?" *Psychological Inquiry* 8 (1997): 218–22.

Rowe, Mary Budd. "Relation of Wait-Time and Rewards to the Development of Language, Logic, and Fate Control: Part II—Rewards." *Journal of Research in Science Teaching* 11 (1974): 291–308.

Ryan, Richard M., and Kirk Warren Brown. "Why We Don't Need Self-Esteem." *Psychological Inquiry* 14 (2003): 71–76.

Ryan, Richard M., and Edward L. Deci. "When Rewards Compete with Nature: The Undermining of Intrinsic Motivation and Self-Regulation." In *Intrinsic and Extrinsic Motivation: The Search for Optimal Motivation and Performance,* edited by Carol Sansone and Judith M. Harackiewicz. San Diego: Academic Press, 2000.

———. "On Assimilating Identities to the Self." In *Handbook of Self and Identity,* edited by Mark R. Leary and June Price Tangney. New York: Guilford, 2003.

Samalin, Nancy, with Martha Moraghan Jablow. *Loving Your Child Is Not Enough.* New York: Penguin, 1988.

Schaefer, Earl S., and Marianna Edgerton. "Parent and Child Correlates of Parental Modernity." In *Parental Belief Systems: The Psychological Consequences for Children,* edited by Irving E. Sigel. Hillsdale, NJ: Erlbaum, 1985.

Schimel, Jeff, Jamie Arndt, Tom Pyszczynski, and Jeff Greenberg. "Being Accepted for Who We Are." *Journal of Personality and Social Psychology* 80 (2001): 35–52.

Schwartz, Barry. *The Battle for Human Nature: Science, Morality, and Modern Life.* New York: Norton, 1986.

Scott-Little, M. Catherine, and Susan D. Holloway. "Child Care Providers' Reasoning About Misbehaviors." *Early Childhood Research Quarterly* 7 (1992): 595–606.

Sears, Robert R., Eleanor E. Maccoby, and Harry Levin. *Patterns of Child Rearing.* Evanston, IL: Row, Peterson, 1957.

Simons, Ronald L., Kuei-Hsiu Lin, Leslie C. Gordon, Gene H. Brody, and Rand D. Conger. "Community Differences in the Association Between Parenting Practices and Child Conduct Problems." *Journal of Marriage and the Family* 64 (2002): 331–45.

Simons, Ronald L., Les B. Whitbeck, Rand D. Conger, and Wu Chyi-In. "Intergenerational Transmission of Harsh Parenting." *Developmental Psychology* 27 (1991): 159–71.

Simpson, A. Rae. *The Role of the Mass Media in Parenting Education.* Boston: Center for Health Communication, Harvard School of Public Health, 1997.

Stayton, Donelda J., Robert Hogan, and Mary D. Salter Ainsworth. "Infant Obedience and Maternal Behavior." *Child Development* 42 (1971): 1057–69.

Stormshak, Elizabeth A., Karen L. Bierman, Robert J. McMahon, and Liliana J. Lengua. "Parenting Practices and Child Disruptive Behavior Problems in Early Elementary School." *Journal of Clinical Child Psychology* 29 (2000): 17–29.

Strage, Amy, and Tamara Swanson Brandt. "Authoritative Parenting and College Students' Academic Adjustment and Success." *Journal of Educational Psychology* 91 (1999): 146–56.

Straus, Murray A. *Beating the Devil Out of Them: Corporal Punishment in American Families and Its Effects on Children.* 2nd ed. New Brunswick, NJ: Transaction, 2001.

———. "Children Should Never, Ever, Be Spanked, No Matter What the Circumstances." In *Current Controversies on Family Violence,* 2nd ed., edited by Donileen R. Loseke, Richard J. Gelles, and Mary M. Cavanaugh. London: Sage, 2004.

———. *Primordial Violence: Corporal Punishment by Parents.* Walnut Creek, CA: AltaMira Press, 2005.

Straus, Murray A., and Anita K. Mathur. "Social Change and the Trends in Approval of Corporal Punishment by Parents from 1968 to 1994." In *Family Violence Against Children,* edited by Detlev Frehsee, Wiebke Horn, and Kai-D. Bussmann. New York: Walter de Gruyter, 1996.

Straus, Murray A., and Julie H. Stewart. "Corporal Punishment by American Parents: National Data on Prevalence, Chronicity, Severity, and Duration, in Relation to Child and Family Characteristics." *Clinical Child and Family Psychology Review* 2 (1999): 55–70.

Straus, Murray A., David B. Sugarman, and Jean Giles-Sims. "Spanking by Parents and Subsequent Antisocial Behavior of Children." *Archives of Pediatrics and Adolescent Medicine* 151 (1997): 761–67.

Swanson, Ben, and Brent Mallinckrodt. "Family Environment, Love Withdrawal, Childhood Sexual Abuse, and Adult Attachment." *Psychotherapy Research* 11 (2001): 455–72.

Toner, Ignatius J. "Punitive and Non-Punitive Discipline and Subsequent Rule-Following in Young Children." *Child Care Quarterly* 15 (1986): 27–37.

Tronick, Edward Z. "Emotions and Emotional Communication in Infants." *American Psychologist* 44 (1989): 112–19.

Walker, Lawrence J., and John H. Taylor. "Family Interactions and the Development of Moral Reasoning." *Child Development* 62 (1991): 264–83.

Watson, Marilyn. *Learning to Trust: Transforming Difficult Elementary Classrooms Through Developmental Discipline.* San Francisco: Jossey-Bass, 2003.

Wigfield, Allan. "Children's Attributions for Success and Failure." *Journal of Educational Psychology* 80 (1988): 76–81.

Zahn-Waxler, Carolyn, Marian Radke-Yarrow, and Robert A. King. "Child Rearing and Children's Prosocial Initiations Toward Victims of Distress." *Child Development* 50 (1979): 319–30.

索　引

原著謝辞

　本書に登場したアビゲイルとエイサがいなければ、子育てについての私の考えは、あまり内容がなく、面白くもなかったであろう。それは私自身の人生についても同様である。子どもたちについて紹介したエピソードは別としても、私にとって親であることの意味は、**この2人の親であること**によって、非常に具体的に考えることができた。同様に、私の考え——そしてここでも私の人生——は、もう一人の親であり、私の妻であるアリサによって、言葉にできないほど豊かになった。妻も本書に何度か登場するが、ここで述べたことだけでは、私が妻からの恩恵をどれほど受けているかを表すことはできない。妻の並外れた洞察力と忍耐心、一貫して子どもにとっての最善のことに集中する姿勢は、私を刺激し、私を高め、私が親として選択したことを振り返るきっかけとなった（妻が時折冗談半分に言うように、「ふーむ、さてさて、今貴方がしたことをアルフィー・コーン氏は何と言うでしょうね？」という言葉も同様である）。

　またより具体的な形でも、アリサは本書にとってかけがえのない存在である。妻はすべての章を読み、主張の内容や表現を確かにより良くしてくれるような助言をしてくれた。またマリリン・ワトソン氏も、私の家族ではないが、同様の援助をしてくれ、私が書いたことに関して、多くの知恵、知見そして人生経験をつけ加えてくれた。マリリンとは今では古い知己となっており、数年前に彼女の本に喜んで書いた序言の中で述べたように、子どもの発達についてのマリリンの考え方が、この分野の他の誰にも増して私に影響を与えてきた。しかし本書のすべての内容に対する責任は、マリリンやアリサにあるのではない。読者にとって意味のある部分についてだけ、2人の貢献を認めて頂きたい。

　他にも本書の内容に責任は負わないが、本書の一部を読み、様々な有益なコメントをくれた人がいる。ウェンディ・グロルニック、リッチ・ライアン、デイビッド・アルトシュラー、フレッド・ロスバウム、そしてエド・デシである。

　もちろん、これらの人々によってより良いものになった本書が存在するのは、代理人のゲイル・ロスと、並外れた編集者であるトレイシー・ベハールの専門性と思い入れがあったからこそである。この企画について献身的に取り組んでくださったことを嬉しく思うと同時に、感謝の気持ちを示したい。

訳者解説

　本書はアルフィー・コーン　*Unconditional Parenting: Moving from Rewards and Punishments to Love and Reason*（Atria Books　2005 年) の全訳である。『無条件の子育て　報酬と罰から愛と理性へ』という原著のタイトルからも窺えるように、コーンが *Punished by Rewards*（1999 年）で展開した「報酬や罰で人にあることをさせようとするのは、内的動機づけや行為（仕事や勉強）の内容への関心を低くする」という主張を、子育て・家庭教育の場面で具体的に論じている。

　コーンの家庭教育論には、2005 年刊行の本書とそのほぼ 10 年後に刊行された *The Myth of The Spoiled Child: Coddled Kids, Helicopter Parents, and Other Phony Crises*（Beacon Press　2016 年 3 月）［邦訳『甘やかされた子どもたちの真実』飯牟禮光里・金子愛美・佐藤萌・友野清文・山口あき訳　丸善プラネット　2019 年］の 2 冊がある。コーンは、それまで「競争主義」や、上で触れた「報酬や罰」についての批判に基づいて、学校教育の様々な問題（宿題、成績、標準テストなど）を論じていた。本書はコーンにとって、家庭教育という新しい領域について取り組んだものであると言える。また *The Myth of The Spoiled Child* が「理論編」であるとすれば、本書は、自らの経験も織り込んだ「実践編」である。

　なおコーンのサイト（https://www.alfiekohn.org/miscellaneous/book-translations/）によると、2020 年 8 月の時点で本書は 20 の言語に翻訳されており、これはコーンの著作の中で最多である（ちなみに、*The Myth of The Spoiled Child* の翻訳は、拙訳を含めて 10 言語である）。

　コーンの経歴や本書を含めた著作については、先の翻訳書の訳者解説で触れているため、ここではその一部を再掲するとともに、若干の追加を行う。

アルフィー・コーンについて
　アルフィー・コーンは 1957 年にフロリダ州のマイアミ・ビーチに生まれ、1979 年にブラウン大学を卒業し、翌 80 年にシカゴ大学で社会科学の修士号

を得た。1979 年〜 85 年、高等学校で実存主義のコースを教えていたという。1980 年代から文筆活動に入り、新聞や教育関係の雑誌に文章を発表し、1986 年に最初の単行本として *No Contest: The Case Against Competition* を刊行している。その後はフリーの研究者として活動を続けており、社会的にも広く知られている。またコーンは人気トーク番組であった Oprah Winfrey Show に 2 度出演し、アメリカのニュース週刊誌 *TIME* でも "perhaps the country's most outspoken critic of education's fixation on grades, test scores and class rankings."（「おそらくアメリカで成績、試験の点数、席次のあり方についての最も辛辣な批判者」）と評された（*TIME*　1998 年 10 月 19 日号［Vol.152 No.16］Claudia Wallis "Their Eight Secrets of Success"）。また James D. Kirylo 編 *A Critical Pedagogy of Resistance: 34 Pedagogues We Need to Know*（*Transgressions: Cultural Studies and Education*）（Sense Publishers　2013 年）でも取り上げられている。

本書の概要

　本書の目次構成は以下の通りである。

まえがき（Introduction）
第 1 章　条件つきの子育て（Conditional Parenting）
第 2 章　愛情を与えることと止めること（Giving and Withholding Love）
第 3 章　過度の統制（Too Much Control）
第 4 章　罰の対価（Punitive Damages）
第 5 章　成功を強要する（Pushed to Succeed）
第 6 章　何が親を押し止めるのか（What Holds Us Back?）
第 7 章　無条件の子育ての諸原則（Principles of Unconditional Parenting）
第 8 章　条件のつかない愛情（Love Without Strings Attached）
第 9 章　子どものための選択（Choices for Children）
第 10 章　子どもの視点から（The Child's Perspective）
付録　　子育てのスタイル —— 文化・階層・人種との関連（Appendix *Parenting Styles: The Relevance of Culture, Class, and Race*）

　全体としては、第 6 章までで子育ての現状について批判的に検討し、第 7 章以下で自らの見解・提言が非常に具体的に展開されている。

　本書の主張の概要について、2009 年 9 月 24 日の *New York Times* の Motherlode 欄でコーン自身が整理しているので、それに拠って見ていきたい（これはコーンが 9 月 14 日付の同紙の科学面に書いた "When a Parent's 'I Love You' Means 'Do as I Say'" という文章に対する読者の反響を整理した上で、本人が改めて説明を行った記事である）。（https://parenting.blogs.nytimes.com/2009/09/24/punishing-children-with-love/　2020 年 8 月 10 日参照）

　ここでコーンは、本書で述べられている主導原理の内容について以下の 10 点にまとめている。（同内容はコーンのブログ "So What SHOULD Parents Do?"（2010 年 4 月）にも掲載されている。（http://www.alfiekohn.org/blogs/parents/?print=pdf　2020 年 8 月 10 日参照）

1　子どもへの要求を再考せよ
　　子どもが親の言うことを聞かないときは、子どもに問題があるのでははく、親が子どもに求める内容が問題であることがある。
2　親子関係を最優先とせよ
　　日々の雑事より大切なのは、長い目で見ての子どもと持つ ── あるいは持たない ── つながりであり、子どもが親を信頼するか、そして親が子どもを信頼していると子ども自身が知っているかである。
3　子どもの立場からどのように見えるのかを想像せよ
　　いつも子どもの視点から見ることができる親はより子どもを理解しており、より優しく、子どもにとって道徳性の発達の要である他者視点取得（perspective-taking）の実例をより多く示すことができる。
4　取り繕うな（Be authentic）
　　あなた方の子どもが必要としているのは、1 人の人間 ── 欠点はあるが、思いやりがあり、傷つきやすい ── であって、キビキビと有能な完全な親のふりをする人ではない。

5　話すよりも、尋ねよ

　　話すのは怒鳴るよりよく、説明することは単に話すよりもよいが、説明するよりも（子どもの感情や考えや好みを）聞き出す方がよいことがある。

6　子どもに対して、事実と一致する最も良い動機を想定せよ

　　これはアメリカの教育思想家であり、ケア理論で知られるネル・ノディングズの言葉であるが、彼女は、子どもは親の期待に添おうとする、もしくは（低い期待に対しては）それに見合ったように行動すると述べている。だから子どもの行動の理由が分からないときは、最善（の動機）を想定するのがよい。

7　「いいよ」と言うようにせよ

　　機械的な子育てをせず（Don't function on autoparent）、不必要に子どもが普通とは違うことをする機会を奪わないこと。幼いとき故意に欲求不満の状態に置かれたからといって、欲求不満により良く対処できるようになるものではない。

8　厳格であるな

　　子どもの行いを予測しすぎることがある。一見、厳格なルールは必要ではあるが、困った振る舞いを、罰するべき逸脱と見るのを止めて、（一緒に）解決すべき問題と見るようになると、そのようなルールは必要でなくなる。

9　子どもに自分の生活についての決定権をより多く与えよ

　　子どもは指示に従うことではなく、自分で決めることによって正しい選択ができるようになる。親の基本的な対応は、子どもに選ばせることである（その機会を与えない差し迫った必要がない限り）。

10　無条件に愛せよ

　　子どもは、自分が愛されるのは、自分が何をするかによってではなく、自分が自分であるという理由だけによることを知るべきである。（タイムアウトのような）罰や（賞賛のような）報酬を与えることは、親の愛は自分で勝ち取らなければならないというメッセージを子どもに伝えるが、それは心理学的に言って子どもが必要とするものとは全く反対である。

以上のようにコーン自身による本書の要約を見たが、彼がここで強調するのは、子どもを一人の人間として尊重すること、子どもの成長を長い目で見ること、長い目でそして子どもに対して「何かを行う（doing to）」のではなく「ともにする（working with）」ことの重要性である。

本書の意義

コーンの主張の中核は、子どもを独立した人格であることを認め、子どもが自ら考え、判断し、選択できる力をつけるように支援することが、親や教師の役割であるということである。同時に、権威や権力に従うだけではなく、それを批判し改革をする人間を育てることが目指されている。このような基本的姿勢は、彼の住むボストン（マサチューセッツ州）のリベラルな政治風土と無関係ではないであろう。本書ではこの目的のための方策が様々に述べられているが、ここでは3つの論点を提示したい。

第一は、本書の主題の「無条件の愛情」である。一見当たり前のようにも思われるが、これを実践することは実は非常に難しいことである。それは本書で述べられているように、大人が「条件つきの愛情」の問題点に気づかないためである。善意から、子どものためと信じて、条件つきの愛情を与える場合が多い。コーンの基本的問題意識は、「教育者（そして親）として、最も基本的な慣行（practice）と前提を見直す」であるが、本書はまさに親が行っている「慣行」と、それを支える無意識的な「前提」を明らかにし、見直そうとするものである。

数年前の朝日新聞の投書欄に、ある母親が娘から「お母さんは勉強ができる子が好きなの」と尋ねられて、一瞬答えに窮したという文章があった。この問いに対して「そんなことはないよ」と即座に答えられる親はどのくらいいるであろうか。またそのように否定できる親であれば、そもそも子どもはこのようなことを尋ねないのではないかと、これを読んだ時に考えた。「無条件の愛情」をどう考えるのか、人によって結論は異なるかもしれないが、子育てにおいて考えるべき基本的論点であることは間違いない。

第二は、「他者視点取得」である。第10章でかなり詳細に議論されている

が、子どもが他人の立場からものを見ることができるようになるためには、先ず親が子どもの視点から見ることができなければならないと、コーンは述べている。これも実際には非常に難しいことであろう。基本的に子どもと親は別の人間であって、それぞれ異なった背景を持っているため、完全に相手の立場に立って見ることが不可能かもしれない。しかし子どもが、他人の立場や気持ちを理解しようとする人間になるようにするために、親が子どものことを理解し共感する努力が必要であるという指摘は重要である。

第三は、子どもに罰を与えることだけではなく、褒めたり褒美を与えたりといった報酬についても問題があるという主張に関してである。特に「褒めてはいけない」という点は、常識とは反対のように思われるが、コーンにとっては、彼の「報酬批判」の一環であると言える。実はこの問題は以前から議論されているものであって、哲学者のイマニュエル・カント（1724〜1804年）や、心理学者のアルフレッド・アドラー（1870〜1937年）とその後継者たちも同じようなことを主張しているのである。

カントの『教育学講義』（1803年）は、カントの大学での講義を弟子が筆記しまとめたものであるが、その中で「子どもが良いことをしても褒めてはならず、悪いことをしても罰してはいけない」と述べられている。そのように育てると、子どもは褒めてもらいたいから良いことをする、あるいは罰せられたくないから悪いことをしないようになる。しかし世の中に出ると、そうでない場面に出会う。良いことをしても褒められず、悪いことをしても罰せられないのである。そうすると結局のところ、損得で動く人間となってしまう、というのがカントの論理である。カントは自らの中に道徳的判断の基準である「格率（maxim）」を持ち、そして「格率」が「普遍的道徳律」に常に合うように行動することを求めた。そのような人間を育てるために、賞罰は逆効果であるとカントは考えたのである。

またアドラー派の人々は、「褒める（praise）」のではなく「勇気づけること（encouragement）」が重要であると主張する。例えば「ポジティブな子育て」を提唱するジェーン・ネルソンとリン・ロフトは、*Positive Discipline in the Classroom Teacher's Guide*（2013年）で、「褒める」こ

とは、結果について外部から評価を与えることであり、それは人を操ろうとする態度であって、そのことで子どもは他人からどう思われるのかを考え、他人に依存することになると言う。それに対して「勇気づけること」は、努力のプロセスを認め、相手を尊重し、内発的な動機を高め、自信や自立心を高めるものである。

コーンの議論は基本的には行動主義心理学批判であって、以上のような主張を援用しているのではないが、内容としてはこれらの延長線上にあると言えよう。「褒める」とは何か、それがどのような効果を持つのか、これも子育てをめぐる大きな論点である。

以上3点の他にも本書で提示されている論点は数多くあり、これらについて改めて考えてみることで、家庭教育のあり方を根源的に振り返ることができよう。

なお本書は2006年に、「ナショナル・ペアレンティング・パブリケーション・アワーズ（通称NAPPA）金賞」（National Parenting Publications Awards（NAPPA）Gold Award）を与えられた。この賞は、1990年にアメリカの出版社によって始められたプログラムで、子ども向けの本やおもちゃ・DVD、子育て用品などを評価するものである。本書が子育てや家庭教育についての実際的なアドバイスを与えた点が認められたと推測できる。

また翻訳にあたっては、本書の韓国語版『자녀 교육, 사랑을 이용하지 마라』（김설아訳　우리가　2010年）を参考にした。

友野清文

訳者あとがき

私たちにとって、コーンの本の翻訳は2冊目である。1冊目は、*The Myth of The Spoiled Child: Coddled Kids, Helicopter Parents, and Other Phony Crises*（Beacon Press　2016年3月）で、『甘やかされた子どもたちの真実──家庭教育の常識をくつがえす──』（飯牟禮光里・金子愛美・佐藤萌・友野清文・山口あき訳　丸善プラネット　2019年3月）として刊行した。

実はこの本の翻訳にあたって、著者のコーン氏に「日本語版への序文」の執筆について、出版社を通して依頼した。すぐに返信があり、「日本のことを特に知っているわけではない」ということで断られてしまったが、同時に以下のようなことが書かれていた。

　　ご期待には沿えませんが、このテーマについて私が最初に書いた本があります。*The Myth of the Spoiled Child* は、社会科学による分析的な本ですが、2005年に書いた *Unconditional Parenting* という本は、親向けのガイドとして、はっきりと親のあるべき姿を示しています。より読みやすい文体にし、研究だけでなく具体的事例も加えて、より広い読者層をねらっています。またアメリカでは、今訳されている本よりもずっと良く売れており、17か国で訳されています。ただ現在のところ、日本の出版社は、私の知る限り、関心を持っていないようです。（2018年9月20日付コーン氏からのメールの一部）

私たちはすでに *Unconditional Parenting* を読んでいたが、特に翻訳は考えていなかった。しかしこのメールにより、背中を押されたように感じ、やってみようかと思うようになった。*The Myth of The Spoiled Child* の翻訳が2019年3月に刊行されたが、その少し前から翻訳作業に入った。

確かにコーン氏が言われるように、ご自分の体験を含めたエピソードがちりばめられており、読みやすいものであった。また親としての私たちの実感と重なる部分が多く、共感しながら翻訳を進めることができた。

「無条件で子どもを認める」ことは、ある意味で「教育的眼差し」を持た

ないことなのかもしれない。教育は何らかの形で目標を設定し、それに子どもを向かわせるように働きかける営みである。つまり「未熟で不完全な子ども」を「成熟し完成された大人」に導くことが目指されている、私たちも教育に携わっておりそのことを否定はしないが、親は教師ではない。親は何よりも子どもの伴走者、同伴者、そして共同生活者であるのがよいのではないかと考える。

　共働きの家庭が増える今、子どもと過ごす時間が短いことに悩む親もいるだろう。年度末にある保育園から配布された便りに次のようなことが記されていた。「仕事をしていることで子どもの発育に妨げがあると思わないでほしい。子どもとどれだけ一緒に過ごしたのかが重要ではない。どのように過ごしたのか、つまり"量より質"が大切なのである」と。

　多くの親は世間で言われるような「良い子」を育てるために必死に毎日叱ったり、褒めたり試行錯誤を繰り返しているが、公共ルールを理解し、道徳的且つ自主的に行動できる訓練は親と過ごすことから学ぶのではなく、子ども同士の集団でいるときではないかと考える。もっと言えば、親が教えるにも限界があるのである。親が一方的に教えるのではなく、子ども自身が気付いて学ばなければ習得には繋がらない。このことは子どもだけに限らず、大人にも同様のことが言えるのではないだろうか。

　訳文は友野が下訳を作り、飯牟禮と調整を行った。表紙のイラストは飯牟禮が原案を作成した。飯牟禮には3歳と1歳の幼い子どもがおり、仕事と子育てをする中での作業であった。2人の子どもたちが成長して、母親が携わった本を読む日が来ることを楽しみにしている。

　前書に引き続き丸善プラネットの野邉真実氏には大変お世話になった。改めて御礼を申し上げる。

友野清文・飯牟禮光里

原著裏表紙

　ほとんどの子育てに関する本は「どうやって子どもに親の言うことを聞かせられるか」という問いで始まり、子どもを統制する様々な技法を提示する。それに対して本書は実に画期的である。全米で名声を博している教育家アルフィー・コーンは次のように問うのである。「子どもが何を必要としているのか？　そして親はどのように子どもの欲求を満たすのか？」この問いに続くのは、子どもに対して一方的に行うのではなく、子どもとともにするという姿勢である。

　コーンは、すべての子どもが必要としているものは、無条件に愛されることであり、自分が失敗したり期待に応えられなかったりしても、親に受け入れられることが分かっていることであると主張する。しかし（タイムアウトのような）罰や、（心理学で言う正の強化などの）報酬、そしてその他の統制の方法といった一般的な子育ての方法によって、子どもは、自分が愛されるのは親を満足させたり、親に素晴らしいと思われたりしたときだけであると思うようになる。コーンは、説得力を持ちながらもほとんど知られていない研究を渉猟し、子どもに親からの承認は自分で勝ち取らなければならないものだと思わせることがいかに有害であるかを立証した。ほとんどの親がそのようなことを意図しているわけではないとしても、これがまさに一般的な子育ての方法から子どもが受け取るメッセージなのである。

　本書は単に育児書ではなく、親が子どもについてどのように考え、どのように感じ、そして子どもとどのように行動すればよいかを論じたものである。子どもを育てることをめぐって、最も根本的な考え方を疑ってみることを勧め、子どもに対して「一方的にする」のではなく、子どもと「ともにする」ための実践的な方策を豊富に提示する。とりわけ、褒めるのではなく、無条件の支持を与えることで、子どもが健康で思いやりを持ち、責任を果たすことのできる人間に成長することを促すよう提唱する。本書は従来の考えを打ち破り、新しい視点を示すことで、親を直感的な知恵に立ち返らせ、より良い親になるように励ます一冊である。

[訳者紹介]

友野清文（ともの きよふみ）

　昭和女子大学総合教育センター（教職課程）教授

　岡山市出身。財団法人日本私学教育研究所専任研究員などを経て、2009 年 10 月から昭和女子大学総合教育センター（教職課程）准教授。2014 年 4 月から現職

　主な著書に、『ジェンダーから教育を考える』（丸善プラネット　2013 年）、『ジグソー法を考える』（丸善プラネット　2016 年）など。

飯牟禮光里（いいむれ みつり）

　東京都私立高等学校非常勤講師。

　横浜市出身。神奈川県私立高等学校教諭、東京都私立中学高等学校教諭を経て、2019 年 9 月から現職。1 男 1 女の母。

　主な論文に、「初級英語教材に用いられる語彙・単語連鎖に関する基礎調査」（共著『昭和女子大学現代教育研究所紀要』第 1 号　2016 年）、「体験的私学教育論－若手私学教師が考える学校と教育－」（共著『昭和女子大学現代教育研究所紀要』第 1 号 2016 年）など。

著者略歴

アルフィー・コーン

　アルフィー・コーンは 1957 年にフロリダ州のマイアミ・ビーチに生まれ、1979 年にブラウン大学を卒業し、翌 80 年にシカゴ大学で社会科学の修士号を得た。高校教員を経て、1980 年代から文筆活動に入り、1986 年に最初の単行本として *No Contest: The Case Against Competition* を刊行した。その後フリーの研究者として活動を続けており、社会的にも広く知られている。執筆活動などの概要は https://www.alfiekohn.org/ で知ることができる。

無条件の愛情
自主性を育む家庭教育

2020 年 10 月 15 日　発　行		
著作者	アルフィー・コーン	
訳　者	友野清文，飯牟禮光里	
発行所	丸善プラネット株式会社	
	〒 101-0051　東京都千代田区神田神保町 2-17	
	電話（03）3512-8516	
	http://planet.maruzen.co.jp/	
発売所	丸善出版株式会社	
	〒 101-0051　東京都千代田区神田神保町 2-17	
	電話（03）3512-3256	
	https://www.maruzen-publishing.co.jp/	
	© Kiyofumi TOMONO, 2020	

組版　株式会社ホンマ電文社／印刷・製本　大日本印刷株式会社

ISBN 978-4-86345-466-8 C3037